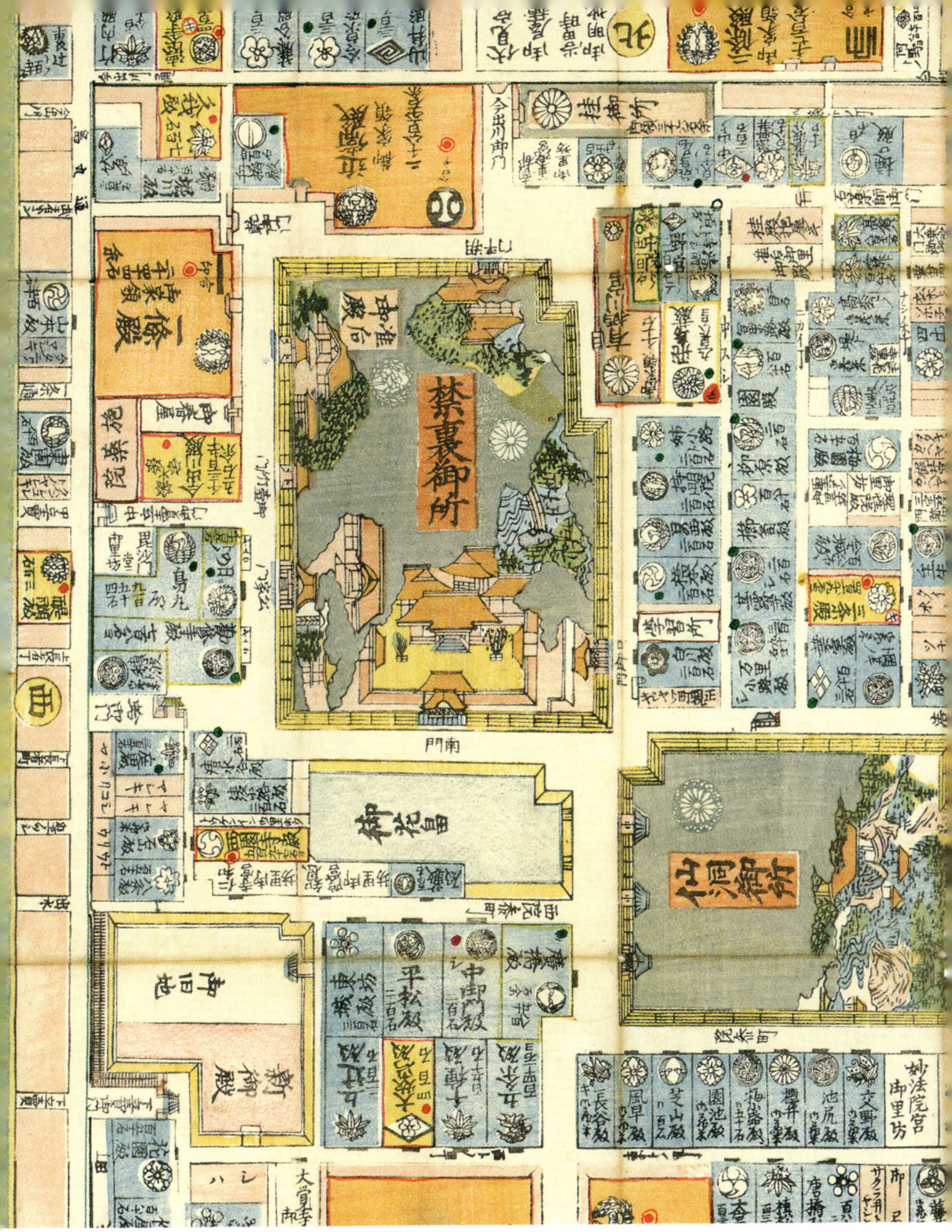

1　内裏絵図（部分）

文久３年秋刊．ほぼ現在の京都御苑の区画．禁裏《きんり》（皇居）を中心に，宮家・五摂家以下，堂上の邸が，家格ごとに色分けして記載される．文久年間から多く見られ，諸国の武士たちが，朝廷をめぐる政治活動に際し，ガイドマップとして利用したものと思われる．縦 50.7×横 35.8 cm

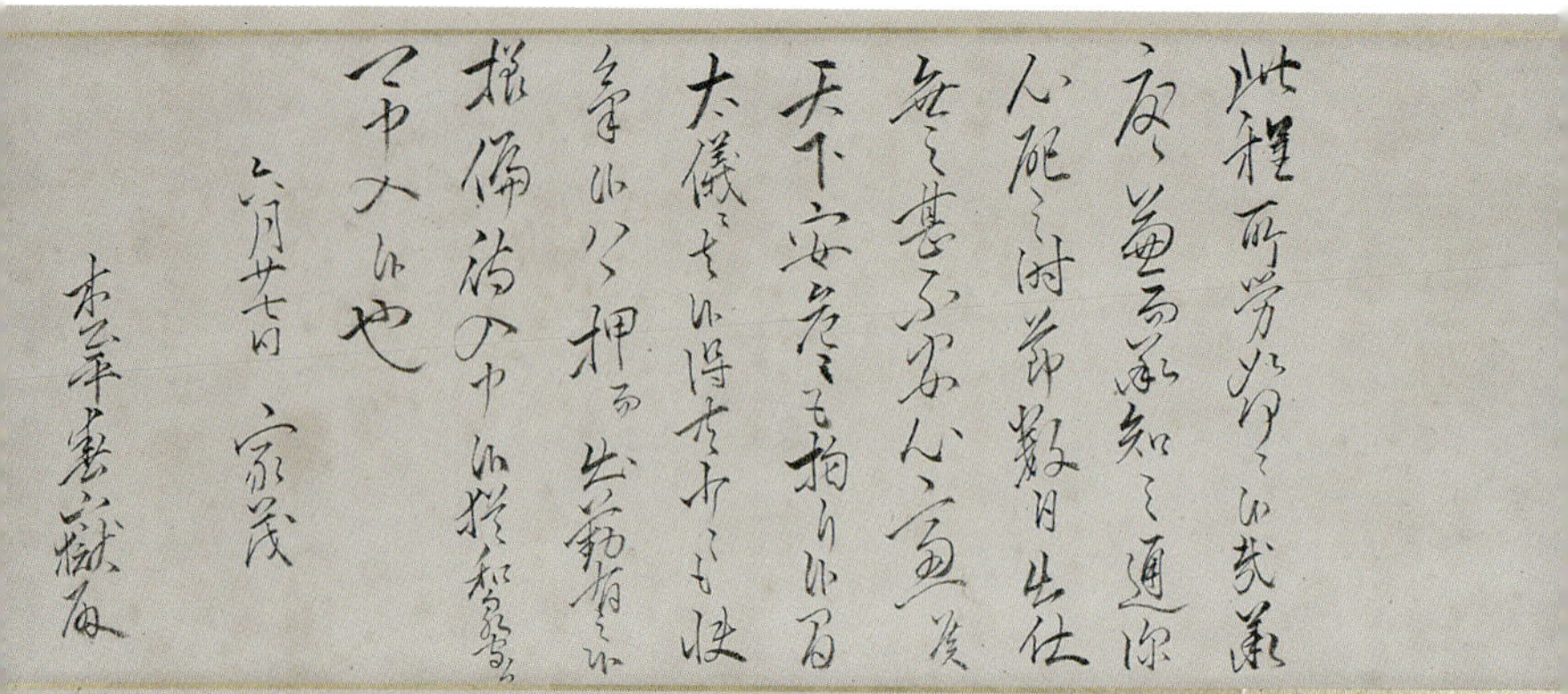

2　松平春嶽宛て徳川家茂書状（文久2年6月27日付）

老中への不満から病気と称して引きこもった春嶽《しゅんがく》に，将軍家茂《いえもち》が送った直筆の書状．病気見舞いの形で登営を促す．政事総裁職《せいじそうさいしょく》への就任を促したと見てよいであろう．

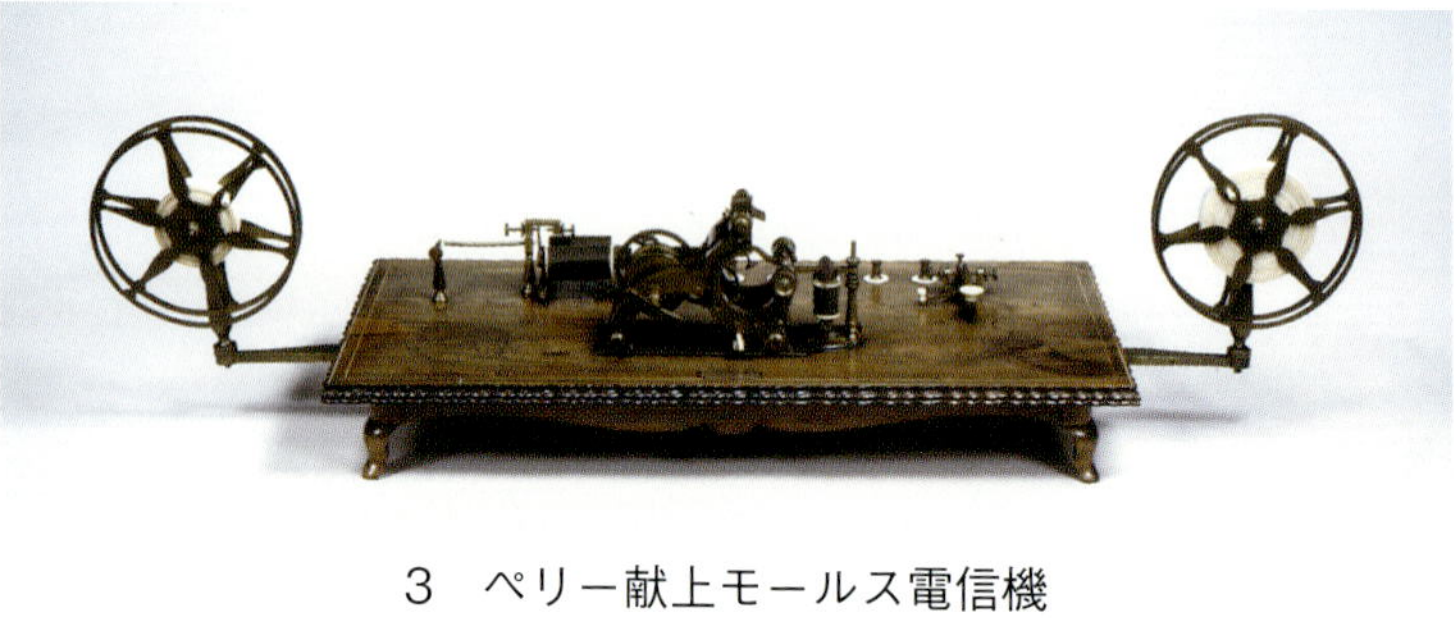

3　ペリー献上モールス電信機

嘉永7年（1854）正月，日本に再来したペリーが将軍に献上した贈り物のひとつ．この電信機を用いて通信の実演が行われた．

4　天王山十七士訣別図

藤原玉雲筆．元治元年（1864），禁門の変に敗れた久留米の真木和泉は，同志16名とともに山城国の天王山で自刃した（本文120頁参照）．中央，甲冑姿の人物が真木和泉．

5　旧木戸孝允京都別邸建物

二条通やや北側の鴨川べりに位置し，東山を望む．近衛家の別邸を，明治初年に木戸が入手．近世公家邸の建築遺構でもある．当時の敷地と建物は，もっと広かったが，一部は他所に移築され，本建物だけが残る．木戸は，この別邸内で病死した．

青山忠正

日本近世の歴史6

明治維新

吉川弘文館

目次

近世から近代へ―プロローグ……1
国家の成立／歴史用語について

一　世界体系への参入……9

1　ペリー来航と和親条約　9
浦賀沖の応酬／阿部政権の対外方針／来航時の対応と国書受領／再来に備えて／プチャーチンの長崎来航／ペリー再来と交渉／条約書面の交換／アメリカ・イギリス・ロシアとの条約

2　通商条約をめぐる紛糾　28
天皇と華夷秩序／和親条約調印の報告／通商条約への布石／対外方針の転換／日米通商条約交渉／堀田の上京と公家／将軍継嗣問題／継嗣決定と条約調印

二　戦略論としての奉勅攘夷……50

1　分裂する「公儀」　50

孝明天皇の逆鱗／大老井伊の判断／天皇の「御趣意書」／分裂する「公儀」／「戊午の密勅」／鎖国引き戻し猶予の勅諚／井伊直弼の暗殺／久世・安藤政権と和宮降嫁／航海遠略策と長州の周旋

2 将軍上洛 76

島津久光の率兵上京／勅使下向と国政改革／破約攘夷論／天皇と大名／攘夷奉承／京都の政情／将軍上洛と攘夷令／八月一八日の政変

三 日本国政府の創出と公議……103

1 国事審議と対外方針の推移 103

政変前後の社会状況／孝明天皇と久光／参予会議と横浜鎖港問題／将軍上洛と幕府への委任／筑波山挙兵と禁門の変／下関戦争と長州征伐

2 外交関係の確定と日本国政府 126

将軍「進発」の布令／幕府中枢部の大坂駐屯／将軍の辞表／諸藩士招集と条約勅許／薩長提携／幕長戦争と家茂の死／慶喜の相続と春嶽の政体構想／四侯会議／政権奉還の建白と薩摩・土佐・芸州の約定／政変計画の進展と奉還建白／慶喜抹殺の指令と政権奉還／一二月九日政変

四 国家機構の整備と大名領主の解消……169

1 太政官制の成立 169

鳥羽・伏見の戦い／「王政復古」の対外通告／公使謁見と堺事件／徳川処分／政府機構の整備と五ヵ条の誓文／政体書太政官制／奥羽越列藩同盟

2 全国の完全直轄地化 191

東京行幸／公議の制度化と藩治職制／版籍奉還論／版籍奉還の具体化／公議所の封建・郡県論／知藩事任命と諸務変革／府藩県三治制の矛盾／知藩事の一斉免官

五 近代化政策の進展と反動……216

1 岩倉使節団と征韓論政変 216

太政官三院制と人事／廃藩置県と士族／岩倉使節団／留守政府の政策／司法改革と徴兵令の制定／征韓論の沸騰／太政官制の「潤飾」／天皇の裁断

2 大久保政権と西南戦争 237

内務省創設と民撰議院設立建白／岩倉襲撃と佐賀士族の騒動／台湾出兵と日清紛争／北京交渉／民権政社の結成／大阪会議と太政官制の改革／地租改正／国民化と民衆／江華島事件と日朝修好条規／家禄の廃止／西南戦争

維新の語り―エピローグ……265

大久保の死をめぐって／近代から振り返った「開国」

参考文献 273

略年表 278
あとがき 291

図版目次

〔口絵〕

1　内裏絵図
2　松平春嶽宛て徳川家茂書状、文久二年六月二七日付（福井市立郷土歴史博物館蔵）
3　ペリー献上モールス電信機（逓信総合博物館提供）
4　天王山十七士訣別図（京都大学附属図書館蔵）
5　旧木戸孝允京都別邸建物

〔挿図〕

図1　伝阿部正弘所用地球儀（福山誠之館同窓会蔵）……11
図2　ミシシッピ号模型（神奈川県立歴史博物館蔵）……14
図3　ペリー横浜上陸の図（江戸東京博物館蔵）……22
図4　「露艦大坂川口入港図」（大阪城天守閣蔵）……27
図5　孝明天皇（京都・御寺 泉涌寺蔵）……32
図6　「長崎海軍伝習所之図」（鍋島報效会蔵）……34
図7　徳川家定（徳川記念財団蔵）……45
図8　木俣家本『公用方秘録』（井伊達夫氏蔵／井伊〈旧姓 中村〉達夫編『公用方秘録』より）……51
図9　『愚論』（京都大学附属図書館蔵）……54
図10　「長州藩中」の墓石……60
図11　鎖国引き戻し猶予の勅諚（個人蔵・徳川宗家文書）……65
図12　虎皮の敷物（滋賀・天寧寺蔵）……67
図13　和宮入輿の牛車図（東京国立博物館蔵）……71
図14　「御意之振」（個人蔵・徳川宗家文書）……80〜81
図15　「御貿易場」図（神奈川県立歴史博物館蔵）……84
図16　加茂行幸図屏風（霊山歴史館蔵）……96
図17　七卿落ち図（下関市立長府博物館蔵）……102
図18　伴林光平自画像（兵庫・佐々木家蔵）……104

図19　二条城古写真（徳川慶朝氏蔵／松戸市戸定歴史館提供）……111
図20　慶喜禁裏守衛の図（「日本外史之内　一ツ橋慶喜公」衆議院憲政記念館蔵）……118
図21　パリ・アンヴァリドの長州砲……122
図22　家茂の大坂入城（「大坂名所一覧」大阪城天守閣蔵）……130〜131
図23　高須四兄弟（徳川林政史研究所蔵）……133
図24　木戸書簡の坂本龍馬裏書（宮内庁書陵部蔵）……144
図25　松平春嶽の「国是」（『維新史料聚芳』）……148
図26　政体構想の「約定書」前文（尚古集成館蔵）……157
図27　三藩「要目」（京都大学附属図書館蔵）……162
図28　「討幕の詔」（鹿児島県歴史資料センター黎明館保管・個人蔵）……163
図29　小御所建物写真……166
図30　「城中焼亡埋骨墳」……170
図31　「明治初年佛人撃攘之処」石標……175
図32　「七十万石下賜」沙汰書（徳川記念財団蔵）……178
図33　誓文発布儀式（乾南陽「五箇條御誓文」聖徳記念絵画館蔵）……181
図34　福澤諭吉『西洋事情』……188
図35　会津開城の図（「会津軍記」衆議院憲政記念館蔵）……190
図36　東京城入りの図（「鳳輦江戸二重橋渡御絵巻」宮内庁蔵）……193
図37　木戸孝允の奉還建議原本（国立公文書館蔵）……199
図38　公議所の座席図（『公議所日誌』一）……204
図39　高知藩知事任命の辞令（『山内家史料幕末維新　第十二編』）……207
図40　「制度沿革便覧」……217
図41　明治四年当時の横浜の図（「横浜弌覧之真景」横浜開港資料館蔵）……224〜225
図42　「徴兵免役心得」……230
図43　明治天皇写真（宮内庁蔵）……235
図44　板垣退助生家の門……239
図45　立志社跡碑……249
図46　三橋楼……251
図47　「地券」（臼井勝美氏蔵）……253
図48　江華島の砲台……257
図49　西南役熊本城攻防戦（近藤樵仙「西南役熊本籠城」聖徳記念絵画館蔵）……263
図50　大久保公哀悼碑……266
図51　『開国始末』表紙、山縣有朋序文……269〜271

近世から近代へ――プロローグ

国家の成立

おおむね一九世紀を通じ、現代でいう日本列島の領域において、政治・経済の制度や社会の仕組み、さらには文化的な価値観に至るまで、そこに住む人びとのあいだで大きな変化が生じた。それらの変化を総称して、明治維新と呼ぶ。本書は、それが最も集約された形で現われる一八五〇年代（嘉永《かえい》・安政《あんせい》年間）から一八七七年（明治一〇年）までを対象に、政治の動きを中心に叙述しようとしている。

それは、時代区分の呼称から言えば、近世から近代への移行の時期である。その移行の内容は観点によって、さまざまな捉え方ができるが、本書では、政治体制の骨格として、徳川将軍を頂点とする武家の大名領主が解消され、単一の政府による全国統治の体制が成立する過程と捉えている。結果から見た言い方をすれば、近代の国家、すなわち、国境に区画された明確な領域と、戸籍に登録され、個々に把握された国民と、それらに対して強制力を持つ単一の政府とによって構成され、秩序付けられた権力体が成立する過程である。

その成立は、嘉永六年（一八五三）、ペリー来航を契機に、列島領域が世界体系に組み込まれていったことを、大きな要因として促進された。成立を進めた主体は、統治者層として大名家に組織されていた武士（士族）であり、彼らは、明治九年（一八七六）、金禄公債証書発行条例の公布にともなう家禄の給付停止とともに、それまでの役割を終えて、社会階層としては消滅する。その象徴的な画期が明治一〇年（一八七七）の西南戦争《せいなんせんそう》であった。その過程では、列島領域に存在する歴史的な前提条件として、天皇を最高主権者とする考え方が置かれ、いっぽうで政治参加者の総意を集約する方法として、「公議」が掲げられた。

これまで、その過程は、「開国」と「倒幕」（または「討幕」）をキーワードに語られる場合が多かった。本書では、この言葉（概念）を用いていない。なぜかといえば、「開国」にせよ、「倒幕」にせよ、それらは明治以降に成立した近代国家の権力が、みずからの正当性を歴史的に跡付けようとしたとき、生み出された概念だからである。

すなわち、「開国」は、明治二〇年代以降、かつて「徳川幕府」が欧米諸国に対して採った方針を否定的に評価し、その裏返しとして、ヨーロッパ・モデルを積極的に受容しようとするとき、政策的なスローガンとして標榜《ひょうぼう》されたものであった。言い換えれば、「開国」を迫られた「幕府」が、対応を誤った結果として、「倒幕」から、明治政府の成立が必然化したとされるのである。したがって、その過程を評価する場合でも、もっぱら「倒幕」を進める主体として「倒幕派」の成立過程を跡付ける、という方法が採られた。

本書は、これに対し、できる限り既成の概念に頼らずに、言い換えれば、明治・大正・昭和戦前期までに創出された言葉を用いずに、出来事の様相を、実態に即して描き出そうと試みた。たとえば、「開国」に相当する出来事は、安政五年（一八五八）六月以降に調印された通商条約の解釈と運用である。その解釈と運用のあり方をめぐって、さまざまな立場と考え方に立つ勢力が、みずからの主張を貫こうと争ったのである。それを仮に、「開国」と「攘夷」の対立のように単純化してしまうと、内容が見えなくなる。そのような結果に陥《おちい》ることを避けようという意図である。

歴史用語について

いま、私は、できる限り既成の概念に頼らずに、と言ったが、歴史を叙述するとき、概念化された歴史用語をまったく用いずに、それを行なうことは不可能である。その意味でも、主要な用語のいくつかについて、ここで説明しておく必要があるだろう。

まず、幕府・藩・幕藩体制について、である。徳川宗家《とくがわそうけ》の当主が、天皇から正二位内大臣兼右《う》近衛《このえの》大将《たいしょう》に叙任《じょにん》され、その人物が征夷大将軍《せいいたいしょうぐん》に任ぜられて、二六〇余りの大名（万石以上の武家）に領知を宛《あて》がって、彼らを臣従させるという体制は、一七世紀後半までに確立した。その将軍および老中以下の役人からなる政治の体制を「幕府」と、また大名およびその家中や領分を「藩」と、さらに両者の複合した体制を「幕藩体制」と呼ぶのは、日本史学界において、一九六〇年代に定着した歴史用語である。一七世紀から一九世紀前半までの歴史を叙述しようとするとき、これらの概念化された歴史用語を用いることに、とくに問題は生じないだろう。

なお、「幕府」や「藩」は、制度としての公称ではなく（制度公称として「幕府」は近衛大将の唐名《とうみよう》）、呼び名であるから、史料上には稀に現われるだけで、現われたとしても、右のような意味での歴史用語の用法と、同じとは限らない。同時代において、将軍とその政府を指す場合は、「公儀《こうぎ》」あるいは「公辺《こうへん》」という漠然とした呼び方が行なわれていた。その場合の「公儀」は、少なくとも一八世紀末以降は、天皇と将軍が融和した最高権力の意味に近い。

ところが、安政年間（一八五〇年代半ば）に和親条約、さらに通商条約調印をめぐって、天皇と将軍の間の疎隔が表面化すると、政治に参加する者のあいだで、両者を呼び分ける必要が生じてくる。その結果、前者を「朝廷」と、後者を「幕府」と呼び、また朝廷と直結しよう（天皇の藩屏《はんぺい》たろう）とする大名家を指して「藩」と呼ぶことが急速に広まり、史料上に頻出《ひんしゆつ》するようになる。そうなると、叙述のうえで、一七世紀以来の一貫した歴史用語として幕府や藩を用いることに、不具合が生じる。具体的な実例として、二点の史料を挙げてみよう。

ひとつは、安政元年（一八五四）月日欠け、秋良敦之助《あきらあつのすけ》宛て、長州毛利《ちようしゆうもうり》家の家臣、桂小五郎《かつらこごろう》書簡である（『木戸孝允文書』一）。

近歳、諸夷、吾が海洋を縦横して、天下の侯伯《こうはく》、政道相立たず、上下ともに揮《ふる》い候は屈指《くつし》稀《まれ》なり、誠に大感慨の至りに御座候、我藩も近頃、士民みずから喜び候と申す事は承り候《そうら》えども、士気揮い候と事《（ママ）》は、いまだ聊《いささ》かも承らず、いかがなる事やと恐れ奉り候、何とぞ上下堅一、忠孝仁義を貫き、ともかくも吾が一藩なりとも国家の命脈を培養し、一天万乗の君の宸憂《しんゆう》、安んじ奉りたく存じ奉り候（中略）、実に当今の勢、外夷、何時、我が本朝を侵掠《しんりやく》致し候か、幕府、いよいよ本朝を以て、膝を屈し候か、計りがたく、真にその期に望《（ママ）》み、幕府幕府と申し、一決断これ無く候は、尊氏《たかうじ》中の尊氏にて千万の大不忠、誓って人臣の忍ぶ秋《とき》にあらず

桂は言う。外夷がわが国を脅かしている現状のもとにありながら、「天下の侯伯」、つまり大名は士気を振るい立てられずにいる、せめてわが長州藩だけでも、天皇の憂慮を晴らすように尽くさねばならない、幕府に任せておいては、いよいよ外夷に膝を屈するような事態を招くだろう、それを放置しておくのは、まさに逆臣足利尊氏《あしかがたかうじ》のような大不忠にあたり、人臣として堪え忍ぶことができない、と。ここでは、「幕府」が、外夷に対して毅然《きぜん》たる態度を採らない、軟弱外交の政府として捉えられ、また「藩」が「一天万乗の君」に忠節を尽す臣下の立場と捉えられていることに注意しておきたい。

もうひとつは、安政五年（一八五八）一二月、目付《めつけ》野々山鉦蔵《ののやまかねぞう》を経て、大老・老中に提出された、徒目付《かち》河野忠蔵《かわのちゅうぞう》・小人《こびと》目付佐藤忠三郎《さとうちゅうざぶろう》による探索届け書であり、水戸徳川家の「天狗《てんぐ》組」の談合の模様を報告したものである（『井伊家史料』一四）。

一、前顕《ぜんけん》、金子孫次郎、酒宴の席には御座候《そうら》えども、申し聞け候は、公辺より仰せ出され候事、道理は逸々《いちいち》、両公（斉昭・慶篤）においても相守り、聊《いささ》か以て御敵対の思し召しこれ無く、不道理は御聞き入れこれ有る間敷《まじ》く、実は我々どもにおいても、桜木を削り、天子へ捧げたしなど

申し居《お》り候事

右、参会中、言葉ふちょう（符丁）にて聞き取りがたき廉《かど》、多くこれ有り、

天子を主上とのみ申し、公辺御役人を幕府の御政事と唱《とな》え（中略）すべて右の振り合いに申し唱え居り候由

天狗党の首領株である金子《かねこ》孫次郎《まごじろう》が言うには、「公辺」より仰せ出されたことは、水戸《みと》斉昭《なりあき》・慶篤《よしあつ》父子（隠居と当主）にも、道理ならばこれを守り、敵対する意思はないが、不道理は聞き入れないつもりである、われわれとしても、児島高徳《こじまたかのり》が後醍醐《ごだいご》天皇に対して行なった故事にならって、桜の幹を削り、励ましの歌を書き付けて、天子へ捧げたいものだ。

金子孫次郎は井伊《いい》直弼《なおすけ》暗殺の首謀者だが、その動静探索の報告に続けて、徒目付河野は、彼らの集会では、言葉が符丁《ふちょう》（仲間内のみで用いる合言葉）ばかりで聞き取りがたいと、付言している。すなわち、「天子を主上とのみ申し、公辺御役人を幕府の御政事と唱え」る類である。徒目付は「幕府」という言葉を、それまで聞いたことがなかったのだ。

これらの実例から明らかなように、「幕府」や「藩」は、特定の意味を持って安政年間から広まり始めた言葉である。そうなると、叙述の際に、前提抜きに幕府や藩とは書けない。つまり、〈幕府は、幕府と呼ばれるようになった〉と書いても、文章として意味を成さなくなってしまう。本書では、このような混乱を避けるため、安政年間以前の、いわゆる幕府について「徳川公儀」と呼び、いわゆる

藩については大名家《だいみょうけ》（毛利家のように）と呼ぶ。大名家のうち、特定の家が率先して、たとえば長州《ちょうしゅう》藩や薩摩《さつま》藩のように、天皇の藩屏として「藩」化してゆくのである。

その「幕府」は「王政復古」を掲げた慶応三年一二月政変で、「摂関」とともに「廃絶」されたが、実質的な大名家である諸藩は存続し、慶応四年（一八六八）閏《うるう》四月の政体書において、政府直轄地の府県と並び、「藩」が制度公称となった。さらに明治二年（一八六九）六月、いわゆる版籍奉還《はんせきほうかん》によって、大名家は解消され、その旧領分には、地方行政制度として「山口藩」や「鹿児島藩」などが設置され、旧大名家当主は、各藩領を管轄する地方制度長官として、非世襲の各藩知事に任命された。旧主君との主従関係を断たれた旧大名家臣には、藩から「家禄《かろく》」という生活資金が給付され、「士族」という属籍呼称が与えられた。それらの藩も、明治四年（一八七一）七月には一斉廃止されて県が置かれ、士族への家禄給付は、政府大蔵省に引き継がれた。歴史用語としての観点からいえば、一九世紀半ばを対象とする限り、以上のような、時系列上の意味の変化を踏まえずに、一括して「藩」と書いて済ますわけにはいかない。ある対象に向けた同時代（史料上）の呼び名の変化は、すなわち制度上の質的な変化をも意味するのである。

歴史用語と並ぶ表記法の問題は、他にも多くあるが、主要なものとして、天皇に触れておく。天皇号は基本的に諡号《しごう》（没後に贈られる称号）であるが、現に帝位にある者に対する呼び名は、天子《てんし》や主上《しゅじょう》、今上皇帝《きんじょう》（安政四年『雲上明覧大全』）、今上天皇（安政六年同）などさまざまである。そのため、本書では、慶応二年（一八六六）末までの在位者を孝明《こうめい》天皇、そのあとを受けた在位者を、明治天皇と呼んでおく。彼らの実名は、それぞれ統仁《おさひと》、睦仁《むつひと》であるが、一般に知られていないため、表記として分かりにくいようである。ただし、叙述の文脈上、混乱を生ずる恐れがない限り、天皇とだけ表記する場合がある。

本書は、以上のような前提を踏まえて、明治維新の政治史を叙述しようとしている。

一　世界体系への参入

1　ペリー来航と和親条約

浦賀沖の応酬

アメリカ東インド艦隊司令長官ペリー率いる四隻の黒船が、江戸湾口の浦賀《うらが》沖に投《とう》錨《びょう》したのは、嘉永《かえい》六年六月三日（一八五三年七月八日）夕刻であった。そのうち二隻は、外輪式蒸気艦、二隻は帆船である。朝がた以来立ち込めていたもやは、そのころにはすっかり晴れ渡り、艦上から富士山の高い頂きがくっきりと見渡せた。

浦賀奉行所は、外国船通行時の慣例に従い、多くの小型の番船で艦隊を取り巻かせた。やがて一隻の番船が旗艦サスケハナの舷側《げんそく》に近づくと、乗船していた役人の一人が、私はオランダ語を話せる、と「まことに見事な英語で」呼びかけた（『ペリー艦隊日本遠征記』）。オランダ通詞堀達之助《ほりたつのすけ》である。しかし、彼の英会話能力もここまでで、あとはオランダ語通訳ポートマンとのあいだで、やりとりが行なわれた。

ペリーは、あくまでも最高位の役人との会見を希望していると告げ、堀の乗船要求を拒んだ。堀はかたわらの、もう一人の役人を指して、彼は浦賀の町の副奉行で高官であると答え、ようやく二人の乗船が許された。実際には、その人物は浦賀《うらが》奉行所《ぶぎょうしょ》支配組《しはいぐみ》与力《よりき》中島三郎助《なかじまさぶろうすけ》であったから、通訳上のなりゆきとはいえ、「副奉行」を詐称する結果になった。

ペリー自身は姿を見せず、副官のコンティ大尉《だいい》に命じて彼らと応対させた。来意を尋ねる中島に対し、ペリー側は、合衆国大統領から「日本皇帝」に宛てた親書を持参したこと、その原本授受のための日取りなどを決定してもらいたいことを述べた。中島は、異国との交渉の場である長崎への回航を要求したが、ペリーはその要求を断固として拒絶した。

中島は、親書の受理について約束できる権限を持たないとしながら、周囲を取り巻いている番船を、ペリーの要求に従って退去させたのち、明日以降に、より上級の役人が来て応対するであろうと言い残して陸地に戻っていった。

翌日の早朝、「浦賀奉行」を自称する香山栄左衛門《かやまえいざえもん》が、サスケハナにやってきた。彼も実際には、奉行所与力の身分であるが、立派な服装を整えて威儀を正していた。しかし、この時もペリー自身は応対しなかった。前日の中島と同じく、香山も、長崎への回航を求めたが、ペリーはもとより拒絶し、香山が江戸の政府の訓令を仰ぐため、四日間の猶予を求めると、七日まで三日間だけ待とうと答えた。

香山との会見が行なわれている最中から、ペリーは、この地で親書の授受を行なう意志が、いかに固いものであるかを示すため、示威行動をとった。各艦からボートを降ろして、水深測量のため、蒸気艦ミシシッピの護衛のもと、江戸湾方面に進めさせたのである。投錨《とうびょう》海面から、最大四海里（約七・四キロ）奥まで侵入したという。測量艇の観測では、砲台を固めた兵士の意気は盛んだったが、装備は貧弱で、発砲はもとより、敵対の様子は見せなかった。測量は六日まで続けられ、測量艇はさらに江戸湾の奥深く侵入する。

阿部政権の対外方針

そのころ江戸では、徳川公儀の老中首座阿部《あべ》正弘《まさひろ》を中心に、対応策が評議されていた。阿部以下は、ペリー来航について事前に詳細な情報を得ていた。ちょうど一年前に、新たに長崎オランダ商館長に着任したドンケル・クルティウスを通じて、オランダ政府から公式に、アメリカ使節が来年には日本を訪れる予定であること、およびその主な目的が交易開始の要求にあることなどを通報されていたのである（三谷博『ペリー来航』）。

しかし、阿部以下は、アメリカ使節来航の情報に接しても、とくに事前の対策を講じなかった。確定していたのは戦いを避ける、という方針だけである。もともと阿部は、対外関係を朝鮮・琉球・清《しん》・オランダの四ヵ国に限定するという方針（いわゆる鎖国）を維持する意図を持っていた。その方針は一九世紀初頭までに、ロシアとの折衝の過程で「祖法《そほう》」として確定していたもので

図1　伝阿部正弘所用地球儀

ある。さらに、弘化《こうか》元年（一八四四）にオランダ国王からもたらされた、新たに欧米諸国と通商を開始する意図があるかどうかを打診する書面（いわゆる開国勧告書）に対する老中名の返書に、その方針は、国交を含む朝鮮・琉球との「通信」、国交を含まない清・オランダとの「通商」の関係として、より論理的に整理され定式化していた。ちなみに、その四ヵ国限定関係について、「鎖国」という呼び名が一般化するのは、その関係を変更する可能性が現実化した安政《あんせい》四年（一八五七）頃からである。

さかのぼっていえば、ペリー来航情報が到達する以前から、阿部ら徳川公儀の上層部は、かつて天《てん》保《ぽう》一三年（一八四二）、清国がイギリスとの戦い（アヘン戦争。一八四〇〜四二）に敗れ、講和条約（南京《なんきん》条約《じょうやく》）を結んだ事実や、その条約の内容をも、正確に承知していた。南京条約の漢文版にしても、すでに天保一四年には入手していたようである。新たに福州《ふくしゅう》に駐在することになったイギリス領事から、渡来中の琉球使節に伝えられ、琉球政府を通じて薩摩《さつま》島津《しまづ》家にもたらされ、世子斉彬《なりあきら》から阿部正弘に届けられていたという（茂木敏夫『変容する近代東アジアの国際秩序』）。弘化二年（一八四五）以降には、オランダから別段風説書《べつだんふうせつがき》（一八四〇年から開始）によって、南京条約および五港《ごこう》（広州《コワンチヨウ》・厦門《アモイ》・福州《フーチヨウ》・寧波《ニンポー》・上海《シャンハイ》）通商協定の内容をはじめ、アメリカ、フランスとの同様の条約に関する情報が伝えられるが、南京条約の内容に関しては、先の琉球経由の情報が最も早いと思われる。

重要なのは、その南京条約漢文版で、イギリスへの香港島の割譲や、五港での交易許可などは、「大皇帝の恩恵によって許された（大皇帝恩准《おんじゅん》）」ものと定められていたことである。清朝側から見れば、この条約は夷狄《いてき》を「羈縻《きび》」（手なずける）し、中華世界の論理のなかに包摂するものと、理解されていた（茂木敏夫前掲書）。このような理解に、これまで日本史研究者は注意を払ってこなかったが、のちに見るように、日本側でも、とくに天皇などの場合、和親条約の受け止め方は、これとほぼ同一の論理に立っている。

それでは、これらの条約内容を、阿部以下が、どのように受け止めていたのか、またそれを踏まえてイギリス・アメリカをはじめとする欧米諸国にどのように対処しようとしていたのか。

この点を具体的にうかがえる史料は、現在のところ確認されていない。しかし、南京条約や、それにならったアメリカとの望厦《ぼうか》条約、フランスとの黄埔《こうほ》条約（ともに一八四四年）の内容を知っていたのだから、日本に使節が来航しても、戦争を引き起こしさえしなければ、同様な内容の平穏な条約を締結することで、事態を解決できるという見通しがあったのではなかろうか。そのように考えれば、阿部が避戦方針のみを徹底させていたことも納得できる。ちなみに、文政《ぶんせい》八年（一八二五）の異国船《いこくせん》無二念《にねん》打ち払《はら》い令《れい》を撤回し、薪水給与令《しんすいきゅうよれい》に改めたのは、天保一三年七月二四日で、南京条約調印と同日（一八四二年八月二九日）であった。

来航時の対応と国書受領

来航時の対応に戻ろう。外国艦隊渡来の第一報は、当日嘉永六年六月三日（一八五三年七月八日）深夜に、浦賀奉行戸田氏栄《とだうじよし》から江戸に届けられ、翌四日朝には、それがアメリカ合衆国の軍艦四隻であり、長崎への回航要求に応じず、この地で大統領

図2　ミシシッピ号模型

親書を手渡す意志が固いことなどが報ぜられた。同日夕刻には、さらに戸田から対応に関する伺いがもたらされた。先に見たように「浦賀奉行」と称してペリー側と折衝した与力香山栄左衛門の報告に基づくもので、回答期限は七日である。

この伺いを踏まえ、五日に阿部は、海防掛《かいぼうがかり》の大小目付・勘定奉行・勘定吟味役、寺社・町・勘定（海防掛以外）の三奉行、大小目付（海防掛以外）の三グループに見解を答申させた。なかでも大小目付は、長崎への回航を要求し、聞かなければ打ち払えと主張し、評議は容易にまとまらなかった。しかし翌六日、ミシシッピの護衛のもと、測量艇が江戸湾内にまで侵入したとの報が伝えられると、評議の模様はたちまち一変し、アメリカ国書受領の方針が決まった（三谷博『ペリー来航』）。ペリーの威《い》嚇策《かくさく》は、見事に功を奏したのである。

国書受領の方針は、期限当日の七日朝に浦賀奉行戸田に伝えられた。そのいっぽう、徳川公儀は万一の事態に備え、江戸の町に対する防備を固めた。あらかじめ、出動準備を達していた熊本の細川《ほそかわ》、長州萩《ちょうしゅうはぎ》の毛利《もうり》、越前《えちぜん》の松平《まつだいら》、姫路の酒井《さかい》、徳島の蜂須賀《はちすか》、高松《たかまつ》の松平、筑後《ちくご》柳川《やながわ》の立花《たちばな》の各大名家に部署への出動を令し、また町奉行を通じて、市民が動揺しないよう手当てを施した。江戸の町は、一時的にせよ、臨戦態勢に入ったのである。

浦賀では国書授受に関する協議が煮詰められ、二日後に久里浜《くりはま》（浦賀の南寄りの浜辺）で行なうことが取り決められた。浜の入江奥には応接所が仮設され、もともと江戸湾口の警衛を担当していた四大名家（彦根の井伊《いい》、川越《かわごえ》の松平、会津の松平、武州忍《ぶしゅうおし》の松平）の人数、約五〇〇〇人が警備にあたった。

九日の昼前、ペリーの一行、約三〇〇名は十数隻のボートに分乗して上陸し、ペリーとその随員は応接所に入った。日本側の応接代表は、浦賀奉行の戸田氏栄と、相役の井戸弘道《いどひろみち》（通常は江戸在勤）である。大統領親書（日本側呼称は「国書」）と、その受領証の受け渡しは、おごそかに行なわれ、ペリーは正式の回答を受け取るため、来春に再び来航する旨を告げて、儀式は三〇分程度で終了した。その後、ペリーは日本人の希望者に蒸気艦への乗船見学を許し、機関や大砲までを見学させた。

しかし、彼らが退艦したあと、二隻の蒸気艦は、それぞれ一隻の帆船を曳航《えいこう》し、江戸湾内に向けて航進を開始した。来年の交渉を有利に運ばせるための示威行動である。艦隊は、三浦半島東側先端の観音崎《かんのんざき》を越え、一〇キロほど内部に入り、日本側の退去要求を黙殺して、現在の横浜市金沢区沖に碇泊した。この時、江戸市内では半鐘が打ち鳴らされ、一時は騒然とした状態に陥ったという。

ペリーは翌一〇日、さらにミシシッピを川崎付近まで遡行《そこう》させたが、それ以上の侵入を控え、一一日には湾口近くまで引き返した。六月一二日朝、艦隊は、ようやく出航した。丸九日間の滞在であった。ペリー艦隊は、その後、琉球に立ち寄ったのち、広東《カントン》を中心とする清国南部に戻った。

ペリーが退去した一〇日後の六月二二日、重症の脚気《かっけ》に見舞われていた将軍家慶《いえよし》が死去した。一三代将軍を継ぐ家定《いえさだ》は、精神的には健常であったが、言語動作に不自由な面があり、政治的な経験と力量に乏しいうえ、健康状態にも不安があって、実子を得られる見込みもなかった。そのため、のちに見るように、養子に誰を迎えるか、という将軍継嗣問題が浮上するのだが、この多難な時期に、最高責任者たる将軍が、強力なリーダーシップを持たないという事実は、政局運営に混乱を倍化させる結果となった。阿部は、その事情を踏まえ、三家（尾張《おわり》・紀伊《きい》・水戸《みと》）の一つ、水戸徳川家の隠居である斉昭《なりあき》を、海防参与として政権運営に公式に参加させた。斉昭は、強硬な排外論者として知られていたから、彼を政権に参加させることにより、対外政策の決定に軟弱との印象を与えないよう配慮したのである。

再来に備えて

ペリーの持参した国書、すなわちアメリカ合衆国大統領ミラード・フィルモアから日本皇帝に宛てた親書が江戸に届いたのは、六月一四日である。その主な内容は、「私がペリー提督を強力な艦隊とともに派遣し、陛下の名高い江戸市を訪問させる唯一の目的は、友好、通商、石炭と食料の供給、および難破した国民の保護にある」というものであった（『ペリー艦隊日本遠征記』）。

実際のところ、アメリカ側の真の目的は単一ではなく、必ずしも明快ではない。たしかに、一九世紀初頭以来、北太平洋ではアメリカ捕鯨船の活動は活発化し、難破する事例は多くあった。また、清国との交易にあたり、日本を中継地として期待する見方も強かった。そのために日本本土、もしくはその近海に貯炭所を設け、ひいては世界航路を開設する足がかりにしようとする構想が背景にあった。また、それ以上に、二世紀にわたって、オランダ以外の欧米諸国と関係を待たなかった極東の島国に対する純粋な好奇心も旺盛だった。ペリー自身にとっては、大西洋を横断し、喜望峰《きぼうほう》を回り、インド洋を経由する大航海は、みずからが育成してきた蒸気軍艦の威力を、イギリスをはじめとする列国海軍に見せつけるための絶好の機会でもあった。ペリー派遣は、そのような複合的な動機を持っていた。

しかし、日本側にしても、こうしたアメリカ側の内情までを察知していたわけではない。とりあえず検討しなければならないのは、それまで海外夷狄《いてき》のうちで、オランダにのみ認めていた通交関係を、アメリカにも許すかどうか、である。アメリカに許せば、ロシア、イギリスなどを含め、他の諸国にも許さざるを得なくなるであろう。それは、なりゆきによっては、「祖法《そほう》」である四ヵ国（琉球・朝鮮・清・オランダ）限定関係を根本から変更し、日本という国家を世界体系のなかに参入させる結果を招きかねない重大問題であった。

阿部以下、徳川公儀は、その課題を検討するため、前例のない措置をとった。六月末から七月初めにかけ、布衣《ほい》（官途名を許される高級旗本）以上の徳川家直臣、および全大名に対し、アメリカ国書を公開し、対応策を諮問したのである。これに答えた答申や建白は、総計八〇〇通に及んだといわれるが、最大公約数的な見解は、とりあえず避戦を基本方針とするものだった。ただし、そのなかには、浦賀奉行として現場の交渉に臨んだ戸田氏栄のように、この機会に、アメリカとのあいだに、通商を超えて通信の関係を結ぶべしとする意見もあった（三谷博『ペリー来航』）。

いずれにせよ、この時点で、たとえ「通商」あるいは「交易」許容論を唱えたにしても、その内容は、オランダとのあいだで営まれていた限定的な管理交易を念頭に置いたものであり、のちに現実化する自由貿易（民間同士の商取引）や、そのもとでの工場製品の大量輸入などを想定していたわけではない。それは、当時の日本側の予想を超えた事態である。

プチャーチンの長崎来航

徳川公儀がペリーの再来に備えた対策を練っている最中の七月一八日、ロシア使節プチャーチンが、四隻の艦隊（蒸気艦は一隻）で長崎に入港した。その意図は、皇帝ニコライ一世の命を受け、アメリカに先んじて日本と通商条約を締結すること、および国境画定交渉を行なうことであった。しかし、旗艦パルラーダの修理などで準備に手間どり、長崎到着は、ペリーより一ヵ月半遅れる結果になった。

ロシア使節の来航自体は、すでに徳川公儀にとって予想されたものであり、その点について動揺はなかった。ロシア国書の江戸到着は九月一五日。一〇月八日に老中阿部は、応接掛として大目付格筒《つつ》井《い》政憲《まさのり》（西丸留守居から昇任）・勘定奉行川路聖謨《かわじとしあきら》・目付荒尾成允《あらおしげまさ》・儒者古賀《こが》謹一郎《きんいちろう》を任命し、彼らは一〇月末から江戸を出立、一二月一〇日までに長崎に到着した。全権の役割を担ったのは、川路である。

そのあいだの一一月一日、新将軍家定《いえさだ》は諸大名に向け、ペリー再来に備えた政策方針を宣言した。要約すれば、通商要求には応じないが、万一開戦の場合に備えて防備体制を固めよ、とするもので、ロシアに対する方針としても適用される。文中に見えるように、先のアメリカ国書の公開諮問に対する大名以下からの答申を踏まえ、さらには、海防参与水戸《みと》斉昭《なりあき》の、国内向けには必戦の覚悟を促すべしという主張を盛り込んだ内容であった（『水戸藩史料』上編乾）。

亜墨利加合衆国より差し出し候書翰の義に付き、それぞれ建議致され候趣、おのおの熟覧を遂げ、集議参考のうえ、（将軍の）御聴《おきき》に達し候処、諸説異同はこれ有り候得共《そうらえ》、つまり和戦の二字に帰着致し候、然る処、面々建議致され候通り、当時近海を始め、防禦筋いまだ御全備に相成らず候に付き、渠《かれ》申し立て置き候書翰の通り、いよいよ来年渡来致し候とも、御聞き届けの有無は申し聞けず、成るべくだけ此方《こなた》よりは平穏に取り計らわせ申すべく候得《そうらえ》ども、彼より乱暴に及び候義、これ有る間敷《まじ》くとも申し難く（中略）万一彼より兵端を相開き候わば一同奮発、毫髪《ごうはつ》も御国体を汚《けが》さざる様、上下を挙げて心力を尽くし、忠勤を相励むべしとの上意に候

文末に見える、少しでも「国体」を汚すな、という言葉は、現代では廃《すた》れてしまったものなので理解しにくいが、しいて現代語に直せば、「国家としての体面あるいは威信を保持せよ」といった内容に相当する。このような意味での「国体」は、この時期の政治史を考えるうえで最も重要なキーワードの一つである。この点については、またのちに触れよう。

川路らとプチャーチンの最初の接触は一二月一四日。一七日には川路らが、ロシア艦パルラーダを訪問した。これらは儀礼的な交歓だが、きわめて和《なご》やかに行なわれたという。一八日に川路は、老中

連署の回答書の内容を明らかにし、ロシア側が強い意志を示していた国境交渉についても、先送りしたい旨を伝えた。

全権同士の正式交渉は、一二月二〇日から二八日まで五回にわたって行なわれた。共通言語は、ここでもオランダ語である。結果として、川路は、プチャーチンの主張していた、千島列島のうちエトロフ島はロシア領土であるとの見解を撤回させ、樺太《からふと》（サハリン）滞在中のロシア兵も、南半の日本側属地には手出しをしない、との約束を取りつけた。いっぽう、交易要求についても棚上げを了解させたが、今後、通商条約を結ぶ場合はロシアを優先し、また他国と結ぶことがあれば、ロシアにもただちに適用するであろう、との言質《げんち》を与えた。プチャーチンは、これらの内容を了解して翌年正月八日、長崎を退去した。

この結果を、川路自身は成功と自賛しているが、たしかに領土問題で譲らなかったことは、日本側内部の強硬論を沈静化させるうえで大きな効果があった。また、プチャーチンにしても、通商条約に関する言質を得たことは、とりあえず満足できるものであった。

こうして長崎での日露交渉は、当面のところ、条約調印そのものを先送りとすることで決着がついた。その背景には、ロシアがトルコと開戦したこと（クリミア戦争。九月）にともなって、イギリス・フランスとも戦争になることが確実になり（開戦は翌年二月末）、プチャーチンにしても、長崎での交渉に専念できないという事情があったのだが、川路らは、そのことに気づいていなかった。

ペリー再来と交渉

ペリー艦隊はいったん日本を去ったあと、マカオ・香港付近を根拠地として滞在していた。そのあいだ、ペリーは、ロシア艦やフランス艦の動向に神経を尖らせていた。条約調印で、彼らに先を越されることを懸念していたのである。そのため、危険な冬の航海を決意し、予定を繰り上げて嘉永六年一二月一六日（一八五四年一月一四日）、香港を出航、日本列島に向かった。計七隻（蒸気艦は三隻）に増強された艦隊は、翌七年（一一月に安政と改元）正月一六日、江戸湾内小柴《こしば》沖に投錨した。徳川公儀は、浦賀で応接するつもりで、すでに応接掛を任命していた。全権は主席の大学頭《だいがくのかみ》林煒《はやしあきら》、以下、大目付井戸弘道《いどひろみち》・浦賀奉行井澤政義《いざわまさよし》・目付鵜殿長鋭《うどのながとし》、随員に儒者松崎満太郎《まつざきまんたろう》である。しかし、ペリーは例によって、江戸湾内に測量艇を送って威圧を加え、交渉地を横浜に変更させた。

両者の交渉は二月一〇日から開始された。徳川公儀はすでに、ペリーの要求のうち、漂流民保護、燃料・食料の供給は許すが、通商については回答そのものをできるだけ引き延ばす、という基本方針を立てていた。交渉の席でペリーは、清朝とのあいだに結んだ望厦条約をモデルにした草案を手渡したが、それには通商条項が含まれている。

しかし、一九日の第二回交渉で、ペリーは、通商開始にはあえてこだわらない態度を示し、これを見た全権の林らは、伊豆の下田《しもだ》と蝦夷《えぞ》島の箱館《はこだて》の二港を入港許可地とする腹案を固め、阿部以下、政府の承認を得た。

図3　ペリー横浜上陸の図

二五日、第三回交渉で、ペリーは下田・箱館を入港許可地とする案を、基本的に了承した。伊豆半島の先端に位置する下田は、貿易港として適当ではないが、捕鯨船などの避難港としてみれば恰好の地勢である。ペリーは、部下に現地を視察させたうえ、この日本側提案に正式に同意した。

二月三〇日に行なわれた最後の第四回交渉で、それまでの合意事項が確認されたが、領事駐在の解釈について、将来につながる大きな問題が残った。すなわち、ペリー側が、一八ヵ月のちに下田にアメリカ領事を駐在させることができる、と解釈したのに対し、林側は、一八ヵ月のちに両国政府が協議のうえ、合意すれば領事を駐在させることができる、としたのである。このような、重大な食い違いが生じた理由について、三谷博は、オランダ語の通訳にあたった森山栄之助《もりやまえいのすけ》の作為によるのではないかと推測している（三谷博『ペリー来航』）。つまり、徳川公儀がアメリカ官吏の駐在を認めるはずはない。それを認めれば、「通信」の関係を結んだことに近くなってしまうからである。しかし、領事駐在に関するペリーの要求は強硬であり、両者の言い分を正確に通訳すれば交渉決裂になりかねない。そのため、板ばさみの苦境に立たされた森山は肝心の部分を曖昧《あいまい》に通訳して、その場をつくろった、というのである。この推測は、おそらく正しいだろう。

条約書面の交換

嘉永七年三月三日（一八五四年三月三一日）、横浜において双方の全権のあいだで、条約書面が交換された。日本側から日本語版（林ら全権四名が署名）・漢文版（松崎満太郎署名）・オランダ語版（森山栄之助署名）が、アメリカ側から英語版（ペリー署名）・オランダ語版（ポートマン署名）・漢文版（ウィリアムズ署名）が渡された。双方の全権が互いに署名した正本というものは存在しない。

しかし、全権の林らは、老中に対して、漢文版を条約の正本としていた。日本語版は、それからの翻訳である。つまり、ペリー側には日本語を読める人物がいない。日本側には英語を読める人物がいない。そのため交渉はオランダ語で行ない、オランダ語版と漢文版とを校合《きょうごう》する（完全に正確ではない）いっぽう、オランダ語版から英語版を翻訳作成するという煩雑な手順を必要としたのである。たとえ通訳に作為がなくとも、とくに日本語版と英語版とのあいだで解釈のズレや誤解が生ずるのは当然とも言える。

以下では、その正本漢文版を読み下しで掲げておこう（『大日本維新史料』第二編ノ五）。

条約

現今、亜美理駕合衆国、日本国人と、こもごも相親睦《あいしんぼく》せんを謀《はか》る、まさに此の意に依って、以って後来《こうらい》久しく守るの章程を定めんとす、是を合衆国大統領は全権被理《ペリ》を差《さ》し、日本に至り、日本国大君は全権林大学頭、井戸対馬守、井澤美作守《みまさかのかみ》、鵜殿民部少輔を差し、相ともに勅諭を遵奉《じゅんぽう》し、約を立つる、左の如し

一、両国の人、嗣後《しご》、まさに互いに相親睦す、その人の高下貴賤と、遇《あ》う所、地を異《こと》にするを以って、おのおの別に之を視るを得ざる也

一、日本国の政府、いま下田、箱館の両港を定めて、合衆国の船の為に、薪水食料石炭等、諸欠乏之物の現に存する者を発し、儘数《じんすう》、之を給するの地と倣《な》し、其の舶に駕《が》し、港に入るを准《ゆる》す、但し、下田の港は、まさに印を約書に鈐《きん》ずるの日を以って、之が始めと為すべし、箱館は、まさに来年三月を以って始めて開くべし、その発給の諸物は、まさに日本官吏より、価を講じ、報知して、抵《あて》るに洋金洋銀を以ってすべき也

（第三条～第十条、略）

一、もし両国の政府、均《ひと》しく已《や》むを得ざるの事情有り、或いはまさに合衆国総領を下田に置くべし、但し、総領を置くの事は、まさに印を約書に鈐する以来、十八月の後を期と為すべし

（第十二条および日付・署名等、略）

ここに見えるように、第一条では、日本国人とアメリカ国人は、今後、互いに「親睦」の関係を持ち、身分の上下や、会う場所によって、扱いを別にしてはならない、とする。主眼の第二条では、下田・箱館の両港を、アメリカ船に食料燃料など欠乏品を「儘数《じんすう》」（可能な限り）供給する地とし、アメリカ船の入港を「准《ゆる》す」（許す）、供給品には代価が支払われる、としている。省略した第三条～第一〇条は、難破船漂流民の保護、下田での遊歩区域の設定、いわゆる最恵国《さいけいこく》待遇条項などの規定である。

肝心なのは、領事駐在条項にあたる第一一条だが、この漢文版では、たしかに、両国政府に「均《ひと》しく已《や》むを得ざるの事情」ある場合は、アメリカ領事を下田に置くことがある、と定めている。念のため、この「和解《わげ》」（日本語版）を挙《あ》げておくと、「両国政府に於いて、よんどころ無き儀、これ有り候模様により、合衆国官吏のもの、下田に差し置き候儀もこれ有るべく」となっていて、両国政府の合意によるという意味は、さらにはっきりとうたわれている。繰り返すまでもなく、オランダ語版、英語版では、いっぽうの政府が必要と認めれば領事を置ける、としていた。

交換された条約の内容は、このようなものであった。「和親」の語は、日本語版第一条に、漢文版の「親睦」に変えて、「永世不朽《えいせいふきゆう》の和親を取り結び」と訳された箇所に見えるものである。また、漢文版第二条の「港に入るを准《ゆる》す」は、「渡来の儀、差《さ》し免《ゆる》し候」と訳された。いずれにせよ、アメリカ船の下田・箱館入港は、日本国大君から「准」されたものである。南京条約で、「大皇帝恩准」が定められていたことを、ここで想起しておくことは無駄ではあるまい。

なお、この条約は現在、「日米和親条約《にちべいわしんじようやく》」と呼ばれ、本書でも便宜上、その通例にならっておく。ただし、そう呼ばれるようになったのは、『幕末外国関係文書之五』（一九一四年）に、「日本国亜米利加合衆国和親条約」と題して収録されて以後のようである（三谷博『ペリー来航』）。

アメリカ・イギリス・ロシアとの条約

ペリーは、和親条約調印の成果に満足していた。彼の認識では、通商の規定を得られなかったとはいえ、のちに通商条約締結の手がかりになる領事駐在条項や、最恵国待遇条項を認めさせた。何よりアメリカは、今まで外国との関係を絶ってきた国と、初めて友好的な関係を結んだのである。ペリーは、条約謄本《とうほん》を乗せた帆船サラトガに帰国を命じたあとも、江戸湾内に滞在したが、三月下旬に出港、下田についで箱館を訪れて現地を調査し、いったん下田に戻った。六月四日から五日にかけ、ペリー艦隊は下田を出港した。ペリーがニューヨークに帰り着いたのは、一八五五年一月一二日（嘉永七年一一月二五日）。条約調印から八ヵ月後、実に二年二ヵ月ぶりの帰国であった。

いっぽう、将軍家定は四月九日、諸大名に向け、和親条約調印の事実を公表し、
彼方《ペリー》志願の内、漂民撫恤《ぶじゆつ》、ならびに航海来往のみぎり薪水食料石炭等、船中欠乏の品々下されたしとの儀、御聞き届け相成り候処（中略）豆州《ずしゆう》下田湊・松前の箱館において下され候つもりに候
と達した（『幕末外国関係文書之六』）。ペリーの認識とは裏腹に、日本側の公式見解では、アメリカの要求は、漂流民の保護と、寄港船への食料燃料の補給に限って許されたのであり、入港許可地も二港に

限定された。旧来の四ヵ国限定関係は、基本の部分では維持されたのである。

その後、八月二三日、長崎でイギリス中国方面艦隊司令長官スターリングと、長崎奉行水野《みずの》忠徳《ただのり》とのあいだに日英協約が調印された。日米条約を簡略化したような内容であり、長崎・箱館を入港許可地としている。もともとスターリングに、条約締結の意思はなく、クリミア戦争でロシアと交戦状態にあることを踏まえ、ロシア艦隊の捜索と、日本の局外中立とを求めて、長崎に渡来したのであった。しかし、長崎奉行水野は、戦時国際慣行の知識不足や通訳の不正確さを十分に知りながら、スターリングの意図を、いわば逆手《さかて》に取り、日米条約に準拠《じゅんきょ》した条約に調印させてしまった。イギリス側の行動は、この協約によって規制されるのだが、結果的にはイギリス本国政府も、これを承認した。

図4「露艦大坂川口入港図」

いっぽうプチャーチンは、正月に長崎を退去したのち、日本近海を遊弋《ゆうよく》してサハリンの現地調査などにあたっていたが、箱館で日米条約調印の情報を得ると、九月に乗艦ディアナで大坂湾に侵入したのち、日本側からの要請に応じて下田に入った。再び全権となった川路聖謨らと交渉が始まったのは一一月一日だが、その三日後、下田は地震と大津波に襲われた。ディアナも大損傷を受け、のちに沈没する。やがて再開された交渉の結果、安政元年一二月二一日（一一月二七日に改元。一八五五年二月七日）、次のような内容の条約が調印された。国境については、千島列島のうちエトロフとウルップとのあいだを境界とし（エトロフ側が日本領）、樺太（サハリン）島内には境界を定めず、これまでのしきたりどおりとすること（雑居）。ロシア船に箱館・下田・長崎の三港を開き、食料燃料等の欠乏品を供給する。やむを得ない場合は、箱館・下田のうち、一港にロシア政府の官吏を置く。

嘉永七年三月から同年末にかけ（一八五四〜五五）、アメリカ・イギリス・ロシアとのあいだに調印された条約の内容と、その経過は以上のようであった。アメリカをはじめとする外国側が、「鎖国」日本の扉を少しでも開いたと自負するのは当然だが、徳川公儀の公式見解は、少なくとも当面は、旧来の四ヵ国限定関係を基本的に維持し得たものと理解していたのである。

2　通商条約をめぐる紛糾

天皇と華夷秩序

ペリーが初めて浦賀《うらが》に来航して以来、アメリカ・イギリス・ロシアとの条約調印に至る経過は、今まで見てきたとおりである。その間、孝明《こうめい》天皇以下、公家《くげ》衆側の反応や、彼らと徳川公儀との関係は、どのようなものだったのだろうか。この点については、これまでの研究でも、ほとんど触れられることがなかった。しかし、のちの通商条約の「勅許」問題に先立つ前提として、和親条約《わしんじょうやく》に関する公家衆側の反応は、見過ごせないところである。

徳川公儀は当初から、ペリー来航の事実や、もたらされた国書などを逐一、天皇へ報告している。異国使節渡来の報告は、その来航から一二日後の嘉永《かえい》六年（一八五三）六月一五日、所司《しょし》代《だい》脇坂安宅《わきさかやすおり》を通じて武家伝奏《ぶけてんそう》に伝えられ、七月一二日にはフィルモア大統領国書が漢訳版で届けられた。これを読んだ伝奏の東坊城聡長《ひがしぼうじょうとしなが》は、「書札甚だ不文《ふぶん》、かつ礼を失す、おもうに夷狄《いてき》と謂《い》うべきか」と露骨な不快感を日記に記した。

いっぽう、伝奏三条実万《さんじょうさねつむ》によれば、関白鷹司政通《たかつかさまさみち》の意見は、

右書翰、甚だ平穏、仁慈《じんじ》憎むべきに非《あら》ざるか、近代、他邦通商、堅く之《これ》を止《とど》めらるとも、往古《おうこ》は諸蛮《しょばん》の来信これあるか、故に交易は何も仔細これ無き事か

というものだった（『孝明天皇紀』二）。交易を許可してもよいのではないか、と関白は言うのである。ただし、この鷹司の意見をもって、彼が先見の明を持つ開明家だったと早合点してはならない。「諸蛮」はあくまでも「諸蛮」であり、対等の相手ではない。その夷狄に交易を許すという場合、念頭に置いているのは、当然ながら、長崎での管理交易だが、それはペリーが一貫して拒否していた方式である。

いずれにせよ、この事態を「国家の一大事」とする認識は、公家衆のあいだに共通している。その

ため、これをきっかけにして、公家衆のあいだで、外国との関係のあり方について、さまざまな議論が沸き起こった。その場合、天皇の意向を含めて、基盤になる考え方は、華夷秩序《かいちつじょ》という観念である。つまり、「神州《しんしゅう》」「皇国《こうこく》」は世界の中心たるべき中華の国であり、海外から渡来する諸国は、礼をわきまえない「夷狄」「蛮夷《ばんい》」である。それらは、邪教（キリスト教）伝染を手段に愚民《ぐみん》を手なずけ、日本の領土を蚕食《さんしょく》する機会をうかがっている。むやみに近づけることは危険である。また、交易にしても、衣食住の材料をはじめ、日本に足らないものはなく、あえて珍奇不要の品を購入し、金銀を流出させる必要は、さらさらない。ただし夷狄とはいえ、もしこのような華夷秩序の観念を受け入れ、それに従って、これまでのオランダのように、管理交易に従事するなら受け入れてやらないでもない。

公家衆に限らず、武家の大多数や、知識人豪農商層に浸透《しんとう》している対外観は、おおむねこのようなものであった。それに加え、公家衆の場合、皇国を中華の国たらしめているのは、千年以上にわたり、万世一系の天皇を頂点にいただいて、特殊な身分を構成してきたわれわれ一三〇家である、という強烈な自負があった。前節で触れた「国体」は、このような華夷秩序の観念を基盤に置いて成立する、国家としての体面あるいは威信の意味である。この「国体」概念も、現代では廃れてしまったものなので納得しにくいが、そこを復元して踏まえない限り、一九世紀当時の対外観は理解できない。

孝明天皇以下、公家衆は、このような考え方のもと、武家側の徳川公儀によるアメリカ・ロシア・イギリスとの交渉経過を注視していた。

和親条約調印の報告

将軍家定《いえさだ》は、アメリカとの批准書《ひじゅんしょ》交換を終え、条約が正式に発効したのちの安政《あんせい》二年（一八五五）九月一八日、孝明天皇に対し、ロシア・イギリス・アメリカ三ヵ国と条約を取り交わした旨を公式に報告した。報告が遅れたように見えるが、嘉永七年（一八五四）四月六日、内裏《だいり》が火災で全焼し、その再建が翌安政二年九月（天皇の移転は一一月）にだいたい完了するという事情もあったので、意図的とは思えない。その日、所司代脇坂安宅が附武家都筑峯《つづきみね》重《しげ》（前下田奉行）とともに、関白鷹司政通邸に赴き、武家伝奏三条実万・東坊城聡長、議奏《ぎそう》広橋光成《ひろはしみつしげ》・万里小路《までのこうじ》正房《まさふさ》が同席するもとで、

> 今度夷国願い申すに付き、実に御よんどころ無き次第に付き、薪水石炭欠乏の品、下さるべき約定これ有り、別紙の如く

と述べて、条約書の写し三冊を提出したのである（『孝明天皇紀』二）。

これに対する天皇の回答は、二二日、関白鷹司から所司代脇坂に伝えられた。関白は、去る一八日、三ヵ国と条約を結んだ件について武家側が説明したことを、天皇に詳しく報告し、条約書写しも御覧に入れたところ、天皇は次のように仰せ出されたと述べた。

> 段々の御所置振り、つぶさに聞こし召され、殊の外、叡感《えいかん》にあらせられ、まずもって御安心に候、容易ならざる事情、かくまでに居《お》りあい候段、千万御苦労の御儀と思し召され候、なお此のうえの御取り扱い振り、御国体に拘《かか》わらざる様、御頼み思し召し候、右の趣き宜しく申し上ぐべし

図5　孝明天皇

関白は右のように述べて、和親条約調印は問題なく承認されたことを伝えたのである。しかし、末尾で、将来の異国取り扱いにおいて、「御国体に拘わらざる様」（国体を損なうことが無いよう）と念を押すことを忘れなかった。言い換えれば、薪水石炭《しんすいせきたん》など欠乏品を供給するため、異国船に下田《しもだ》・箱館《はこだて》などへの入港を許す、という条約なら、国体は損なわれていない、と見ているのである。

ただし、孝明天皇（天子統仁《おさひと》）が個人として、本心から、そのように考えていたかどうかは別問題である。統仁本人の考えは、必ずしも明らかではない。しかし、たとえば大納言中山忠能《なかやまただやす》（安政五年五月から議奏）は、嘉永七年（一八五四）五月、ペリーが下田で林《はやし》大学頭燿《あきら》らとのあいだに調印した条約附録一三カ条（下田でのアメリカ人遊歩規定）について、

　吾が国海防、未《いま》だ行き届かず、合（衆）国頗《すこぶ》る暴烈の間、恐嚇《きょうかく》を為し、之を許すの由也、国辱《こくじょく》の甚だしき、先代未聞《せんだいみもん》の事也、関東進止、実に人無きが如し、歎《たん》ずべし、歎ずべし

と記していた（『中山忠能履歴資料』二）。異国船の寄港だけでなく、夷人の下田への上陸と徘徊《はいかい》までを許すのは、中山から見れば「国辱の甚だしき」ものであった。のち文久《ぶんきゅう》二年（一八六二）になると、

議奏中山は天皇の意を受け、率先して攘夷《じょうい》を唱えるほどだから、天皇も、安政二年当時から、このような感想を持っていたのかもしれない。なお、公家側では、この条約附録は、「神奈川にての条約」（和親条約本体）とは、別個のものと認識されている。

ともあれ、公式的には、和親条約調印は孝明天皇から承認された。これに対する将軍家定からの「挨拶」は、一二月二二日、所司代脇坂から関白鷹司に対して伝えられた（『孝明天皇紀』二）。

今般厚き叡慮《えいりょ》の趣きは、ひとかた成らざる儀と（将軍は）御満悦の御事に候、しかし、此のうえの御取り扱い振り、御国体に拘わらざるよう、御頼み思し召され候の儀は幾重《いくえ》にも御敬承《ごけいしょう》あらせられ、御武力を以って、国家御鎮護遊ばさるべきは勿論の事に候《そうら》えども、素《もと》より外夷の儀は互いに言語文字も解《げ》しがたく、通弁を以っての扱い故《ゆえ》、此の後とも、その時宜《じぎ》に応じ、臨機の御処置もあらせらるべく候

ここに見えるように、将軍も、厚き叡慮に満悦しながら、今後とも国体に拘わらない（損なわない）ように、との天皇の依頼については、承知の旨を回答したのであった。

通商条約への布石

今見たように、和親条約の締結について、天皇・将軍のあいだでも了解が成立した。それは、このたびの条約は、異国船に対し、限定された港への寄港と欠乏品の供給を許したものにすぎず、国交はもとより、交易を開いたわけでもなく、したがって旧来の四ヵ国限定関係は基本的に維持されたとの見解に立っていた。

図6 「長崎海軍伝習所之図」

しかし、そのいっぽう、徳川公儀の内部では、本格的な貿易開始に向かわざるを得ない事情が表面化しつつあった。それは、まず海防に備えた海軍力の強化であり、「通商」国オランダとの交渉で開始される。

徳川公儀は、嘉永六年（一八五三）中から、長崎オランダ商館長クルティウスを通じてオランダ本国に海軍伝習を要請していた。その結果、安政二年（一八五五）六月に献上された蒸気艦スムビングを訓練船として、長崎に海軍伝習所《かいぐんでんしゅうじょ》を開設し、本格的な西洋式海軍の育成にとりかかった。オランダ側は、伝習を行なうことの条件として、通商条約の締結を要求し、公儀はこれに応じて、同年一二月二三日、条約が調印された。

その条約でも、通商に関しては、従来の長崎奉行管理下の会所交易を踏襲するもので、主な内容は、長崎でのオランダ人の待遇改善であった（三谷博『ペリー来航』）。つまり、アメリカとの条約で、アメリカ人に認めた下田での遊歩規定や、領事駐在（商館長を昇格）などをオランダにも認めるというものである。これまでの「通商」に「和親」を上乗せしたような内容といってよいであろう。しかし、伝習所監督で在勤目付の永井尚志《ながいなおむね》は、クルティウスに対し、オランダにおける外国貿易の実態や振興策、あるいは税制、さらには日本での鉱工業振興策への展望などを質問していたという。公儀の一部には、欧米諸国と本格的な貿易開始をめざす潮流が形成されていたのであった。

その潮流を形作る発端となった人物は、昌平黌《しょうへいこう》儒官古賀侗庵《こがとうあん》であり、政策として具体化していったのは、その門下に連なる人びとである。侗庵は、寛政《かんせい》三博士の一人として知られる古賀精里《こがせいり》の息子（ともに佐賀で出生）で、父の跡をついで四〇年近くにわたり昌平黌儒官を務め（文化六年・一八〇九〜弘化四年・一八四七死去）、その間、『海防臆測《かいぼうおくそく》』をはじめとする膨大な著述を通じて、独創的な国家観を生み出し、門下生らに浸透させた。

奈良勝司によれば、侗庵の国家観で特徴的だったのは、西洋諸国や自国に対して、安易に上下・優劣の関係を設けず、同質な諸国家の集合による国際社会を想定した点にあった。その脳裡《のうり》に描いたのは、上下や中心のない世界だったという（奈良勝司『明治維新と世界認識体系』）。その国家観を踏まえ、侗庵は、世界の現状に合わせて、祖法を改変することも厭《いと》わない「変通《へんつう》」の論理を唱えた。先に触れた「汝《なんじ》夷狄、我《われ》中華」といった華夷秩序の、まさに正反対の思想といえよう。

昌平黌で侗庵の薫陶《くんとう》を受けた直参旗本《じきさんはたもと》を中心とする門下生は、官吏登用の窓口として機能するようになった「学問吟味」（能力試験）に及第《きゅうだい》することを通じて、枢要の役職に登用されていった。阿部正弘の人材登用政策によったものでもある。彼らの多くが、外国との交渉を担当する部門に配置されたことは、その思想性から見て自然であろう。たとえば、ペリーの初度来航時に応対にあたった浦賀奉行戸田氏栄《とだうじよし》と相役井戸弘道《いどひろみち》は学問吟味及第者、プチャーチンの来航時に、応接掛の一人だった儒者古賀謹一郎《こがきんいちろう》は侗庵の実子である。また、スターリングが長崎に来航したとき、率先して条約調印を進めた長崎奉行水野忠徳《みずのただのり》も、あるいは日蘭条約調印時に、条約内容をはるかに超えた貿易振興策をクルティウスに質問した目付永井尚志も同じく及第者である。彼らは、やがて同窓意識に結ばれた結束のもとに、欧米諸国と本格的な貿易・国交の関係を持つことを強力に推進する党派を、徳川公儀内部に形成してゆく。

対外方針の転換

和親条約調印以降、長崎でオランダとのあいだに、海軍伝習を契機として、貿易開始への展望が模索されるいっぽう、イギリスも安政三年（一八五六）七月、先の協約を不満として通商条約を結ぶための使節派遣を予告してきた。その頃までに徳川公儀内部では、古賀侗庵の唱えた国家対等観を受け継ぐ官吏らが、遠国《おんごく》奉行や大小目付層を中心に登用され、大きな発言力を持つようになっていた。

ちょうど同じ頃の七月、タウンゼント・ハリスがアメリカ駐日総領事として、通商条約締結の全権を与えられて、下田に赴任してきた。和親条約第一一条、領事駐在条項をアメリカ側が適用したのであった。徳川公儀は当初、その適用を拒《こば》んだが、結局は領事駐在を了承した。ハリスの使命は、日本とのあいだに本格的な通商条約を締結し、正式な国交を開くことであったが、その前提として、江戸への出府《しゅつぷ》と将軍との会見を要求するようになる。

こうした状況を契機に、徳川公儀内部では、対外方針の根本的な見直しが検討されるようになった。すでに前年の安政二年一〇月、阿部正弘《あべまさひろ》は、再任の老中堀田正睦《ほったまさよし》に老中首座を譲っていたが、公儀内部では三年八月四日、現在の時勢から見て、「交易互市《こうえきごし》の利益を以て富国強兵の基本」とする方策が適切ではないか、との諮問が発せられ、これを踏まえて、ついに一〇月、堀田は将軍家定から、外国事務取扱、海防月番専任を命じられた。なお、阿部は翌四年六月、老中在任のまま病死する。

この老中首座交代に始まる一連の動きは、徳川公儀の対外方針が、大きく転換し始めたことを意味していた。すなわち、それまでの阿部による四ヵ国限定関係を基本的に維持する方針から、ヨーロッパ・モデルを受容し、欧米諸国と本格的な国交と貿易の関係を結ぶという方針への転換である。公儀は、列島領域を、欧米列強に主導された世界体系へ参入させる道を歩み始めたのである。

堀田は下総国佐倉《しもうさのくにさくら》に本拠を持つ譜代大名だが、本人自身が「蘭癖《らんぺき》」（オランダかぶれ）とあだ名されるほど海外事情に通じた人物であった。それに彼のブレーンには平野重久《ひらのしげひさ》と田中弥五郎《たなかやごろう》の兄弟がいたが、彼らもまた、かつて昌平黌に留学した古賀門の一員である（奈良勝司『明治維新と世界認識体系』）。

その堀田は、一〇月一七日、外国事務取扱に任じられたのち、ただちに外国貿易取調掛《とりしらべがかり》を設置し、勘定奉行の松平近直《まつだいらちかなお》・川路聖謨《かわじとしあきら》・水野忠徳、勘定吟味役の中村為也《なかむらためや》、目付の岩瀬忠震《いわせただなり》・大久保忠寛《おおくぼただひろ》らに、これを命じた。彼らのうち、とくにハリスとの条約締結交渉にあたった岩瀬の名が知られているが、彼は水野とともに昌平黌学問吟味の及第者であった（岩瀬は先代大学頭林述斉《はやしじゅつさい》の外孫）。中村は学問吟味及第者ではないが、昌平黌の出身である。

翌安政四年（一八五七）に入ると、このメンバーを中心に、長崎ではオランダとのあいだに通商条約調印に向けた調整が進み、それと並行してハリス出府問題が検討された。政府内部では、海防掛勘定奉行らが通商反対の意向を示していたが、第二次アヘン（アロー）戦争勃発のニュースを受けて、許容論に転じた。

日米通商条約交渉

このような状況を踏まえ、五月二六日、下田で下田奉行井上清直《いのうえきよなお》はハリスとのあいだに日米協約《にちべいきょうやく》を調印した。これは、和親条約の追加修正版だが、下田・箱館でのアメリカ国民の居留権などを認めたものである。

六月、阿部正弘が病死すると、政府内部の通商許容論は確定的になった。先に長崎に派遣されていた勘定奉行水野忠徳・目付岩瀬忠震は、八月二九日にオランダと、また、ちょうど来航したプチャーチンとのあいだには九月七日、通商規定を含む和親追加条約《わしんついかじょうやく》を調印した。堀田は、ハリスとの交渉でも、これら日蘭《にちらん》・日露《にちろ》条約の通商規定に準拠した条約の締結を予定していたようである。

ハリスが強く主張していた出府と将軍への謁見は一〇月に実現し、一二月初めから、全権井上清直・同岩瀬忠震とのあいだに交渉が開始された。交渉の過程で、ハリスはみずからが用意した草案に即して、大坂・江戸を含む五港の開港ならびに京都の開市《かいし》と、そこでの自由貿易および公使の江戸駐在などを強硬に主張した。交渉の結果、開港場は長崎・箱館・神奈川（実際には神奈川ではなく横浜。下田港は閉鎖）・兵庫（実際には神戸）・新潟の五港とし、居留地を設定すること、江戸・大坂は開市場（外国商人の一時的な滞在と商取引を認める場所）とし、貿易の形態は官憲を介さない自由貿易とすること、公使の江戸駐在を認めることなどを骨子とする成案がまとまった。

なお、外国商人が国内を自由に旅行して商取引を行なう、いわゆる内地通商権は、日本側が認めず、また領事裁判権や協定関税制（日本側に関税自主権がない）、最恵国待遇条項などについて、日本側は異議を申し立てなかった。後者は、のち明治期に不平等条約として問題化する要素だが、井上・岩瀬の両全権にしても、それが日本側に不利益を招くというところまで、国際関係についての具体的な知識はなかった。

井上・岩瀬は、基本的にハリスの主張に基づいて交渉を進め、先に堀田が予定していた日蘭・日露条約通商規定に準拠するという構想を超えた条約案を妥結したのだが、それは、とくに岩瀬をはじめとする外交推進論者が、ハリス案と合致する構想を持っていたためであろう。彼らは、すでに貿易と国交を軸とする外交のレベルにまで踏み込んだ国際関係を結ぶことを考えていた。交渉の過程で、日米通商条約の批准書交換にあたり、日本から使節をアメリカに派遣するという提案がなされるのだが、それは、岩瀬側がハリスに対して進んで申し出たものである。

条約締結交渉が進められるのと並行して、堀田は、三奉行（寺社・町・勘定）以下の主要役人にはもとより、三家（尾張・紀伊・水戸）以下、諸大名にも、交渉中の条約の草案やハリスとの対話書を開示して意見を徴していた。彼らの回答は、貿易は許容、京都に近い兵庫の開港は不可というあたりが平均的な反応である。

いずれにせよ、対外関係を四ヵ国に限定するという方針は、全面的に「変革」されることが公表された。それとともに、その限定方針を、「鎖国」と呼ぶことが政治上の用語として一般化してくる。つまり、それが当たり前の前提であった段階で、その方針を特定して呼ぶ言葉はない。必要がないからである。それを変革し、別の関係に置き換えようとするとき、両者を区別する言葉が、対義語の関係を持って成立するのである。前者は「鎖国」、後者は「開港」であった（史料上では「開国」も用いられる）。以下、本書の叙述では、鎖国と開港を、基本的にこのような意味で用いる。なお、一般の歴史叙述に見える「鎖国」は、近世前期に成立する出入国管理体制を、そう呼ぶ、という意味である。

ハリスと井上・岩瀬の交渉は、翌安政五年（一八五八）正月一〇日に最終的に妥結した。しかし、堀田は正月五日にハリスに対し、天皇の事前承認を得るため、調印を六〇日間延期したいと求め、了解を得ていた。

堀田の上京と公家

老中堀田正睦は、川路聖謨・岩瀬忠震らをともない、正月二一日に江戸を発し、二月五日に京都に着き、九日に参内《さんだい》した。本格的な折衝は一一日から始まる。

孝明天皇の承認を求めるという行動は、川路・岩瀬らの主唱によると思われるが、基本的には国内全体の人心「居《お》り合《あ》い」（統一）をめざしたものである。岩瀬らが踏まえた侗庵流の国家対等観と「変通」論は、きわめて論理的であり、この時点での世界情勢にも合致した考え方だが、それを理解するためには、広汎な知識と深い洞察を必要とする。理解できていたのは、国内でも昌平黌出身者を中心とする少数派にすぎない。統治者層（大名とその家臣）のうち大多数は、「汝《なんじ》夷狄、我《われ》中華」式の華夷秩序の観念を持っていた。そのような大多数を納得させ、外交方針を鎖国から開港へ転換させるには、華夷秩序の頂点にいる天皇の承認を得ておくことが最も有効である。それに、堀田にしても、天皇以下、公家衆に、条約調印を納得させることが、さほど難しいとは思っていなかった。

しかし、彼らの予想に反して、公家のあいだでは、すでにアメリカとの通商条約について、猛然たる反発が沸き起こっていた。堀田が京都に到着する以前の正月一四日、天皇は左右大臣・内大臣（三公）およびそれ以外の摂家《せっけ》（一条・二条）と武家伝奏二名・議奏五名に対して意見を尋ね、さらに二五日には「現任《けんにん》一同」（大中納言・参議）に対しても、同様の措置をとった。

これらは、そもそも異例の措置である。公家衆のなかで実務的な国事の審議（朝議）に預かるのは、関白（この時点では九条尚忠）および「両役」こと議奏・伝奏である。左右大臣・内大臣・大納言以下は、律令太政官制に基づく、いわゆる「外廷《がいてい》」で、儀礼的な行事を運営するが、実務の審議に携わるわけではない。しかし、通商条約問題を「実に以って天下の一大事」と見た天皇は、三公はじめ大中納言・参議にも意見を聞いたのであった。彼らが呈した意見書は、総計三六通を確認できるが、代表的と思える大納言中山忠能のそれを掲げてみよう（『孝明天皇紀』二）。

> 元来嘉永年中渡来、書を呈し、条約後（和親条約）、関東（幕府）において、追々和親取り結び、所望《しょもう》に随順《ずいじゅん》し、既に使節（ハリス）登城、（将軍と）対面も相済み候うえ、かれこれ増長、種々難題の条目等、申し募《つの》り候段、皇国を軽蔑いたし、誠に以って神州の恥辱、国家の安危、此の時と存じ候（中略）、此の上は偏《ひとえ》に一州の人意一斉和同し、蛮夷《ばんい》の姦謀《かんぼう》を綏服《すいふく》致させ候儀、第一と存じ候間《あいだ》、早く武辺三家始め諸大名、さらに格別懇切の示談これ有り、上下万民納得し、心を一にして国体を損失せざるよう、速やかに改正の所置これ有るべき由、きっと御沙汰あらせらるべく候様、聖断仰ぐ所に候、唯今のうち早く改正これ無く、苟且因循候《こうしょいんじゅんそうら》わば、朝廷の御危難は勿論、将軍家においても禍害《かがい》遠からずと深く歎《なげ》き入り存じ候、去る嘉永年間の条約すら、十分の宥許《ゆうきょ》にて当然の儀にもこれ無きや、いわんや増長して今に至り、国内の人意一致せざる儀は、必定《ひつじょう》内外の禍乱に相成るべく候

文章の意味としては、きわめて明快で、「汝夷狄、我中華」の典型である。「蛮夷」が通商条約を願いたてること自体が「皇国を軽蔑いたし、誠に以って神州の恥辱」であり、嘉永年間の和親条約ですら十分すぎるほどの許しと受け止めて当然だ、という。岩瀬がこれを読んだら仰天したことだろう。

それでも、関白九条尚忠《くじょうひさただ》は、公武の仲介役というみずからの立場をわきまえ、太閤《たいこう》（前関白で内覧《ないらん》）鷹司政通の意向をも踏まえ、いったんは穏便な回答案を用意した。調印を積極的に是認するわけではないが、天皇としても「何とも御返答の（儀）、遊ばされ方これ無く、此のうえは関東において御勘考有るべき様、御頼み遊ばされたく候事」というもので、事実上は将軍の判断に任せるとしたのである（『孝明天皇紀』二）。この回答案は三月一一日には決定し、一四日に堀田に伝えられる予定だった。

ところが、回答案決定の翌一二日、意外なことが起きた。これまで、諮問などに預からなかった者を中心に八八人の公家が集会し、先の案文《あんもん》を不当とし、ことに結語の、何とも返答の仕様がないので将軍側で判断してくれるように頼む、との文言だけは削除するように、との連署建言書を関白宛てに提出したのである。連署の筆頭にあるのは中山忠能だが、画策の中心の一人は、岩倉具視《いわくらともみ》であった。

この建言は、孝明天皇の本心にかなうものだったらしい。この事態を受けて、関白以下も案文の再考を余儀なくされた。その結果、二〇日、堀田に次のような回答が渡された。

墨夷《アメリカ》の事、神州の大患、国家の安危に係わり、誠に容易ならず（中略）東照宮已来《いらい》の良法を変革の儀は、闔国《こうこく》人心の帰向《きこう》にも相拘わり、永世安全量り難く、深く叡慮を悩ませられ候、尤も往年《おうねん》下田開港の条約容易ならざるのうえ、今度条約の趣きにては御国威《おんこくい》立ち難く思《おぼ》し召され候、且つ諸臣群議にも今度の条約、殊に御国体に拘わり、後患《こうかん》測り難きの由、言上に候、猶《なお》三家已下諸大名へも台命《将軍の命令》を下され、再応衆議のうえ言上あるべく仰せ出され候天皇は、今度の条約を「国体」を損なう恐れのあるものとみなし、三家（尾張・紀伊・水戸）以下、諸大名の衆議を尽くしたうえで再度申し出るようにと述べ、承認を保留した。これを受けて堀田は、「往年下田開港の条約容易ならざる」の解釈について質問し、二六日に至り、和親条約まで拒否の意味ではないとの回答を確認したうえ、江戸へ戻った。なお、「下田開港の条約」には、安政四年（一八五七）五月の下田協約か、あるいは嘉永七年（一八五四）五月の和親条約附録が該当するが、伝奏の回答もそのあたりは曖昧だった。大納言一条忠香《いちじようただか》の日記には、「勅語大意」として、天皇の意向は「下田商館条約へ立ち戻り候様遊ばされたき事」と見えるから、和親条約本体を指すものではない（『一条忠香日記抄』）。

将軍継嗣問題

天皇以下、公家衆が、このような反応を示す背景には、公家と武家をめぐる状況の大きな変化があった。そのきっかけとなったのは、一三代将軍家定の継嗣《けいし》、すなわち後継者をめぐる問題である。家定が将軍にふさわしい資質を持たず、しかも実子に恵まれないことは、当時でも周知の事実であった。このため、嘉永六年（一八五三）一〇月、家定が三〇歳で一三代を継ぐ前後から、養子に誰を迎えるかという問題が、関係者のあいだでささやかれ始めていた。候補は事実上、二人に絞られる。

一人は一橋慶喜《ひとつばしよしのぶ》。水戸斉昭《みとなりあき》（この時点では水戸家隠居）の実子だが、一二代家慶《いえよし》の意向をも踏まえて、弘化《こうか》四年（一八四七）に三卿《さんきよう》（徳川宗家の家族）の一つ、一橋家を継いでいた。安政四年（一八五七）当時二一歳。生母は有栖川宮《ありすがわのみや》の娘（斉昭の正室）であり、貴種であるうえ、幼い頃から英明の評判が高く、加えて容姿も整っていた。その慶喜を推して、早くも活動を始めたのは、家門《かもん》（徳川家の血縁で松平氏を名乗る家）筆頭、越前松平《えちぜんまつだいら》家当主の慶永《よしなが》（春嶽《しゅんがく》）である。慶永は、老中阿部正弘や、薩摩《さつま》島津《しまづ》家当主の斉彬《なりあきら》と連携をとって、慶喜を世子の候補に推す運動を行なうようになった。

図7　徳川家定

もう一人の候補は、紀伊徳川《きいとくがわ》家の当主慶福《よしとみ》（のち家茂《いえもち》）。当時一二歳の少年だが、一一代将軍家斉《いえなり》の孫にあたり、家定から見て従兄弟である。血統から見れば、最も妥当な候補であった。慶福を推すのは、譜代大名筆頭、井伊《いい》家の当主直弼《なおすけ》、老中の松平忠固《まつだいらただかた》、紀伊《きい》家の付家老《つけがろう》（宗家から派遣されている家老）水野忠央《みずのただなか》、それに大奥を取り仕切る家定の生母お美津《みつ》の方（本寿院《ほんじゅいん》）らである。

この構図だけを見ると、いわゆる御家《おいえ》騒動のようだが、その背後には、全国の政治を運営するうえで、大きな構造の転換をもたらす要素が秘められていた。

前者のいわゆる一橋党に結集したのは、先に見た松平慶永はじめ、島津斉彬、土佐山内《とさやまうち》家当主の豊信《とよしげ》（容堂《ようどう》）・宇和島伊達《うわじまだて》家当主の宗城《むねなり》など、外様中でも「国持《くにもち》」と呼ばれる大規模大名である。それに、直参旗本のうちでも岩瀬忠震ら、開港促進を目指す勢力が加担する。

彼らは、徳川公儀のもとで、老中・若年寄や京都所司代など中枢の役職に就くことはない。つまり、ペリー来航以来の国家の大事に際して、全国の国政に、直接に参加できない立場にあった。直参旗本にしても、最高ポストは町奉行（江戸）である（三奉行のうち、寺社奉行は大名役）。彼らは、個人的な力量識見とともに、大規模大名としての政治力を踏まえ、旺盛な国政参加の意欲を持っていたが、それを生かすルートは公式的には封じられている。そのため、彼らは、同志的な連携を持つ水戸斉昭の実子、慶喜を将軍継嗣に入れ、さらにその将軍就任を通じて、国政に参加するルートを切り開こうとしたのである。なお、老中阿部も彼らと協調関係にあったが、その阿部が、安政四年六月に病死したことは、運動を進めるうえで大きな痛手となっていた。

これに対抗する南紀《なんき》党は、譜代大名を中核としていた。譜代筆頭、井伊直弼が代表である。彼らは、大老・老中以下、徳川公儀の最高役職に就任する立場にあり、先のような松平慶永・島津・山内・伊達らの動向を、体制転覆《てんぷく》を策すものと危険視していた。

しかし、通商条約調印に向けた動きが進展し、国内の体制固めが痛感されるにつれ、継嗣問題も表面化せざるを得なくなった。ハリスとの交渉が始まる前後の安政四年一〇月から一二月にかけ、松平慶永、ついで島津斉彬は、慶喜を継嗣に推す建白を老中に呈していた。そのいっぽうで、慶永は、腹心の橋本左内《はしもとさない》を上京させ、内大臣三条実万（土佐山内家の縁戚）をはじめとする公家方に、慶喜を継嗣に示唆する内勅《ないちょく》を出してもらうための政治工作を行なっていた。いわゆる「京都手入れ」である。これに対抗する意味を込め、井伊直弼も、最も信頼する長野《ながの》主膳《しゅぜん》を京都に送り込み、これも縁戚関係にある関白九条尚忠を中心に、継嗣に関する内勅降下を阻止するとともに、通商条約調印については承認されるように、猛烈な働きかけを展開していた。

継嗣決定と条約調印

今見たような、一橋・南紀両党の京都手入れの結果、安政五年（一八五八）初めの京都は、公家・武家双方の、さまざまな思惑《おもわく》が交錯する政争の舞台となっていた。三月二〇日に老中堀田に降された勅諚の結語に、「猶三家已下諸大名へも台命を下され、再応衆議のうえ言上あるべく仰せ出され候」とあるのは、このような状況を踏まえていたのであった。

これを受けた堀田は四月二〇日、江戸に帰り着いた。報告を受けた老中松平忠固・同久世《くぜ》広周《ひろちか》らは、しかし、さほどの動揺を見せなかった。外様国持以下、通商条約調印について諸大名の同意を確認することと自体は、決して難しいことではない。先の一橋党にしても、開港論者であることは明白だった。問題はむしろ、継嗣問題にある。この点について堀田は、京都に向けて江戸を出立する直前の正月中に、老中松平忠固らとともに将軍家定の御前で、その内意を伺っていた。家定は、

右はかれこれ申し立て候者ども、これ有り候とも、一橋にては決して相成らざる義、御先々代様（徳川家斉）御続きも御近きの紀家（慶福）と兼ねて御心に御取り極《き》め置かれ候

との旨を答えた（二月二六日付、長野主膳宛て井伊直弼書簡。『井伊家史料』五）。かねてから、紀伊慶福と決

めている。家定は明快に、そう答えたのである。

家定は、右の意向を踏まえ、堀田帰府から三日後の四月二三日、井伊直弼を大老《たいろう》に任じた。大老は常置の職ではなく、それが置かれること自体が非常事態宣言である。家定も、井伊直弼も、条約調印が天皇からすぐには承認されず、継嗣問題も紛糾している現状を、非常事態と認識したのであった。

そのうえで家定は、四月二五日、諸大名に総登城を命じ、三月二〇日の勅諚を開示したうえ、このたび通商条約調印について、天皇が諸大名の衆議を御聞きになりたいとのことなので、よく考えて、各自の意見を早々に申し立てるように、と達した。これに対し、明確に調印反対を表明した大名はいない。こうして、勅諚にいう諸大名「衆議」を取りまとめるいっぽうで、大老井伊直弼は、継嗣問題の決着を図り、五月一日、継嗣を慶福とすることを内定し、六月一日以降、諸大名に公表した。

井伊は通商条約問題について、鎖国維持の立場をとり、天皇の承認を得ることを前提に対策を練って、ハリスへの回答を引き延ばしていたが、異変が生じた。六月一三日から一四日にかけ、アメリカ軍艦ミシシッピとポーハタンが下田に入港し、第二次アヘン（アロー）戦争で、清国がイギリス・フランス連合軍に敗れ、天津《てんしん》条約の調印に至ったとの情報をもたらしたのである。ハリスはポーハタンに乗って江戸湾内に入り、徳川公儀に対して、これ以上、調印を引き延ばすようなら、戦勝の余勢を駆ったイギリス・フランス軍が押し寄せ、屈辱的な条約を結ばせられるだろうと、通告した。

これを受けて徳川公儀内部では、ただちに対策が評議された。その席上、即時調印を主張する岩瀬忠震らに対し、井伊はあくまでも天皇の承認を得るまで延期すべきことを唱えた。井伊に賛成したのは、若年寄本多《ほんだ》忠徳《ただのり》ただ一人だったという。井伊はやむをえず、岩瀬・井上清直の両全権に対し、ハリスとさらに交渉のうえ、万策尽きた場合は調印しても仕方ない、との指示を与えた。岩瀬・井上は、その足で神奈川沖に停泊するポーハタンに赴き、ただちに日米修好通商条約《にちべいしゅうこうつうしょうじょうやく》に調印した。ポーハタンが放つ二一発の祝砲が、海面に轟《とどろ》いた。安政五年（一八五八）六月一九日午後のことである。

二　戦略論としての奉勅攘夷

1　分裂する「公儀」

孝明天皇の逆鱗

安政《あんせい》五年（一八五八）六月一九日、全権井上清直《いのうえきよなお》・岩瀬忠震《いわせただなり》と、ハリスとのあいだに、自由貿易と国交を取り決めた日米修好通商条約《にちべいしゅうこうつうしょうじょうやく》が調印された。書面は日本語版・英語版・オランダ語版の三種類で、解釈の相違が生じた場合は、オランダ語版に基づくことが規定された。和親《わしん》条約で、華夷《かい》秩序を最も端的に表現していたはずであった漢文版は、すでに交渉上の言語からも、書面からも姿を消した。やがて交換される批准書には、「大君《たいくん》」（将軍）と大統領が、それぞれ署名するものと定められた。これをもって、日本はアメリカと、公式の外交関係に入った。

その後、七月一〇日から一八日にかけ、オランダ、ロシア、イギリスと、また九月三日にフランスとのあいだに、同様の条約が調印される。総称して、安政五ヵ国条約と呼ぶ。これらの条約を媒介に、日本は欧米列強が主導する世界体系に参入したのである。

徳川公儀は、日米条約調印の事実を、六月二一日付け堀田《ほった》正睦《まさよし》ら老中五名連署の伝奏《てんそう》宛て書簡によって、孝明《こうめい》天皇に報告した（諸大名へは二五日公表）。天皇は五月一〇日頃の時点で、三月二〇日の堀田への回答以来、将軍側から何の返事もない状況にいらだちを見せていたが、六月二七日に到着した報告書簡を読んで激怒し、また落胆した。その「逆鱗《げきりん》」の模様は、翌日付けで関白九条尚忠《くじょうひさただ》に宛てた天皇の書簡に、よく示されている（『孝明天皇紀』二）。

この度の一条、如何体《いかてい》申し候とも免《ゆる》し難《がた》し、実に以って神州の瑕瑾《かきん》、そのうえ邪法伝染等も測り難く、なかなか許す間じき事に候、もし許さざるにおいては、戦争に及ぶべく、然る時は治世数年、人気《じんき》怠慢、武備整わず、敵し難き旨、誠に絶体絶命の期と実に痛心候事、然るに統仁《おさひと》存じ候

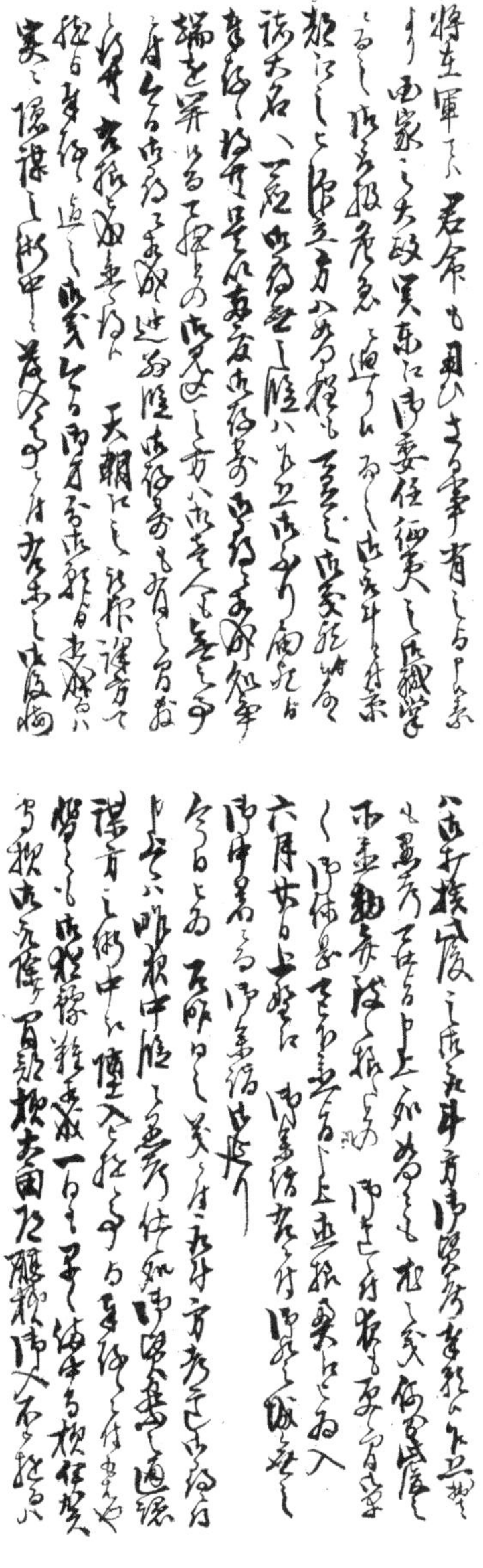

図8　木俣家本『公用方秘録』安政五年六月一九日条　無勅許調印を悔いる直弼を公用人宇津木が励ます場面。

は、武士の名目にて仮令《たと》い治世続き候とて、敵し難き旨、申し候《そうら》ては実に征夷の官職紛失、嘆かわしき事に候、然るに当時、政務は関東に委任の事、強いて申し候《そうら》ても公武間柄に拘わり候事、これまた容易ならざる事と存じ候、所詮、条約許容の儀は如何致し候とも神州の瑕瑾、天下の危《き》亡《ぼう》の基、統仁においてはどこまでも許容致し難く候、然るに昨日、武伝披露の書状、披《ひ》見《けん》候に誠に以って存外の次第、実に悲痛など申し居り候くらいの事にてこれ無く、言語に尽くし難き次第に候

条約は絶対に許容できない、許さないときは戦争になり、それでは勝てないから調印したというが、それでは「征夷」の官職が失われたようなもので嘆かわしい、実に悲痛などというものでは済まず、言語に尽くしがたい。天皇は、このように述べて、徳川公儀の措置を非難した。なお、『孝明天皇紀』所収の宸翰《しんかん》写しでは、実名の部分が「御名《ぎょめい》」と、伏字《ふせじ》になっているが、ここでは『九条尚忠文書』所収「御趣意書」を参考に復元した。

天皇の困惑と歎きは、それにとどまらなかった。今は「政務は関東に委任」しているのだから、しいて故障を言い立てても、公武の間柄を損なうことになって、これも容易ではない。といって、このまま「神州《しんしゅう》の瑕瑾《かきん》」（国家の傷）を見過ごすわけにもいかない。天皇は、いったんは譲位《じょうい》の意向さえ示した（しばらくのちに撤回）。

なお、このような関白に宛てた天皇書簡は私信ではなく、関白以下の評議で開示されることを前提

に書かれた議案の趣旨書にあたる。国事評議といっても、いわゆる御前会議《ごぜんかいぎ》の形式は、当時まだ行なわれていないので、天皇の意志を評議メンバーに伝えるためには、こうした手順を経る必要があった。

いっぽう、徳川公儀の内部でも条約調印をめぐって、奇妙とも言うべき混乱が生じていた。老中首座堀田正睦以下、公儀としては、安政四年（一八五七）六月、

大老井伊の判断

阿部正弘《あべまさひろ》の死を最終的な契機として、欧米諸国と外交関係を持つことは既定方針となっていたはずである。それは、昌平黌《しょうへいこう》出身者を中核とする役人層によって進められた政策方針であり、戦争を恐れたからではない。そのことは、堀田・川路《かわじ》・岩瀬らが上京した際に、公家側に説かれていたことだが、少なくとも天皇はじめ公家衆の大多数には、理解されていなかった。

いや、公家ばかりではない。武家（大名家臣）のあいだにも、条約調印は、徳川公儀が蛮夷《ばんい》の虚喝《きょかつ》に恐れて行なったもの、という認識は広くあった。そのような例として、吉田松陰《よしだしょういん》の場合を挙げてみよう。ひるがえって嘉永《かえい》六年（一八五三）六月、ペリーが浦賀に来航した時、江戸にいた松陰は、久里浜に駆けつけ、大統領フィルモアの親書受け取りの状況を目撃した。その模様について、郷里に宛てた書簡では、「幕吏腰抜け、賊徒（アメリカ）、胆驕《たんおご》り、国体を失い候事、千百数《かぞ》うべからず」と憤慨していた（六月二〇日付け。『吉田松陰全集』五）。

このような議論は、「攘夷《じょうい》論」と呼ばれることが多いが、厳密に言えば不正確である。攘夷は、あくまでも二次的な対応である。つまり、基本にあるのは華夷秩序の観念であり、それを外国側が了解

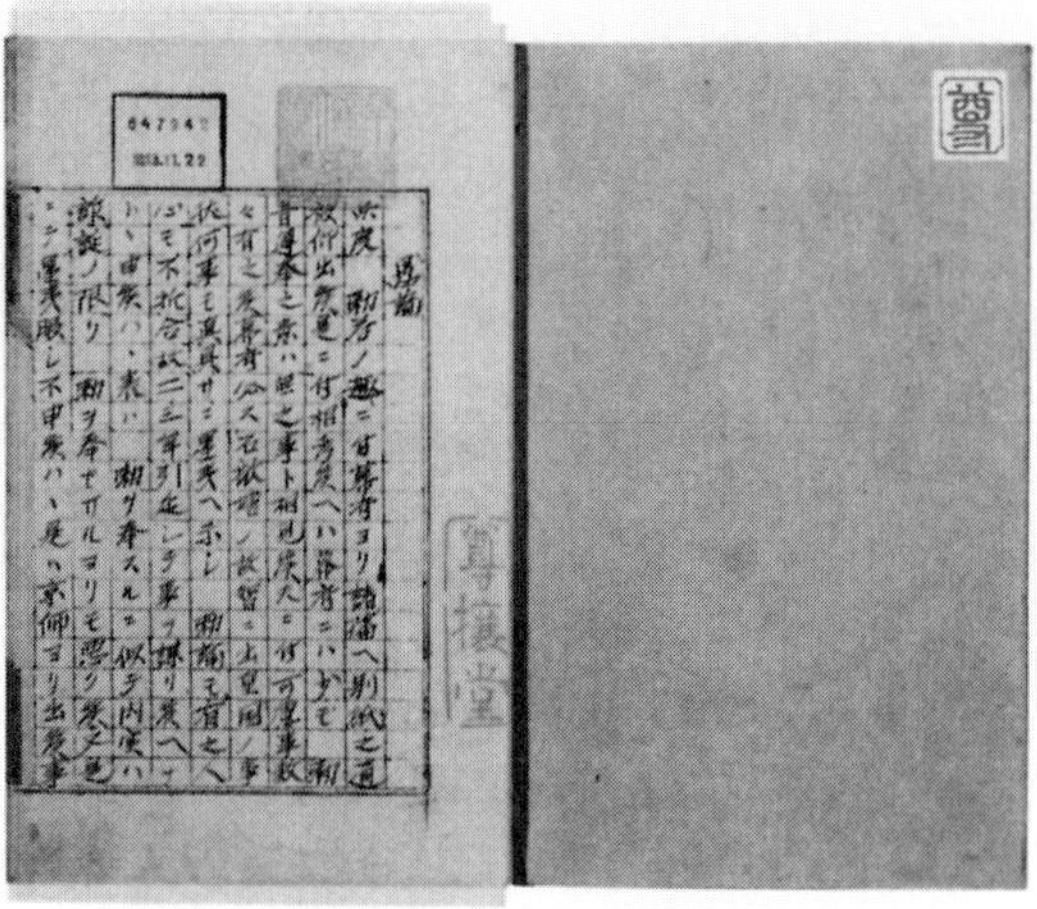

図9　吉田松陰『愚論』「将及私言」と同様の建白.

し、みずからを夷狄と自認して朝貢のような管理交易に従うのなら問題は生じない。外国側が、それを認めず、皇国と対等の外交関係を結ぼうとする場合、その夷狄は攘《はら》わねばならない。そうしなければ国体を損なうのである。松陰はこの点について、

そもそも人の最も重しとする所のものは、君臣の義なり、国の最も大なりとする所のものは華夷の弁（区別）なり、今天下は如何《いか》なる時ぞや、君臣の義、講ぜざる事六百余年、近時に至りて、華夷の弁を合わせて、またこれを失う（中略）、内は君臣の義を失い、外は華夷の弁をわすれば、すなわち学の学たる所以《ゆえん》、人の人たる所以、それいずくにありや

と安政三年（一八五六）の『松下村塾記』で書く。ここでいう「君臣の義」は、天皇と将軍のあいだのそれであり、松陰によれば、鎌倉幕府の成立以来、失われている。いまや「華夷の弁」（区別）も失われつつある。通商条約調印を経た安政五年八月になると、松陰は毛利家政庁に宛て、「将及私言《しょうきゅうしげん》」という建白を呈するが、そこでは調印は、

幕府の令、夷の軽蔑侮慢《ぶまん》を甘んじ、もっぱら、こと穏便《おんびん》を主とせられし故なり、然《しか》らずんば、今
すでに戦争に及ぶこと久しからん

と書いている（『松陰全集』二）。「幕府」が、事なかれ主義でなければ、今ごろは戦争になっていて当然だ、というのである。

このような考え方は、後期水戸学あるいは国学《こくがく》を淵源《えんげん》として、武士および豪農商を含む知識人層に深く広く浸透していた。現代風にいえば、エスノセントリズム（自民族優越主義）の近世日本版であり、その意味では世界的に見て特殊ではない。現場で実際の外交交渉にあたることがない民間人の立場から見れば、最も受け入れやすい議論である。

皮肉なことに、徳川公儀の最高責任者である大老井伊直弼《いいなおすけ》の考え方も、議論の大枠として見れば、右のような議論と大差がない。井伊は部屋住み時代から、長野主膳《ながのしゅぜん》を師として国学に傾倒し、「内は君臣の義」を、「外は華夷の弁」を重んずる立場であった。

その井伊は、通商条約調印から一〇日後の六月二九日付けで、内大臣三条実万《さんじょうさねつむ》宛てに書簡を発し、天皇へのとりなしを依頼した（『孝明天皇紀』二、『井伊家史料』七）。天皇の逆鱗ぶりが江戸に伝わる以前であり、内大臣が二一日付けで三条から一条忠香《いちじょうただか》に交替したこともまだ知らない。

よんどころ無き場合にて掛り井上信濃守（清直）・岩瀬肥後守（忠震）両人、仮《かり》条約書に調印致し候次第、今日の事情、存ぜざる者より論じ候《そうら》わば、武門の権威これ無き様、申すべく候《そうら》えども、実に昨今、内間《うちま》

の混雑、危急に迫り候《そうらい》て、手強《てごわ》に掛け合い、争端を開き、洋外各国、讐敵《しゅうてき》と相成り候ては、後患《こうかん》測り難く、万一清国の覆轍《ふくてつ》を践《ふ》み候様の儀、出来《しゅったい》候《そうらい》ては、容易ならざる国家の大事と（将軍は）深く心配のうえ、違約戦争は時至り候《そうら》わば、如何様とも相成るべき儀につき、まず此のたびの処、右の御処置に相成り候次第、委細の訳柄は近々、間部下総守（詮勝）仰せ含められ、差し登され候間、右よんどころ無き次第、御聞き分け、何とぞ公武一致のうえ、諸夷も恐伏《きょうふく》仕り候様の御処置、仰ぎ奉り候

調印は、事情を知らない者からは、武門の権威を失ったもののように見えるだろうが、そうではない、いま強硬方針を採っては西洋各国と戦争になり、清国の轍を踏むことになりかねない、条約を破って戦争することは、いつでもできるのだから、とりあえず調印に応じたまでである。くわしい事情は、近日中に老中間部《まなべ》詮勝《あきかつ》を上京させ、説明するつもりである。井伊は、このように述べて、調印が緊急避難の措置であることを弁明したのである。

実際、井伊が「内間の混雑、危急に迫り」と言うように、公儀内部の混乱は、はなはだしかった。何より将軍家定《いえさだ》が、持病の脚気《かっけ》を悪化させ、まもなく七月六日（一説には五日）に死去するのである。老中も、堀田正睦・松平忠固《まつだいらただかた》の二人が、井伊の要請を受けた家定により、六月二三日付けで罷免《ひめん》され、同日付けで太田《おおた》資始《すけもと》・間部詮勝・松平乗全《まつだいらのりやす》が新任されていた。開港方針に立つ堀田政権から、鎖国方針に逆戻りした井伊政権への移行が進んでいたのである。

その井伊が、三条宛て書簡に見えるような意向を持ち、通商条約調印を一時の権道《けんどう》と位置づけることは自然であり、彼の本心でもあった。しかし同時期の七月八日、外交担当部局として公儀内部に外国奉行が新設された。初代奉行は、水野忠徳《みずのただのり》・永井尚志《ながいなおむね》・井上清直・堀利熙《ほりとしひろ》・岩瀬忠震の五名で、井上を除き、四名が例の昌平黌学問吟味及第者。彼らこそ、時代の最先端を担う外交官僚であった。こうして徳川公儀は、頭部は鎖国論者、現場の外交官僚は開港論者というねじれた構造を抱えながら、外部との折衝に臨《のぞ》むことになった。

なお、このようなねじれ構造を生んだ直接のきっかけは、四月二三日、井伊直弼の大老就任にある。それは将軍家定の判断力不足によるというだけでなく、背景には複雑な要素が秘められていたはずだが、その点は今後の研究課題である。

天皇の「御趣意書」

大老井伊直弼が対処しなければならなかったのは、天皇側の問題だけではない。外交関係の発生と、将軍継嗣問題とを絡み合わせながら、国政への介入をめざす三家・家門・外様国持大名の動向を抑制することである。

調印から五日後の六月二四日、水戸《みと》斉昭《なりあき》・水戸家当主慶篤《よしあつ》・尾張《おわり》徳川家の当主慶恕《よしくみ》は、定例の登城日ではないにもかかわらず登城し（不時《ふじ》登城）、井伊を面詰《めんきつ》した。斉昭は、廊下で、

> このたび仮条約へ調印致し候義は御違勅につき、今日は掃部頭（井伊直弼）に腹切らせ申さずては退出致さず

と大声で罵《ののし》ったという（『井伊家公用方秘録』）。一橋慶喜《ひとつばしよしのぶ》も登城して井伊に面接し（三卿《さんきょう》は登城日）、違勅《いちょく》

調印《ちょういん》を非難した。越前の松平慶永《まつだいらよしなが》も、午前中に井伊邸を訪問して面談ののち、登城した。

彼らの論法は、表向き「違勅」を盾《たて》にとっているが、必ずしも天皇を絶対視しているとは限らず、真の狙いは、井伊を排斥し、公儀の方針を開港へ復帰させ、さらに三家・家門・外様国持大名の国政参加ルートを切り開くことである。井伊は、これに対し、強圧的な対処をもって報いた。

すなわち、七月五日、尾張慶恕は隠居（家督は養子茂徳《もちなが》が継承）、斉昭は駒込《こまごめ》邸で慎み、水戸慶篤ならびに一橋慶喜は登城停止（慶喜はのち隠居）、松平慶永は隠居（家督は養子茂昭《もちあき》が継承）が命じられた。これらは当然、将軍家定が決裁すべき事項だが、家定自身は瀕死の病床（六日死去）にあり、実質的には井伊が専断したものであろう。不時登城以来、わずか一〇日でこれらの措置をとっているのだから、井伊としては、腹案を持ったうえで、処分を下すチャンスをうかがっていたとしか考えられない。

水戸斉昭・尾張慶恕・一橋慶喜・松平慶永に対する処分実行は、天皇側をも驚かせた。将軍継嗣に挙げられていた慶喜本人は別として、それ以外のメンバーは、安政年間に入ってからは、公家衆と密接に情報を交換し合っていた大名である。

焦燥感を募らせた孝明天皇は八月五日、関白九条尚忠を召し、次のような「御趣意書」を示し、議奏・伝奏の両役はもとより、左大臣近衛《このえ》忠熙《ただひろ》・右大臣鷹司輔熙《たかつかさすけひろ》・内大臣一条忠香・前内大臣三条実万以下にも、諮問を降すよう命じた（『九条尚忠文書』一）。天皇本人から「違勅」の言葉が、ここで発せられる。

六月二十一日迄、一事の往返もこれ無く、只々よんどころ無き次第にて条約調印済ませ候由、届け捨て同様に申し越し候事、如何の処置に候哉、厳重に申せば違勅、実意にて申せば不信の至りにはこれ無き哉

これまで、なにも連絡がないまま、いきなり条約調印を六月二一日付け老中書簡で届け捨て同様に報告してきた。厳重に言えば、「違勅」ではないか。右の模様を尋ねるため、三家または大老が上京するよう命じたのに、三家は押し込めて上京させず（斉昭以下の処分を指す）、大老も差し支えありと上京を延期し、そればかりか「朝廷の議論、不同心の事を承知ながら」、ロシア・イギリス・オランダ・フランスとも条約を結ぶことを、届け捨てに申し来た。

右の次第を捨て置き候《そうらい》て朝威、相立ち候事哉、いかに当時（現在は）政務、関東に委任の時ながらも、天下国家の危亡に拘わる大患をそのままに致し置き候ては、前文のごとく、神宮（伊勢神宮）已下に対し奉り、如何《いかが》これ有るべき哉

この事態を、放置しておくわけにはいかない、結論として、徳川将軍家および水戸家に対して勅書を降し、今後の対応を促したいというのである。

これを受けた関白九条は、困惑した。

分裂する「公儀」

関白の立場は、もともと公武の仲介役である。近世の政治社会では、天皇を頂点とする公家側と、将軍を頂点とする武家側とは、関白―武家伝奏―京都所司

図10 「長州藩中」の墓石 安政三年のもの．京都市内の誠信院に残る．

代—老中、というラインで結ばれていた。このラインは、天皇の権威を徳川将軍家が独占するための装置であり、諸大名は関与できない。天皇と将軍だけが、このラインで結ばれ、一八世紀末以降は両者の融和（公武一致）のうえに、「公儀」を形成していた。その「公儀」が、通商条約調印を契機に、天皇と将軍の疎隔《そかく》が表面化することによって、二つに分裂したのである。

ここにおいて、両者を呼び分ける必要が生じてくる。すなわち、「朝廷」と「幕府」である。「朝廷」は、本来、政治をとる場を示す言葉として普通名詞であった。「公儀」が当然であった時点で、天皇以下、公家衆と将軍以下の武家側役人とを特定して呼ぶ言葉は存在しない。しいて言えば、「京都」と「関東」だが、それらは、対象をあからさまに名指ししない、という日本語の習慣によるもので、いわゆる「隠《かく》し名《な》」（地名で表示することが多い）である。

こうして、安政年間の政治社会で、急速に「朝廷」「幕府」という言葉が一般化してくる。合わせて言えば「藩」も同様である。先のラインを徳川家が独占していた状態が崩れ、摂家以下の公家衆から、主に縁戚関係にあることを通じて、三家・家門・外様国持クラスの大規模大名へ、書簡などが往復するようになっていた。それら大名は、天皇の藩屛《はんぺい》（回りを守る垣根）として、徳川家との主従関係を逸脱《いつだつ》し、天皇に直結する動きを示し始めていた。その時、彼らを指して呼ぶ言葉が「藩」であり、たとえば、薩摩藩・長州藩・土佐藩のように、国名を冠して特定される。以下、本書の叙述では、史料上の文脈に沿って、朝廷・幕府・藩という言葉を用いよう。

「御趣意書」の扱いに戻ろう。天皇の意向は、とくに水戸藩に対して、勅書を降そう、というものである。天皇の直書《じきしょ》が藩に降れば、公儀の分裂は確定的になる。関白が困惑した所以も、そこにある。朝廷と幕府の板ばさみに陥った関白九条尚忠は、評議の席を避けて引きこもった。

「戊午の密勅」

八月八日、関白が関与しないまま、勅書が、徳川幕府（将軍家定は死去していたが、天皇への公式報告は八月八日付け）および水戸藩に宛てて発せられた。それは、条約調印を軽率の取り計らいと非難し、また水戸斉昭らの処分について、右は何らの罪状か、理解しがたい、と疑念を示し、次のように結ばれていた（『孝明天皇紀』三）。

かれこれ国家の大事に候間、大老・閣老・其の他三家・三卿・家門・列藩《れつぱん》・外様・譜代共、一同群議評定《ぐんぎひょうじょう》これ有り、誠忠の心を以って得と相正し、国内治平、公武御合体、弥御長久の様、徳川御家を扶助これ有り、内を整え、外夷の侮《あなど》りを受けざる様にと思し召され候、早々商議致すべく勅諚の事

天皇は、現状の問題を、すべての大名のあいだで「群議評定」するように命じた。とくにここでは、

大老や家門・外様と区別して、わざわざ「列藩」という言葉を用いていることに注意したい。それは、あとで触れる「一三藩賜勅」からもうかがえるように、主に西日本の外様国持大名を指す。また、水戸藩に宛てた別紙では、「なお同列の方々、三卿・家門の衆以上、隠居に至るまで、列藩一同にも御趣意相心得られ候様」伝達せよ、とあった。

この水戸藩宛て勅書は、京都留守居の鵜飼《うかい》吉左衛門《きちざえもん》・幸吉《こうきち》父子を呼び出し、伝奏万里小路から渡された。江戸まで、これを運んだのは幸吉で、到着は八月一七日である。水戸藩から知らせを受けた大老井伊以下は、評議のうえ、命じて、「列藩一同」への伝達を差し止めた。この勅書が諸藩へ伝達され、実際に国事「商議」が行なわれたなら、徳川幕府は、その地位を失う結果になるであろう。

しかし、天皇は摂家以下に命じ、それぞれ縁戚関係を通じて、主要一三藩に、その写しを与えた。近衛家から尾張徳川・薩摩《さつま》島津《しまづ》・津藤堂、一条家から肥後《ひご》細川《ほそかわ》・備前《びぜん》池田《いけだ》・土浦《つちうら》土屋《つちや》、鷹司《たかつかさ》家から加《か》賀《が》前田《まえだ》・長州《ちょうしゅう》毛利《もうり》・阿波《あわ》蜂須賀《はちすか》、三条家から土佐《とさ》山内《やまうち》・越前《えちぜん》松平《まつだいら》・因幡《いなば》池田《いけだ》、二条家から筑前《ちくぜん》黒田《くろだ》の各家である。世にいう「一三藩賜勅」であり、水戸藩に降された真勅は、その年の干支《えと》にちなんで「戊午《ぼご》の密勅《みっちょく》」と呼ばれた。

勅の内容を伝えられた大名の動向は、一様ではない。知られる限りで、毛利家の場合を見ておこう。実際のところ、すでに八月五日、議奏中山忠能《なかやまただやす》・正親町三条実愛《おおぎまちさんじょうさねなる》は、ひそかに毛利家陪臣《ばいしん》（家老毛利《もうり》筑前《ちくぜん》の家来）の甲谷兵庫《かぶとだにひょうご》を呼び、次のような密書を降したという。甲谷は、以前から正親町三条家に出入りしていた人物である（中原邦平編述『長井雅楽詳伝』）。

いまや大老井伊直弼、威権を弄《ろう》し、朝命を蔑《ないがし》ろにし、擅《ほしいまま》に外国との条約に調印し、あまつさえ尾張・水戸・越前の如き柳営《りゅうえい》の補翼《ほよく》たる賢侯《けんこう》を責罰《せきばつ》して朝廷の召命に応ぜしめず（中略）聖上《せいじょう》、憂念、寝食を安んじ玉わず、天下勤王の諸侯に依頼して、国家の安泰を図り玉わんとす

甲谷は二一日、萩に帰り着き、家老益田弾正《ますだだんじょう》を通じて、主君慶親《よしちか》に状況を報告した。その数日後、右大臣鷹司輔熙からの密書が、水戸藩宛て勅書写しとともに、京都留守居経由で萩に届いたのである。慶親は、こうした朝廷からの働きかけに応じて、政務役周布政之助《すふまさのすけ》を上京させ、九月一二日、着京した周布は、鷹司・中山に会見して、有事の際の対応方針を回答した。

叙述が前後するが、近世には、島津・毛利・土佐・越前松平・彦根井伊はじめ、外様・譜代を問わず、有力大名は例外なく、京都に邸を構え（およそ一〇〇ヵ所）、留守居《るすい》を置いていた。それは、平時には、大名の官位叙任や公家の子女との縁組を斡旋《あっせん》してもらうため、公家側との折衝窓口となり、同時に留守居同士が相互に会談して情報交換を行なっていた。その仕組みが、安政年間に一挙に政治化したのである。

こうして、朝廷は「列藩」と結びつくことによって、幕府に対抗する政治勢力となった。近世の政治社会において権威であった朝廷は、列藩の力を背景に、強制力をともなう権力と化したのであった。

鎖国引き戻し猶予の勅諚

大老井伊直弼は、右のような状況に対処しなければならなかった。最大の優先課題は、通商条約調印について、天皇の了解を取りつけることである。井伊はそのため、老中間部詮勝を上京させた。間部の着京は九月一七日。その後、家茂《いえもち》（慶福《よしとみ》から改名）への一四代将軍宣下確定を経て（江戸城での宣下儀式は一二月一日）、一〇月二四日、間部は所司代酒《さか》井忠義《いただあき》とともに参内、関白九条尚忠・武家伝奏広橋光成《ひろはしみつしげ》・同万里小路正房《までのこうじまさふさ》と会見して、条約調印に至った事情を釈明した。間部は、その措置が先の三月二〇日勅諚の主旨に従って、三家以下、諸大名の意見を確認したうえのものであることを断りながら、日本側から容易に兵端を開いては勝算が立たないので、開戦を避けるための「一時の御計策」として調印に応じたものにすぎず、武備が整ったのちには鎖国に戻す方針であることを強調した。

間部は、このとき同時に、水戸への密勅降下に関わる動きについても陳述している。間部および井伊側によれば、その降下は、水戸斉昭の「陰謀」によるものであり、公家側に加担者がいることまで、詳しい書き取りを提示して、陳弁《ちんべん》に努めた（『井伊家史料』一二）。

その後、間部・酒井と九条・天皇との交渉は、一二月初めまで、計三次にわたり、主に書面往復を通じて行なわれ、また水面下では井伊の腹心長野主膳と九条家の家臣、島田左近《しまださこん》とのあいだで細部の調整が進められた。その結果、一二月二四日に至り、天皇は関白九条宛て書簡で、

蛮夷を遠ざけ候儀は関東にも真実同意、大老・老中にも同様相遠ざけ、前々の国法どおり引き戻

すべき趣意、いよいよ相違無き由、再三書き取り熟覧致し、審《つまび》らかに相分かり、まずもって安心と述べ、いずれ鎖国へ復帰することは、将軍・大老・老中も同意であり、通商条約調印は、開戦を避けるための一時的な措置であることを了解し、「心中氷解」の旨を答えた。一二月三〇日（晦日）、参内した間部に対し、次のような勅諚《ちょくじょう》が宣達された。鎖国への「引き戻し」は、今のところ猶予されたのである（『孝明天皇紀』三）。

大樹公已下、大老・老中役々にも、いずれ蛮夷においては、叡慮のごとく相遠ざけ、前々御国法どおり、鎖国の良法に引き戻すべき段一致の儀、聞こし食《め》され、誠に以って御安心の御事に候（中略）やむを得ざる事情においては、審らかに御氷解あらせられ、方今《ほうこん》の処、御猶予の御事に候

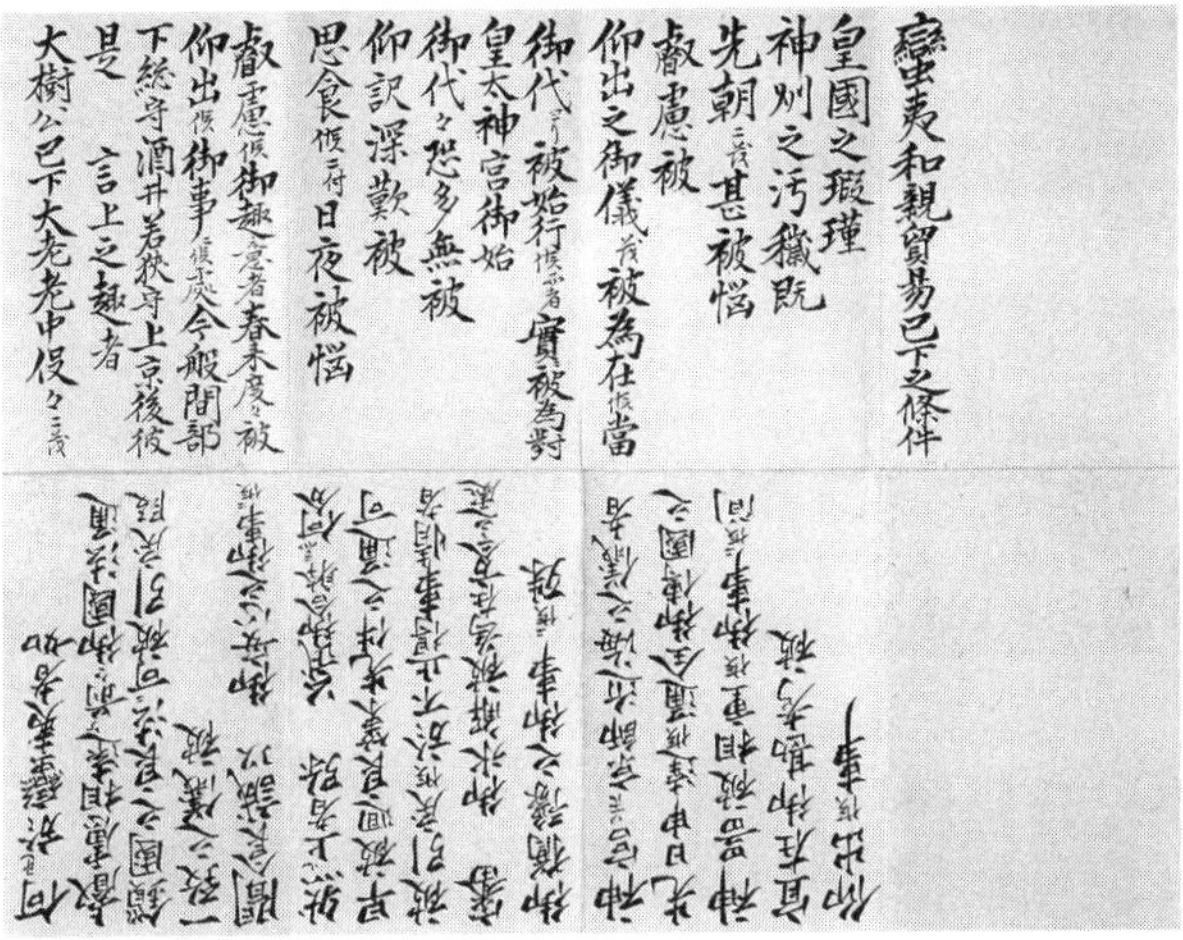

図11　鎖国引き戻し猶予の勅諚

江戸で、この報告を受けた大老井伊は、「安心」したが、大きな誤算が生じた。それは、この勅諚を諸大名に公表できなかったことである。公表すれば、外国側に洩れ、異論が出ることは避けられない。当然ながら、のち

の条約破棄予告を、外国側が黙認するはずはなかった。公用人宇津木六之丞《うつぎろくのじょう》の進言で、その点にようやく気づいた井伊は、この勅諚を極秘事項としたまま、武備充実の呼号に努めるほかなかった。

井伊直弼の暗殺

この勅諚獲得に並行して井伊は、密勅降下を軸とする反幕府運動を展開していた勢力を、徹底して抑圧する政策をとっていた。その動きは、九月初めから始まって翌年末まで続く。対象は、公家・大名・直参旗本・諸大名家臣・民間の浪士に至るまで、きわめて広汎であった。のちに言う「安政《あんせい》の大獄《たいごく》」である。

その抑圧の対象は、将軍継嗣運動で一橋党に属していた勢力と重なり合う。たとえば、初代外国奉行岩瀬忠震は、安政五年（一八五八）九月、日仏条約の調印を終えた直後に、作事奉行《さくじ》（工事監督官）の閑職に左遷され、翌年八月には役儀罷免・隠居謹慎を命ぜられた。その罪状は、軽賤《けいせん》の身をもって将軍継嗣を画策したことにあった。また、宇和島の伊達宗城《だてむねなり》は一一月に、土佐の山内豊信《やまうちとよしげ》（容堂《ようどう》）は翌年二月に、ともに隠居に追い込まれる。有力大名の筆頭格、島津斉彬《しまづなりあきら》は、すでに安政五年七月、急死していた。食中毒のためといわれるが、真相は不明である。

公家では、安政六年（一八五九）正月に、左大臣近衛忠熙・右大臣鷹司輔熙・前関白鷹司政通《まさみち》・前内大臣三条実万《さねつむ》の、いわゆる「四公《しこう》」が、病気を理由に辞官落飾《じかんらくしょく》（官職を辞して仏門に入る）を願い出ていた。水戸藩への密勅降下をはじめ、諸大名側との連携を理由に、大老井伊・老中間部・所司代酒井から圧迫を受けたためである。天皇自身は彼らをかばう姿勢を見せたが、ついに四月二二日、四公に落飾・慎みが命ぜられた。これ以前、万里小路正房の武家伝奏辞任など、人事異動の形を兼ねた処分が進められたが、さすがにほとんどは、一〇日から、せいぜい五〇日の慎み程度で済んだ。ただし、幹部の廷臣でまったく処分を受けなかったのは、大老寄りの関白九条尚忠・伝奏広橋光成くらいのものである。

この事件で死刑に処せられたのは、大名家臣や浪士の八名。密勅降下に直接関わった水戸の鵜飼吉左衛門・幸吉父子、越前慶永（春嶽）の腹心橋本左内《はしもとさない》、それに長州人で激烈な勤王論《きんのうろん》を唱えていた吉田松陰らが含まれる。処分された者は、解釈の仕方によるが、推計で百数十名に上る。一連の処分は安政六年（一八五九）一一月までに一通り決着した。

図12　虎皮の敷物　襲撃された時に，直弼が駕籠中で使用していた．

さらに、井伊は水戸家から、先の「戊午の密勅」を返納させるため、それを命ずる沙汰書を降してもらうよう天皇に要請した。条約調印について「叡慮氷解《えいりよひようかい》」を得たのだから、あの勅書はすでに無効になったという理屈である。沙汰書は安政六年（一八五九）二月、所司代に渡されたが、文言の修正に手間どり、確定は一二月まで延びた。

井伊は一二月一五日、水戸慶篤に、返納が沙汰されたことを告げ、勅書を提出するよう命じた。水戸家側でも、そのような事態を予想し、江戸邸にあった勅書原本を水戸城内に移して守り抜く構えを見せていた。勅書はいまや、水戸家にとって、最後の切札のようなものであり、これを取り上げられては、全面敗北の形になってしまう。

しかし、そのうち水戸藩内部が、ここは穏《おだ》やかに返納に応じようとする鎮派と、断固死守を主張する激派との二派に分かれ、収拾がつかなくなってしまった。ここに至って、激派の首領株、高橋多一《たかはしたいち》郎《ろう》・金子《かねこ》孫次郎《まごじろう》らは、ついに井伊の暗殺を決意した。

安政七年（三月一八日、万延《まんえん》と改元。一八六〇）三月三日。この日は上巳《じょうし》の節句で、諸大名総登城の式日である。関鉄之助《せきてつのすけ》を指揮者とする一八名の襲撃団は、時ならぬ雪の降り積もる桜田門外《さくらだもんがい》で、大老の行列に斬り込み、不意を衝かれた井伊家側の狼狽に乗じて、計画どおり、井伊直弼の首級をあげた（桜田門外の変）。これまで見てきたような、井伊による強権的な政策方針は、大老在任一年一〇ヵ月をもって、破綻したのであった。なお、仇敵にもあたる水戸斉昭は、その半年後、心臓発作のため急死する。

久世・安藤政権と和宮降嫁

徳川幕府で、実質的に井伊の跡を継いだのは、井伊暗殺の前後に老中に就任していた安藤信正《あんどうのぶまさ》と久世広周《くぜひろちか》の二名である（久世は再任。なお、間部は安政六年一二月辞任）。鎖国復帰か開港促進か、という対外方針の面に限れば彼らの姿勢は曖昧であった。

井伊が天皇に対し、いずれは「鎖国の良法」に復帰すると約束してから、一年と三ヵ月しか経っていない。それをただちに覆《くつがえ》すことは、将軍の威信にかけてもできることではない。といって通商条約調印から一年を経て、安政六年（一八五九）六月からは規定どおり、横浜（条約上の地名は神奈川）港を中心に、欧米諸国と貿易が開始されていた。「違勅」調印であることに加え、構造的に国内各層・各勢力の合意を得ていない条約による国交・貿易開始について、各方面からの反発は根強かった。

外交と内政は、常に連動する。つまり、外交上の問題が、文字どおり外国との交渉だけで完結することは、一般的に見てもない。それは、必ず国内の諸党派間で、方針の相違をめぐって内政に波及する。一九世紀の列島領域には、その状況が、日本史上、最も先鋭な形で現われていた。

近世の列島領域は、東アジアにおいて自己完結した世界を形作り、その世界の中で、武家の棟梁《とうりょう》は征夷大将軍として四海を制圧し、領域内部では、公儀として、諸大名以下を臣従させていた。しかし、通商条約により、欧米諸国と列島領域とのあいだに外交関係が発生すると、領域内部で、二六〇余りの大名家による分割統治を統一し、単一の日本国政府を創設する必要があるという認識が現われ始めた。別の見方をすれば、外国奉行は、徳川家の役職であっても日本国外務省ではない。それが、問題とされるのである。

そのことを自覚し、体制を改めようとする構想は、政治活動家のなかでも先鋭な分子によって模索されつつあった。たとえば、橋本左内は安政四年（一八五七）一一月頃には、譜代大名だけではなく、親藩・家門・外様国持を政権内部に組み込んだ大名連合政権の構想を持っていた（一一月二八日付け村田氏寿宛て書簡)。

その場合、政権の頂点に置かれ、近代でいう国家元首に相当する存在として想定されているのは、天皇である。この点について、公家の謀臣、岩倉具視《いわくらともみ》は井伊暗殺の直後に、

関東へ御委任の政柄《せいへい》を、隠然と朝廷へ御修復遊ばされ候御方略に拠《よ》らせられ、まず億兆《おくちょう》の人心を御収攬《ごしゅうらん》、その帰向《きこう》する所を一定致させ候《そうらい》て、輿議公論《よぎこうろん》に基づき、御国是《おんこくぜ》を厳然と御確立遊ばされ候《そうら》わでは、相成り難しと存じ奉り候

と、朝廷内で建議していた(『岩倉具視関係文書』一)。「億兆の人心」(列島領域の全住民)を収攬し、その向かうところを一定させ、有力大名を含めた「輿議公論」(公議)に基づいて国是(国家の基本方針)を確立すべきだ、というのである。岩倉は、当面の具体策として、幕府からの申し出に応じて、まずは和宮《かずのみや》降嫁を推進しようとした。

孝明天皇(統仁《おさひと》)の実妹にあたる和宮を、将軍家茂の正室に迎えよう、という計画は、すでに井伊政権によって構想されていた。両者の婚姻は、公武一和の象徴として、公儀の回復を天下に印象づけるものであり、外国に対しても有効な政策と、久世・安藤は考えていた。久世・安藤は、万延元年(一八六〇)四月一日付けで所司代酒井忠義に宛て、降嫁奏請を命じ、これを受けた関白九条尚忠は、五月になって天皇に、その旨を公式に伝えた。

天皇は、この奏請をいったん却下したが、六月二〇日に再度の奏請を受けて、次に見える重大な条

件を付したうえで、許諾の内意を示した。それに対し、久世・安藤ら老中四名は、九月五日付け連署回答書を呈する（『孝明天皇紀』三）。

> 和宮御方御縁談については蛮夷の儀に付き、一廉《ひとかど》にても実意の評定申し上げ奉り候様、御内沙汰《おんうちざた》の趣き畏《かしこ》み奉り、衆議を尽くし候うえ、自今《じこん》七、八箇年乃至《ないし》十箇年も相立ち候内には必定拒絶《ひつじょうきょぜつ》の趣きも申し上げ候処、実に実に思し召しも相立ち、深く御満悦の御気色《みけしき》にも入らせられ、然るうえは、当時の役々、たとえ転役致し、新役に相成る共、違変これ無き様との思し召しの旨、委細畏み奉り候（中略）後々評議を改め候様の儀は決して御座無く候

老中は、このように述べて、蛮夷については、遅くとも一〇年以内に「拒絶」すること、その方針はたとえ、老中などの顔ぶれが替わっても決して変更されないことを公約した。これが、降嫁許諾の交換条件である。鎖国復帰について、久世・安藤と、かつての井伊とのあいだで方針の違いはないように見える。しかし、「拒絶」の内容は具体的ではなく、安政五年（一八五八）一二月晦日に天皇が降した勅諚にあったように、「鎖国の良法に引き戻すべき段」を明確にうたったわけではない。次に見るように、久世・安藤は、長州が推進する現行条

図13　和宮入輿の牛車図

約追認論に立った、天皇への説得に期待をかけるのだから、朝廷の見解が変化することを期待して、当面の時間稼ぎを図ったもののようである。

ともあれ、この老中の公約を信じて、天皇もようやく降嫁を許諾した。文久《ぶんきゅう》元年（一八六一）四月、和宮に内親王《ないしんのう》宣下が行なわれ（公式に先代仁孝《にんこう》天皇の娘となる）、「親子《ちかこ》」の名が与えられた。和宮は一〇月二〇日、京都を出立、中仙道《なかせんどう》を経由して江戸に向かった。その行列には大納言中山忠能・左近衛少将千種有文《ちぐさありぶみ》・右近衛少将岩倉具視、女官の典侍《てんじ》庭田《にわた》嗣子《つぐこ》らが従っていた。沿道に領地を持つ大名がリレー式に警備を担当したが、それらの人数を含めれば、行列は、ほぼ一万人に達したという（武部敏夫『和宮』）。家茂との婚儀は、翌文久二年（一八六二）二月一一日に挙行される。

航海遠略策と長州の周旋

和宮降嫁が内定する文久元年（一八六一）三月、毛利家当主の慶親は、要路にある家臣に対して、時局対策の方針を諮問した。慶親は天保八年（一八三七）に当主を継いでいたが、安政年間には、将軍継嗣運動に関わっていない。おそらく、一橋党の総帥《そうすい》にあたる水戸斉昭が、彼を凡庸《ぼんよう》と見ていたからであろう。翌年、慶親・定広《さだひろ》父子が公武周旋に乗り出す際も、家臣の桂小五郎《かつらこごろう》らは、慶親は演説応対などの駆け引きはできない人柄で、実際の活動には世子定広のほうが適任と朝廷に説明したくらいである。理由は何であれ、そのために「大獄」の余波を免《まぬが》れ、結果として、毛利家が文久元年に活動を開始することを可能にさせた。

毛利家は、長門国萩《ながとのくにはぎ》を本拠に、周防《すおう》と合わせ二ヵ国を領分とし、外様国持大名として、島津家と並ぶ武家の名門である。その遠祖は、鎌倉幕府の草創期に東下り官人として政所別当《まんどころべっとう》に就いた大江広元《おおえのひろもと》で、代々「大江」姓を名乗る。藩祖は一六世紀に尼子晴久と覇を競い、安芸《あき》・周防・長門・備中《びっちゅう》・備《びん》後《ご》・因幡《いなば》・伯耆《ほうき》・出雲《いずも》など中国地方を領した毛利元就《もうりもとなり》。それらの由緒は、一九世紀に入る頃には、領内外に鼓吹《こすい》され、大名の中でも別格との地位を自他ともに認めるようになっていた。それを踏まえ、安政年間以降には、天皇の藩屏であることを自認する「長州藩」の言葉が、家中では一般に用いられた。さらに、関門海峡に臨む要港下関を領内に持ち、また古来、韓半島との文化的な交流も盛んであった。西日本の外様国持大名が、国政介入を図るとすれば、真っ先に行動して当然の立場と、政治的・経済的力量を併せ持つ家である。

先の慶親の諮問に答え、直目付長井雅楽《ながいうた》は、四八〇〇字に及ぶ長文の論策を呈した。いわゆる航海遠略策である。その論策で長井は、まず次のように、現状の問題点を指摘する（中原邦平編述『長井雅楽詳伝』）。

問題の根源は、幕府が朝廷の意向を無視して通商条約を結んだことにあり、朝廷は条約破棄を望んでいるが、幕府としては、いったん結んだ条約を破棄することもできずに、因循《いんじゅん》のまま、今日に及び、判然たる処置がとれずにいる。

しかしながら、と長井は一転して、朝廷の「破約攘夷」論を批判する。すなわち、天皇は真相を知らず、「鎖国攘夷」をもって万全の策と思われているようだが、そうではない。その仔細は、ただいま、「破約攘夷」という事になれば、「黠夷《かつい》ども」とても承服せず、たちまち戦争になるであろう。そのわけは、「外夷ども関東を皇国の政府」と考えるのはもっとものことで、「その政府において条約結び候《そうら》えば、まったく同盟の国と心得」るのは余儀ないことである。それを突然、条約を破り、盟約に背《そむ》けば、外国が皇国を「不信」の国と唱えるのは必然である。名分の曲直という点から見て、曲（誤り）は我が国、直（正しい）が外国という理屈になってしまう。

長井は、こう述べたうえ、さらに「鎖国」は、たかだか三百年来の掟《おきて》にすぎないとして、次のような解決策を提案する。すなわち、天皇が「鎖国の叡慮」を考え改め、今日より海軍を振興し、われより彼の国へ押し渡り、互市交易《ごしこうえき》を名分として、「黠夷」の恐れるに足らないことを士民に知らしめるよう、幕府に命令を下せば、幕府にも、即時に承服するであろう、そうなれば、「公武御一和」にて、即時に「海内一和」（全国一致）するであろう、全国一致して海軍も強盛になり、士気が奮い立てば、一皇国を以って五大洲を圧倒することも容易であり、「五大洲、貢《みつぎ》を皇国に捧げ」る日が来ることも、また遠くないであろう。

この議論の特徴は、現行の通商条約でも運用の仕方次第で、外国を朝貢国のように位置づけることができる、とする点である。そのためにはとりあえず「互市交易」を認めること、言い換えれば、通商条約を許すことが必要だ、というのである。この論には周布政之助も賛同した。

慶親は、この献策を採用して、藩論とすることを決定し、長井にただちに上京して周旋に当たるよう命じた。五月一二日、京都に着いた長井は、議奏正親町三条実愛を通じて建策を呈し、ついには天皇自身の賛同を得ることに成功した。正親町三条によれば、これを読んだ天皇は、大いに喜び、胸中の霧が晴れる思いがするとまで言ったという。

長井は続いて江戸に下り、八月に老中の久世広周・安藤信正に会見して、持論を説いた。ちょうど一年前、和宮降嫁を許諾する交換条件として、天皇から、一〇年以内の蛮夷拒絶を公約させられていた安藤は、長井献策を大歓迎し、現在の困難な情勢を打開する策は他にない、われわれももとより「公武の一和」を望み、今日に至るまで苦心画策してきたが、幕府・朝廷の意見が齟齬《そご》して、未だその志を達せずにいる、と答え、このうえは当主慶親が出馬して、朝廷・幕府間の周旋にあたってくれるように依頼した（中原邦平編述『長井雅楽詳伝』）。

長井は、周旋の成果を携えて江戸を発ち、京都に寄って正親町三条に復命ののち、八月末に萩に戻った。その報告を受けた長州藩庁は、参勤交代による出府にことよせて、慶親自身が周旋に当たることを決定し、慶親は九月一五日、江戸に向けて萩を出立した。

このあたりまで、長井による周旋活動は、きわめて順調のように見えた。しかし、この航海遠略策は、その内に大きな問題点を抱えていた。つまり、もし仮に、この策が実現すれば、現行の通商条約は、なし崩し的に追認され、それとともに締結主体としての幕府の地位も安定し、諸藩が参加して全国の国政を審議する体制作りの機会も失われてしまうだろう。それにまた、現行条約をいくら読み替えても、外国側から見て貿易を朝貢と理解する可能性は皆無《かいむ》である。その意味からすれば、長井の論は、巧妙な議論のすり替えのうえに成りたっていた。天皇や正親町三条が賛同したのは、その点を理解できないまま、「五大洲の貢」といった言葉を額面どおりに受け止めたためである。

その点に気づいて長井を排斥する論を唱えていたのは、長州藩内でも、江戸邸にあった桂小五郎・久坂玄瑞《くさかげんずい》などのグループである。先に長井に賛同していた周布は、七月下旬、江戸に着いた後は、一転して反対派に回っていた。それと同じ頃、鹿児島では、薩摩藩が政局介入の機会をうかがっていた。島津久光《しまづひさみつ》による率兵上京の計画である。その動きは、節を改めて見ることにしよう。

2 将軍上洛

島津久光の率兵上京

島津斉彬《しまづなりあきら》が死去した（安政五年七月）のち、当主は異母弟久光《ひさみつ》の実子茂久《もちひさ》が継いだ（同年一二月）。まだ一九歳の茂久には、隠居（先々代当主）の斉興《なりおき》が後見役として監督にあたったが、安政六年（一八五九）九月、斉興死去ののちは、実父の久光が名実ともに後見役として、国政の実権を握った。それとともに、久光は斉彬時代から国政に重きをなしていた門閥家老を中枢から遠ざけ、主に下級家臣からなる、いわゆる「誠忠組《せいちゅうぐみ》」のメンバーを側近として重用するようになった。

誠忠組は、水戸の過激論者とも連携を持ち、大老井伊直弼の暗殺計画にも関与していた。その一人が大久保《おおくぼ》一蔵《いちぞう》（利通《としみち》）である。なお、斉彬から信任され、慶喜《よしのぶ》擁立のための政治工作にあたっていた西郷吉之助《さいごうきちのすけ》（隆盛《たかもり》）も、メンバーの一人だが、井伊側からの追及を避けるため、安政六年正月以降、奄美大島に流されていた。やがて文久《ぶんきゅう》元年（一八六一）四月、久光の地位は将軍からも公認され、家中には、「国父《こくふ》」と称することが達せられた。その一〇月には、大久保の小納戸《こなんど》役《やく》就任をはじめ、側近を固める人事が行なわれる（佐々木克『幕末政治と薩摩藩』）。

ひるがえって島津家は、近世の武家社会にあって特殊な政治的立場にあった。由緒として、島津家初代の忠久《ただひさ》は、源頼朝《みなもとのよりとも》の庶子と伝えられるが、実際には、摂家筆頭近衛《このえ》家の家司《けいし》、惟宗《これむね》氏の血筋という。文治《ぶんじ》二年（一一八六）、薩摩《さつま》・大隅《おおすみ》・日向《ひゅうが》三ヵ国の守護兼総地頭となる頃から、島津氏を名乗った。徳川氏との関係で言えば、家康と敵対した関ケ原の合戦後、慶長七年（一六〇二）、家康と和解、薩摩・大隅両国と日向国諸県《もろかた》郡の所領を安堵された。そのうえ、慶長一四年（一六〇九）には琉球に出兵し、中山《ちゅうざん》王朝を実質的な服属下に置いた（芳即正『島津斉彬』）。

さらに一八世紀末になると、島津家は徳川将軍家の外戚《がいせき》となった。すなわち、一一代将軍家斉《いえなり》の正室、広大院茂姫《こうだいいんしげひめ》は、島津家二五代重豪《しげひで》の娘であった。家斉は多くの子女を儲《もう》けたが、彼らは大名家の養子に入って、その跡を継ぎ、あるいは大名の正室となって、将軍家とのあいだを血脈で結んだ。たとえば、阿波《あわ》蜂須賀《はちすか》家当主の斉裕《なりひろ》は、その端的な例で家斉の実子、公式には重豪の外孫である（生母は茂姫ではない)。さらに、一三代将軍家定《いえさだ》の正室、天璋院篤姫《てんしょういんあつひめ》は斉彬の娘(養女)であった。斉彬が、外様の身をもって一四代将軍をめぐる将軍継嗣問題に介入しえたのは、このような外戚としての立場を踏まえたものであり、また老中阿部正弘《あべまさひろ》と協調して、海防・外交問題に参画したのは、琉球を通じて海外情報を独自に入手し、清国はじめ、欧米諸国の動向を敏感に受け止めざるを得ない環境にあったためである。

その島津家が、安政年間以来の政治状況のもとで、先に見た毛利家と並び、外様国持大名の二大勢力として、全国の国政への介入をめざすのは、以上のような歴史的背景から見て、必然的であった。

久光が、その行動を具体化させる最終的なきっかけは、文久二年(一八六二)正月一五日、老中安《あん》藤信正《どうのぶまさ》が水戸の過激論者に襲撃された事件である(坂下門外の変《さかしたもんがいのへん》)。先に触れたように、安藤は鎖国維持か、開港促進か、という対外方針の面では曖昧であり、和宮降嫁によって、天皇と将軍のあいだを、婚姻関係を通じて融和させようとする政策をとった。しかし、その政策は、朝廷の権威を幕府の強化に利用しようとするものという非難を招いた。襲撃された安藤の警護陣も、さすがに桜田門の二の舞を演ずることはなく、一味七人は、全員がその場で討ち取られ、安藤自身は、背中に軽い傷を負っただけだが、政治的には致命傷であった。武士にあるまじき卑怯未練《ひきょうみれん》の振る舞いを示す「後ろ傷」を名目に、幕府内部からも大小目付層を中心に、久世《くぜ》・安藤政権の曖昧さに対する不満が噴出したからである。安藤は四月一一日、久世は六月二日に老中を辞任する。

久光が一〇〇〇人と呼号する大兵を率いて鹿児島を出立するのは、三月一六日であった。名目は、前年に焼失した江戸邸の再建に対して、将軍から資金を貸与されたことに対する礼を述べるためとされ、最終目的地は江戸である。

勅使下向と国政改革

久光の出立は、諸国「有志」の奮発を促す結果になった。安政五年（一八五八）、通商条約調印をめぐって朝廷・幕府の疎隔が明らかになって以来、みずからの意思で国事に参画しようとする人びとは、大名家臣の場合は「脱藩」し、あるいは「草莽《そうもう》・浪士《ろうし》」（元来の身分は郷士・百姓・町人など）として、京都・江戸を舞台に、それぞれの立場で政治活動を展開していた。彼らが掲げるスローガンは、「勤王《きんのう》」「攘夷《じょうい》」である。

とくに、後者の「攘夷」という言葉は、先に見たように、前年に長井雅楽《ながいうた》の航海遠略策が、朝廷の意向は「破約攘夷」にあると取り上げた頃から、急速に一般化してくる。長井の意図は、それを批判し、天皇に考えを改めてもらうつもりだったのだが、それとは裏腹に、それこそ朝廷の意向なのだから、あくまでも尊んで奉ずべきもの、と一般には受け止められた。在野の活動家を含めた、政治活動の参加者のあいだでは、むしろ反幕府のスローガンとして広まっていくのである。

そのような意味での攘夷論に立つ勢力は、たとえば、久留米《くるめ》水天宮の神職であった真木和泉《まきいずみ》や、筑前《ちくぜん》浪士平野次郎《ひらのじろう》（国臣《くにおみ》）らをリーダーとする西国浪士団として、京坂に結集しつつあった。彼らを経済的・政治的に支援していたのは、反長井の立場をとる長州《ちょうしゅう》藩の京都・大坂邸である。

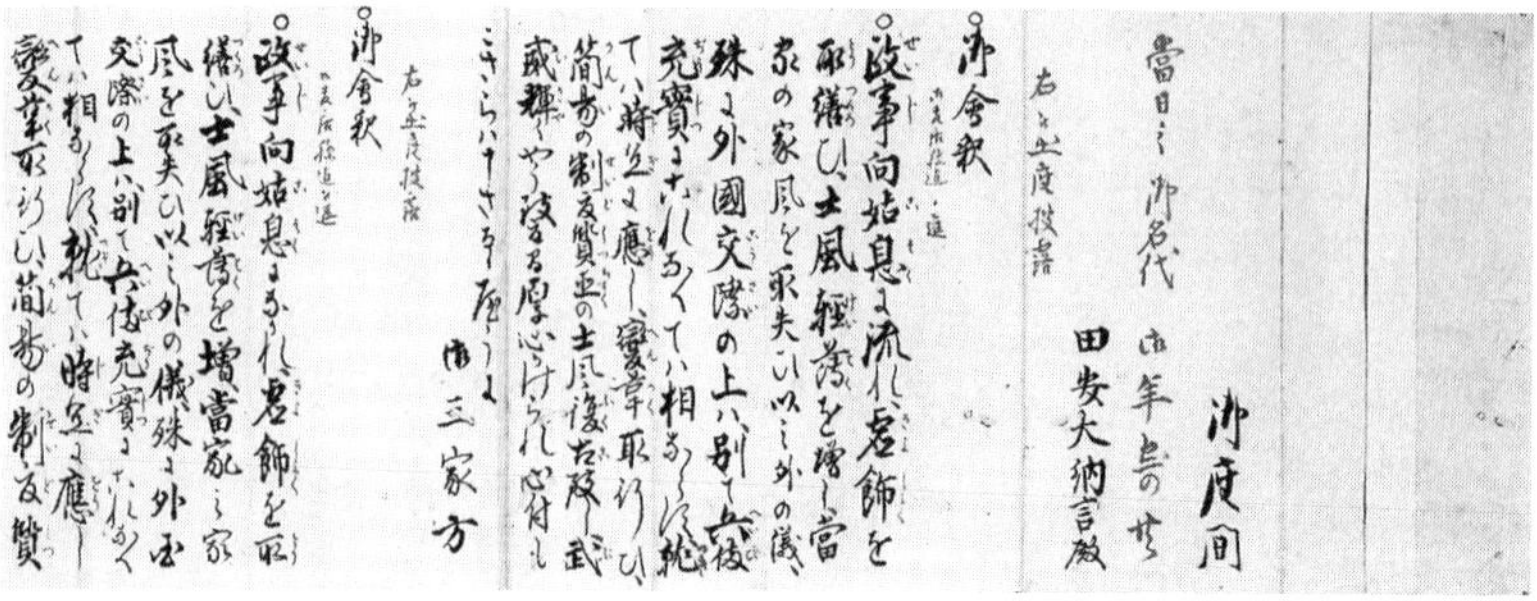

将軍のセリフなどを記したシナリオ

しかし久光以下、薩摩《さつま》指導部の考えは、このような動きに同調するものではなかった。四月一六日、京都錦小路の薩摩藩邸に着いた久光は、ただちに近衛邸に参殿、大納言近衛《このえ》忠房《ただふさ》・議奏中山忠能《なかやまただやす》・同正親町三条《おおぎまちさんじょう》実愛《さねなる》から、浪士鎮撫に関する内勅を受けた。これによって、無位無官の久光が、大兵力とともに京都に滞在し、治安維持にあたることは、堂々たる大義名分を得たのである。久光は、この方針に従って、四月二三日、伏見の船宿寺田屋に集結していた薩摩藩の過激攘夷論者、有馬新七《ありましんしち》らを上意討ちに処し、同類の浪士勢力とは方針が異なることを明示した。彼らと近い立場にあった西郷吉之助は、いったん奄美大島から呼び戻されていたが、再び沖永良部島《おきのえらぶじま》に流される結果になった。

こうした動きと並行して久光は、近衛を通じて、朝廷に国政改革を建言し、その結果、幕府に対して改革を要求するため、勅使に任ぜられた左衛門督《さえもんのかみ》大原重徳《おおはらしげとみ》を警護して江戸に下ることになった。その要求事項は、第一に、将軍が上洛して国事を議すること、第二に、沿海五大藩（薩摩・長州・土佐・仙台・加賀）の藩主を五大老に任ずること、第三に、一橋《ひとつばし》慶喜《よしのぶ》を将軍後見職に、松平春嶽《まつだいらしゅんがく》を大老に、それぞれ任ずることであり、

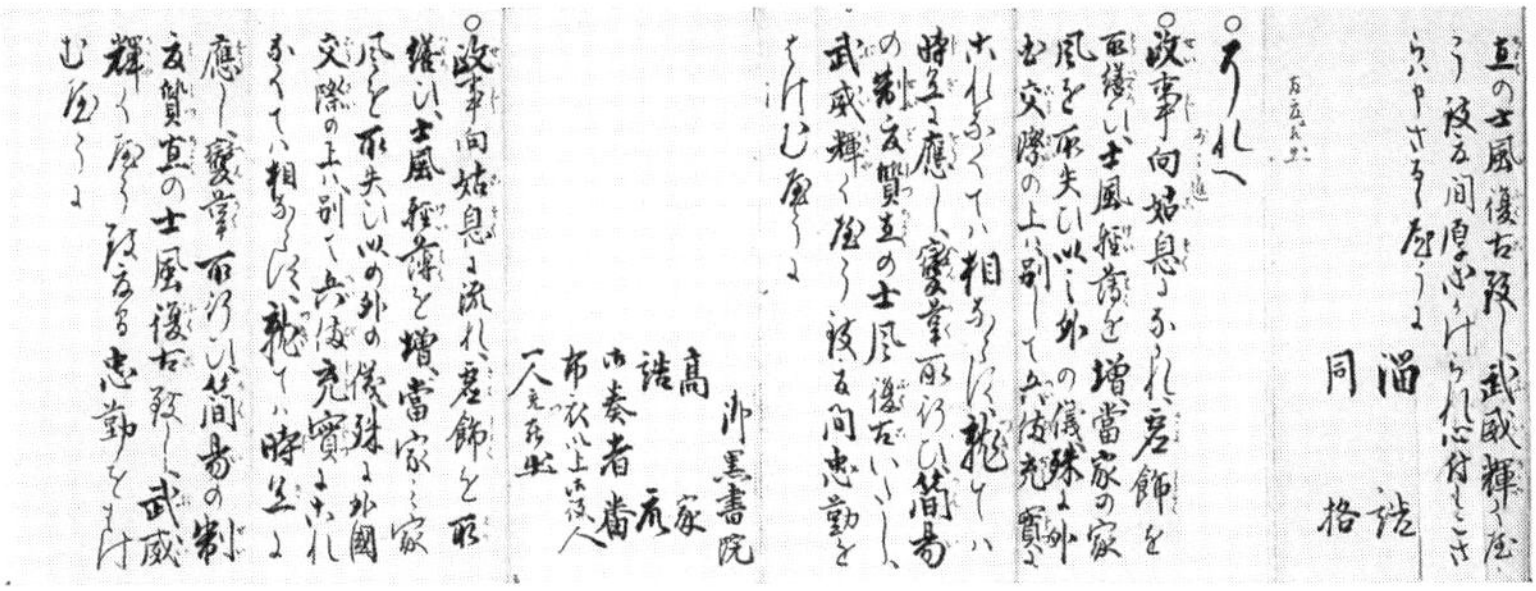

図14　「御意之振」

「三事策」と称された。実際には、第三策が薩摩側から見た重点項目である。勅使一行は、五月二二日、京都を出立、六月七日江戸着、大原は一〇日に江戸城に入って将軍に勅旨を伝えた。

幕府にしても、京都における薩摩の動静を、手をこまねいて眺めていたわけではなかった。人事措置だけを見ても、四月二五日、一橋慶喜・尾張慶勝《おわりよしかつ》（旧名慶恕《よしくみ》）・松平春嶽・山内容堂《やまうちようどう》らの謹慎処分を解除し、五月には彼らに政務参与が命じられた。また、朝廷に対しても、青蓮院宮《しょうれんいんのみや》・鷹司輔熙《たかつかさすけひろ》・近衛忠熙《このえただひろ》らの復飾を求め、五月にはこれが認められた。いずれも、かつて井伊政権の強圧政策のもとで、謹慎・落飾などに処せられていた人びとである。久世・安藤の退任にともなって、閣老の中心となったのは、新任の水野忠精《みずのただきよ》（出羽《でわ》山形《やまがた》城主）・板倉勝静《いたくらかつきよ》（備中《びっちゅう》松山《まつやま》城主）。六月前後の時点で、他の老中は在任中の松平信義《まつだいらのぶよし》（丹波《たんば》亀岡《かめおか》城主）と、再任の脇坂安宅《わきさかやすおり》（播磨《はりま》龍野《たつの》城主）の計四名である。一連の人事を経て、井伊政権がとっていた方針は、最終的に改められ、政治改革が宣言されることになった。

将軍家茂《いえもち》は五月二二日、在府諸大名を招集、家格に応じたグループごとに対面し、直々《じきじき》に言葉をかけた。主旨は、ことに外国交際の上は、別して兵備充実に努めなくてはならない、ついては情勢に応じて、「変革」を実行し、制度を簡素化し、士風もかつての質朴《しつぼく》で実直なそれに復古させ、「武威輝くよう」にしたい、というものである（「御意之振《ぎょいのふり》」。『徳川家茂とその時代』）。改革は、七月以降に本格化するが、最大のそれは、のちに見る参勤交代制の緩和であり、また、服制改革（老中の羽織袴での出勤許可）、無用の贈答など虚礼廃止にまで及んだ。

その状況のもと、勅使大原のもたらした要求に応じて、七月六日、慶喜が将軍後見職に、九日に松平春嶽が大老と同格の政事総裁職《せいじそうさいしょく》（新設）に任じられ、久光下向の目的は、大筋で達成された。慶喜の後見職就任を聞いた大久保一蔵は、

数十年苦心焦思《しょうし》せし事、いまさら夢の様（な）心持ち、皇国の大慶、言語に尽くし難き次第なり

と、日記の六日条に記している。久光や大久保の構想では、大名の国政参加は、制度の変革以前に、人事配置によって実現できるという考えが強かったのであろう。朝廷内部では関白が、九条尚忠《くじょうひさただ》から近衛忠熙に六月二七日付けで交替している。

ちなみに、同じ頃、薩摩藩は内裏《だいり》（現在の京都御苑）の北側に接する相国寺《しょうこくじ》境内の一部を借り上げ、新たに屋敷の建設を始めた（現在の同志社大学構内）。久光の雅号「双松《そうしょう》」にちなんで、「二本松邸《にほんまつてい》」と通称され、京都での活動拠点となる。この屋敷の建設に限らないが、これ以降、薩摩藩の政治活動に投入される資金は、多く天保通宝《てんぽうつうほう》の密造によったものと思われる。島津家は、さきに将軍から琉球通

宝の鋳造を許可されていたが、それに紛れて、この文久二年(一八六二)一一月から三年間にわたり、二九〇万両の天保通宝を密造し、改鋳差益は実に二〇〇万両に上ったという(石井寛治ほか編『日本経済史1幕末維新期』)。エピソード風に言えば、薩摩藩の政治資金源は贋金《にせがね》だったのである。

破約攘夷論

薩摩の動きが、今見たような成果をあげるいっぽうで、それまで長州が掲げていた航海遠略策による公武周旋活動は、一気に色あせた。やや時間をさかのぼるが、先に出府の途についていた毛利慶親は、文久元年(一八六一)一一月一三日、江戸に着き、久世・安藤両老中と対面し、将軍家茂の承認をも得て、公武周旋が公式に依頼される運びになっていた。さらに、久光着京の一三日後、文久二年四月二九日には、江戸から世子《せいし》毛利《もうり》定広《さだひろ》が「天気伺い」として京都に入った。定広には、滞京して久光とともに、浪士の鎮静にあたるように、との内勅が達せられる。なお、近世以来、毛利家は二条河原町の東南に広大な屋敷を構えていた。高瀬川一の舟入《ふないり》(最上流の船着場)に面した一等地である。

しかし、この頃になると、長井献策に基づく長州の公武周旋に対して、藩内外から強い批判が沸き起こっていた。その要点は、長井献策が、通商条約のなし崩し的な追認を、主要な柱にしていたことにあった。

その点を説明するためには、文久年間(一八六一～六三)に最高潮に達する攘夷論の具体相を、国策という面から確認しておかねばなるまい。攘夷が元来、華夷《かい》秩序を基本に据えたうえでの二次的な対

図15　「御貿易場」図　安政六年の横浜

応であることは、すでに触れた。文久年間になると、嘉永・安政（一八四八〜一八五八）頃までの、鎖国か開港か、という二項対立の図式は、すでに過去のものとなっている。「勅許」の有無はどうあれ、現実には通商条約にのっとり、安政六年（一八五九）六月以来、横浜港を中心に欧米諸国との貿易が始まり、居留地《きょりゅうち》も開設されて外国商人と日本商人とが輸出入の取引に従事していた。華夷秩序を重んじる立場から見れば、「夷狄《いてき》」の跳梁《ちょうりょう》跋扈《ばっこ》を許す状態が目の前に現われ、開港推進論者から見れば、貿易による富国政策が進展していたのである。

これにともない、国内諸勢力にとって対外方針をめぐる問題は、外国と関係を持つことを前提に、どのような関係を結ぶべきか、さらには現行条約を追認するか、否認するかいう点に具体化されてくる。現代風の言い方に例えれば、外国への対応策が、システムとしての面でバージョンアップし、焦点は通商条約の解釈と運用のあり方に絞られるのである。

この点で、最も明快な立場をとるのは、いうまでもなく外国奉行以下、幕府の外交担当部局である。彼らは、みずからの立場を「日本国政府」と位置づけ、条約の運用にしても、条約は日本側動向だけでなく、外国側をも規制するという合理的な解釈に立っていた。奈良勝司の命名による、「条約派」有司層である（同『明治維新と世界認識体系』）。老中安藤信正を辞任に追い込んだ大小目付層も、広く言えば、そのグループであった。

これに対して、久光以下の薩摩指導部は、ほぼ同様の見解である。朝廷に対する配慮から、表向きに公言こそしないが、斉彬以来の開港方針を引き継いで、通商条約を容認する立場なのだが、その運用を幕府が独占する現状を改革し、みずからを含む外様大藩が介入できる体制を築こうとしていた。その手掛かりが、慶喜や春嶽の要職就任である。

この点で長州の内情は複雑であった。長井の献策と、それに基づく慶親《よしちか》の公武周旋は、老中久世・安藤の意向に沿うものであったが、周布《すふ》政之助《まさのすけ》・桂小五郎《かつらこごろう》・高杉晋作《たかすぎしんさく》・久坂玄瑞《くさかげんずい》らのグループの考えは、これに反対である。彼らにしても、すでに華夷秩序にこだわる立場を脱却し、むしろ日本を欧米諸国と対等に位置づける国際関係のあり方を構想していた。その点では、「条約派」有司層や、薩摩指導部とも変わらない。ただし、周布以下は、現行通商条約が、調印手続きにおいても、さらに、その解釈と運用においても、日本側の主体性が失われているものと受け止めていた。この点について周布は、文久二年（一八六二）七月時点で、次のような所懐を記して、知友に示した（周布公平監修『周布政之助伝』）。

国力を振るい、皇基を立てんと欲す／大廈《たいか》のまさに傾かんとするを独木《どくぼく》支う
世を挙げ、滔々《とうとう》として名利《みょうり》に走る／至誠ただ鬼神《きしん》の知る有らん
攘は排なり、排は開なり、攘夷して後《のち》、国開くべし

現行通商条約をいったん破棄して、日本側が主体性を持ち、正当な手続きを経たうえで、新たな条約として結びなおそうという。その過程では、外国と戦争が起きることも辞さない。「排」は、内側から押し開けるという意味である。外から引き開けられてはいけない。ここに見える「攘夷して後、国開くべし」の言葉こそ、この時点の長州「破約攘夷」論の真髄であった。周布らは、このような見解を踏まえて長井を弾劾《だんがい》し、失脚させた。長井は文久二年六月五日免職、帰国謹慎を命ぜられ、翌年二月、切腹に処せられる。

天皇と大名

長州の破約攘夷論は、華夷秩序の確立と解釈する限り、孝明天皇の意向に一面で適《かな》うものであった。それと同時に、公家の一部や、在野の草莽《そうもう》・浪士にとっても、皇国の武威を夷狄に振るう勇壮な議論と受け止められた。それは、あからさまに言えば、誤解に近いが、政治潮流として高揚すること自体は、長州側にとって有利に働いた。

文久二年（一八六二）七月九日、京都河原町邸において、当主慶親・世子定広を前にした会議で、毛利《もうり》筑前《ちくぜん》・益田弾正《ますだだんじょう》・浦靱負《うらゆきえ》（以上は家老）、周布政之助・井上小豊後《いのうえこぶんご》・兼重譲蔵《かねしげじょうぞう》・中村九郎《なかむらくろう》・桂小五郎（以上は政庁役人）らは、航海遠略策による公武周旋方針を改め、破約攘夷を藩論として決定した。一六日、慶親はみずから学習院に出向き、議奏中山忠能・同正親町三条実愛・同野宮定功《ののみやさだいさ》・伝奏坊城俊克《じょうとしかつ》に会い、叡慮はあくまでも攘夷の貫徹にあることなどを記した勅書を授けられた。これを受けて、実際には世子定広が江戸に下り、将軍に対して攘夷実行を要請する周旋を行なうことになる。

定広が京都を発つ前日の八月三日、長州藩応接掛の中村九郎は議奏中山を訪い、「破約攘夷」の内容について疑点を質した。要点は、破約攘夷といった場合、安政仮《かり》（五ヵ国通商）条約は当然として、「下田条約《しもだ》」まで破棄するのか、ということである。中山の回答は、仮条約破棄は明快であったが、下田条約への対処については、いささか曖昧であった。中村は七日、再び中山と会い、

仮条約はもちろん、下田条約も一切御破却・御拒絶と御決定の御事と窺《うかが》い奉《たてまつ》られ候処、なおまた別段御深遠の叡思《えいし》もあらせられ候哉《や》

と尋ねた。朝廷の意向は、下田条約まで一切破却せよということのようだが、その解釈でよいかと、念を押したのである。これに対して中山は、ただ今においては窺いのとおり、「一切御拒絶」であると回答した（『孝明天皇紀』四）。

ここでいう「下田条約」は、前章の2で見たように、安政四年（一八五七）五月の下田協約か、あ

るいは嘉永七年（一八五四）五月の和親条約附録が該当し、和親条約本体ではない。つまり、朝廷のいう破約攘夷とは、外国との関係を八年前の嘉永七年三月、日米和親条約のラインにまで戻せ、というものである。彼らの関心は、華夷秩序の維持を踏まえ、国体を保つことであった。この点で、朝廷側の態度は一貫している。夷狄だからといって、むやみに打ち払おうというのではなく、まして戦争を好んでいるのでもない。ただし、国際法上は、すでに和親条約は、通商条約に引き継がれているので、仮に通商条約を破棄すれば、欧米諸国との関係は、すべて解消することになる。

公家はもとより、中村・周布など、攘夷論者の武士たちも、この辺りの国際法上の仕組みについては理解できていない。理解しているのは、それこそ外国奉行とその部下など、現場で交渉の実務にあたる幕府の役人たちだけである。当事者とそれ以外とのあいだに横たわる、このような認識のズレは、明治初期に至るまで続くことになる。

ともあれ、朝命を携えた世子毛利定広は、八月一九日、江戸着。先に下向していた島津久光と勅使大原重徳は、二一日から翌日にかけ、入れ違いに江戸を発った。長州との協同は、薩摩側が拒否したのである。

その帰途、横浜郊外の生麦《なまむぎ》村で、久光の行列をさえぎったイギリス商人を、家来が殺傷する事件が起きた（生麦事件）。あくまでも、たまたま起きた事故で、久光が、異人を斬れと命じたわけでもないが、世間一般が、薩摩も攘夷論の立場を採るようになったと受け止めたのは、なりゆきとして、やむを得ない。この事件の処理はもつれ、翌年七月、鹿児島湾での薩英戦争《さつえいせんそう》にまで発展する。

閏八月七日、京都に戻った久光は、政情が四ヵ月前とは大きく様変わりしていることに驚いた。前月の八月二〇日から二五日にかけ、先に久世・安藤と提携して和宮降嫁を推進した左少将千種有文《ちぐさありぶみ》・左中将岩倉具視《いわくらともみ》・中務大輔富小路敬直《なかつかさだゆうとみのこうじひろなお》が辞官・落飾《らくしょく》に処せられ、さらに内大臣久我建通《こがたけみち》も辞任、蟄《ちっ》居《きょ》・落飾を命じられていた。長州の破約攘夷論の台頭とともに、幕府との協調方針が覆されたのである。久光は閏八月二二日、朝廷に一二ヵ条に及ぶ建白を呈し、

三百年来の太平、人心驕惰《きょうだ》の風習、たまたま慷慨《こうがい》の者もこれ有り候えども、ただただ気象《きしょう》までにて、実場《じつば》不案内の武士、必勝の策おぼつかなく

と、外国との戦争開始から敗戦を招く危険性がある破約攘夷論に反対したが、すでに容《い》れられる状況にはなかった。久光は、やむを得ず、二六日には帰国の途に就いた。空しい思いであっただろう。

その対極に、長州藩はあった。毛利慶親は一〇月一日、参内し、小御所で孝明《こうめい》天皇統仁《おさひと》の謁見《えっけん》を受け、盃を授けられた。いわゆる天盃頂戴《てんぱいちょうだい》である。大名諸侯が、天皇の謁見を受けるのは、これが最初であった。さらに薩摩の後退と入れ違いに、土佐山内家が京都政局に参入してきた。一〇月五日、先に内勅を奉じて入京していた当主山内豊範《やまうちとよのり》が、やはり参内して謁見を受け、国事周旋の沙汰を受けた。これらの儀式によって、将軍に臣従する大名家であるはずの毛利家・山内家は、天皇の藩屛《はんぺい》としての長州藩・土佐藩であることが、朝廷側からは公認されたのであった。

その長州・土佐と結びついて、朝廷内部で大きな力を振るうようになったのが、三条実美《さんじょうさねとみ》である。実美は、安政年間当時の内大臣実万《さねつむ》（安政六年死去）の息子で当時二六歳、清華《せいが》（五摂家に次ぐ家格で七家）筆頭の三条家を継ぎ、朝廷内部の攘夷強硬論を代表する存在となっていた。彼らは、朝議を動かし、将軍に対して攘夷督促の勅使派遣を計画した。なお、三条と孝明天皇との関係は微妙である。のちの天皇の言動から考えても、必ずしも二人の意見は一致していないと見るべきであろう。

ともあれ勅使派遣は九月八日に内決、同二八日、三条は従三位中将から権中納言に昇任のうえ、勅使に任ぜられた。副使は姉小路公知《あねがこうじきんとも》（侍従から少将に昇任）である。さらに三条は、一〇月七日、久世《くぜ》通煕《みちひろ》の後任として議奏に就任したのち、一二日に京都を発って江戸に向かった。山内豊範以下の土佐藩士が警護のため、これに随従、副使姉小路には長州藩士が従った。土佐勤王党の首領武市半平太《たけちはんぺいた》が三条家の家臣「柳川左門《やながわさもん》」と称して、一行に加わっている。このような一部家臣の動きに、江戸にいる老公山内容堂は、不快感を募らせていた。土佐内部も一枚岩では、まったくないのである。

攘夷奉承

一〇月二七日、勅使一行は江戸に着いた。このあいだ、幕府内部では、政事総裁職松平春嶽が、勅使への対応方針をめぐる紛糾から、閣議をサボタージュし、進退伺いを呈するなど、混乱が続いたが、結局は、勅書受け取りを決定、三条は一一月二七日、江戸城に「入城」して、次のような勅書を将軍家茂に授けた（『孝明天皇紀』四。原漢文）。

攘夷の念、先年来、今日に至り、絶えず日夜これを患《わずら》う。柳営《りゅうえい》においては各々変革、新政を施し、朕《ちん》が意を慰めんと欲《ほっ》す。怡悦斜《いえつなな》めならず。然れば天下をこぞり、攘夷に一定なきにおいては人心一致に至り難からんや（中略）早く、攘夷を決し、大小名に布告せよ。その策略の如きは武臣の職掌、速やかに衆議を尽くし、良策を定め、醜夷を拒絶すべし。これ朕が意なり。

征夷大将軍徳川家茂に対し、その「職掌」に従って「醜夷を拒絶」すべきことが、天皇から命ぜられたのである。文面に「柳営《（幕府）》においては各々変革、新政を施し」と見える新政策のうち、最大のそれは、閏八月に参勤交代制の緩和を布令していたことであった。すなわち、それまで大名は原則的に、一年在国、一年在府（江戸）を繰り返し、正室・世子は常時在府との定めであった。それが、三年に一回、半年間の在府、正室・世子は在国・在府とも自由と改定された。この措置は、参勤交代ならびに正室・世子の在府にともなう大名家の経費負担を削減し、浮いた経費を、海軍をはじめとする海防軍事力の強化にあてようとしたものである。しかし、それは同時に、将軍と大名との主従関係が、すでに形骸化《けいがいか》している現状を、幕府が自覚したことの表れでもあった。

すなわち大名は、将軍の家臣（幕府に従う藩）から、天皇の藩屏へと、その立場を変えつつあった。すでに京都では一〇月一四日、三条実美出立の翌々日に、朝廷から次の諸藩にあて、勅使を江戸に派遣したことを告げ、ついては「報国尽忠」に励むようにとの内勅が伝えられていた。対象は、薩摩《さつま》島《しま》津《づ》・長州毛利《ちょうしゅうもうり》・土佐《とさ》山内《やまうち》・仙台伊達《せんだいだて》・肥後細川《ひごほそかわ》・筑前黒田《ちくぜんくろだ》・芸州浅野《げいしゅうあさの》・肥前鍋島《ひぜんなべしま》・鳥取池田《とっとりいけだ》・岡山池《おかやまいけ》田《だ》・伊勢津《つ》の藤堂《とうどう》・阿波蜂須賀《あわはちすか》・久留米有馬《くるめありま》・豊後《ぶんご》岡の中川《なかがわ》、一四藩である。この内勅に応じて、彼ら諸侯は一〇月後半から翌年にかけ、続々と上京し始めた。勅書は、それらの現実を踏まえ、攘夷の戦略を、諸大名との衆議を尽くして決定するよう将軍に命じたのであった。

幕府内部では、神奈川奉行浅野《あさの》氏祐《うじすけ》ら「条約派」有司が、当然ながら、その奉承に反対したものの、後見職一橋慶喜・老中板倉勝静らの主張により、奉承が決定した。将軍としては井伊政権以来、「鎖国」への引き戻しを天皇に約束し、和宮降嫁の際には一〇年以内の「蛮夷拒絶」を条件としていたのだから、天皇への回答として攘夷実行を答えざるを得ない。

将軍家茂は、一二月五日、次のような奉答書を呈し、勅諚の主旨を了解し、来春早々に上京する旨を答えた（『孝明天皇紀』四）。

> 勅書謹んで拝見仕り候。勅諚の趣き、畏み奉り候。策略等の儀は、御委任成し下され候条、衆議を尽くし、上京のうえ委細申し上げ奉《たてまつ》るべく候。誠惶謹言
>
> 文久二壬戌《じんじゅつ》年一二月五日　臣家茂（花押）

この文面では、「委任」されたのは「策略等」であると解釈していることに注意しておきたい。この書面を携えた勅使三条は、一二月二三日、京都に帰り着いた。

京都の政情

文久三年（一八六三）三月に予定された将軍上洛に先立ち、後見職一橋慶喜・政事総裁職松平春嶽・「御用部屋入り」山内容堂・京都守護職《きょうとしゅごしょく》松平容保《まつだいらかたもり》ら、幕府首脳部は、正月までに京都入りしていた。容堂の「御用部屋入り」は老中待遇を意味する。また京都守護職は、

外国軍隊の脅威から、京都を守衛するため、前年閏八月一日に新設され、江戸湾警備にも実績を持つ家門大名の会津松平家当主を、これに充てたもので兵力をともなっていた。

　このような動きと並行して、長州系の攘夷論勢力も活動を活発化させていた。二月一一日、長州の久坂玄瑞・寺島忠三郎《てらしまちゅうざぶろう》は肥後の轟武兵衛《とどろきぶへえ》とともに、関白鷹司輔煕（正月二三日、近衛忠煕から交替）邸を訪《と》い、いつから攘夷を決行するのか、という攘夷期限の決定を強硬に申し入れた。公家側でも、攘夷強硬論者の三条西季知《さんじょうにしすえとも》・澤宣嘉《さわのぶよし》・中山忠光《なかやまただみつ》ら一三卿が鷹司を訪れて、同様の意見を述べた。関白鷹司は、三条実美らを後見職慶喜のもとに派遣して期限回答を迫り、慶喜・春嶽・容堂・松平容保は、集会協議のうえ、将軍滞京十日、帰府後二〇日をもって期限とすることを回答し、さらに十四日、慶喜は関白に呈書して、具体的な期限は四月中旬になるだろうと補足した（のち、さらに延期される）。

　これらの動きを踏まえ、二月一八日、孝明天皇は、在京諸侯二一名（隠居・当主・世子）を禁裏《きんり》に召集、攘夷決行の旨を申し渡した。念を押すまでもなく、将軍の頭越しである。参内した諸侯は、後見職一橋慶喜・政事総裁職松平春嶽・守護職松平容保・土佐の山内容堂・尾張の徳川慶勝（慶恕）・長州の毛利定広・阿波の蜂須《はちす》賀《か》茂韶《もちあき》・作州津山の松平慶倫《よしとも》・鳥取の池田慶徳《よしのり》・福岡の黒田斉溥《なりひろ》・宇和島《うわじま》の伊達宗城《だてむねなり》・米沢の上杉茂憲《うえすぎもちのり》・熊本の細川慶順《ほそかわよしゆき》・出雲《いずも》の松平定安《さだやす》・出羽久保田《でわくぼた》（のち秋田《あきた》）の佐《さ》竹義《たけよし》堯《たか》・芸州の浅野茂長《もちなが》・豊後岡の中川久昭《ひさあき》・長府《ちょうふ》の毛利元周《もとちか》・岡山新田《しんでん》の池田政詮《まさのり》・肥前島原《ひぜんしまばら》の松平忠《ただ》和《かず》、である。なお、島津久光は、そもそも将軍上洛にさえ反対していたほどで、この席には列していない（三月一四日から四日間だけ滞京）。

天前《てんぜん》に居並ぶ諸侯に対し、関白鷹司から勅旨が演達された（『孝明天皇紀』四）。

近来、醜夷、黠謀《かつぼう》を逞《たくま》しうし、しばしば皇国を覬覦《きゆ》し、実に容易ならざる形勢につき（中略）蛮夷拒絶の期限、仰せ出され候間、おのおの深長の叡慮を欣戴《きんたい》し、固有の忠勇を奮起し、速やかに掃攘《そうじょう》の功を建て、上は宸襟《しんきん》を安んじ、下は万民を救い、黠虜《かつりょ》をして永く覬覦の念を絶たしめ、神州を汚さず、国体を損ぜざる様との叡慮にあらさせられ候事

この儀式と文言を見る限り、天皇は文字どおり、蛮夷の速やかな掃攘を、言い換えれば即時打ち払いを、武家に命じているように見える。実は必ずしもそうではない。この点について、前参議の八条《はちじょう》隆祐《たかすけ》は、日記二月一八日条に、次のように記している（同前）。

蜂須賀斉裕《なりひろ》が醍醐《だいご》中納言忠順《ただおさ》邸で、

主上叡慮、皇国、広原赤地《こうげんせきち》に相成り候《そうらい》ても苦しからず、攘夷との御沙汰なれば致し方なく、さりながら後に防禦《ぼうぎょ》、術《すべ》なく、敗北の節は、地を割《さ》きて断らねばならぬ様、成り行くべく、御後悔遊ばさるべきや

と語ったそうだが、自分（八条）が考えるに、「広原赤地」にしてでも、ということは浪人の書き取りなどには見えるが、

右様の叡慮と申す事は、いまだ承《うけたまわ》らぬ事なり、叡慮の様に言い成《な》せし人あるべし。右四字は、

申さずとも相知れし事ながら、深宮《しんきゅう》にあらせられ、そこ迄の御気も附かせられざるも計《はか》り難く、申し上げたき事ながら、時勢とても叶《かな》い難く、さりながら大藩大名より、今度建白もあらば然《しか》るべきや

天皇のお考えで、日本全土を「広原赤地」、すなわち焦土《しょうど》にしてまで「攘夷」を強行しようというなら致し方ないが、しかし、敗戦となれば、領土を分割されるような事態まで生じて、後悔されるのではないか。実際、そのようなお考えであるとは、聞いたことがない。天皇のお考えであると言いなしている者があるのだろう。敗戦の際の措置まで、天皇はお気づきでない。諫言《かんげん》したいところなのだが、現在の時勢ではとてもできそうもない。大藩大名から、建白でもあれば、別かもしれない。

八条は、現状の事態を右のように観察していた。この後の推移に照らしてみれば、その観察は正しいだろう。この時点で朝議を主導しているのは、三条実美以下の攘夷強硬論者と、その背後にある長州・土佐系の武士たちであった。

将軍上洛と攘夷令

文久三年（一八六三）三月四日、征夷大将軍徳川家茂は、老中水野忠精・同板倉勝静らを従えて上洛した。将軍上洛は、寛永年間の三代家光以来絶えてなく、実に二三〇年ぶりであった。その目的は、攘夷の戦略を衆議のうえ、天皇に申し上げること、およびそれを通じて諸大名に対する統率権を将軍側に回収することであった。七日、参内した家茂に対し、次のような勅書が降された。

図16　加茂行幸図屛風

征夷将軍の儀、これまで通り御委任遊ばされ候うえは、いよいよ以って叡慮遵奉《えいりょじゅんぽう》、君臣の名分相正し、闔国《こうこく》一致、攘夷の成功を奏し、人心帰服の所置、これあるべく候。国事の儀については、事柄《ことがら》により、直ちに諸藩へ御沙汰あらせられ候間、かねて御沙汰成し置かれ候事

ここで、天皇・将軍とのあいだに「委任」の言葉が交わされた。その委任の内容は、先に攘夷督促勅書に対する一二月五日付け将軍奉答書で見たように、攘夷の「策略」、すなわち戦略である。ここで、そのことは「征夷将軍の儀、これまで通り御委任」と表現された。後段に「国事の儀」については、事柄により、直接に諸藩へ沙汰することがある、と明記されるように、諸大名への統率権は、完全には回収できなかったのである。安政五年（一八五八）、通商条約調印をめぐって表面化した公儀の分裂は、依然として続いている。このような事態になることを見越していた政事総裁職松平春嶽は、入京直後の家茂に対して将軍職辞職を勧める意見書を呈したのち、総裁職の辞表を届け

捨てで三月二一日に京都発、帰国する。

ついで三月一一日、孝明天皇は賀茂《かも》上下社《かみしもしや》に行幸《ぎようこう》した。関白鷹司以下、文武百官の廷臣はいうまでもなく、在京諸侯（二月一八日に参内した者）らが供奉《ぐぶ》し、天皇（統仁）の乗る鳳輦《ほうれん》の後ろには将軍家茂が騎馬で付き従った。この時点で統仁と家茂は、和宮を中において、義理の兄弟である。公武一和の実現と君臣の名分を正すことは、形のうえでは見事に演出され、沿道を埋めた一般民衆にまで広く印象づけられたのであった。

その状況のもと、四月二〇日に至り、将軍は攘夷期限を、改めて五月一〇日とすることを奏上、さらに翌二一日、(1)天皇から武家伝奏坊城俊克・同野宮定功を通じて、諸藩京都留守居へ、(2)将軍から老中水野忠精を通じて、諸大名京都留守居へ、それぞれ次のような命令が伝達された（『防長回天史』三下、『大日本維新史料稿本』同日条）。

(1) 外夷拒絶の期限、来る五月十日御決定相成り候間、ますます軍政相整え、醜夷掃攘《しゆういそうじよう》これ有るべく仰せ出され候事

(2) 攘夷の儀、五月十日拒絶に及ぶべき段、御達し相成り候間、銘々右の心得を以って、自国海岸防禦筋、いよいよ以って厳重相備え、襲来候節は掃攘致し候様、致さるべく候

これらの命令は、一般に外国船打ち払いを命じたもののように言われているが、内容的に見ると、それほど単純ではない。(1)天皇命令は、たしかに「醜夷掃攘」を命じているから、即時打ち払い

とも解釈できる。しかし、(2)将軍命令は、「五月十日拒絶に及ぶべき段、御達し」とあるように、実際には、通商条約破棄の交渉を、その日から開始するという意味であり、外国側が「襲来」した場合は応戦せよ、と命じていた。将軍側は、「策略」の委任を、このような形で具体化したのである。条約を交渉によって破棄することは、絶対に不可能というわけではない。

この攘夷令を踏まえ、外国艦を砲撃したのは、長州藩だけである。期限の五月一〇日夜、たまたま関門海峡対岸に停泊したアメリカ商船に、久坂玄瑞ら攘夷強硬論者は、軍艦庚申丸《こうしんまる》(洋式帆船)に乗り込んで接近し、無警告で砲撃を浴びせた。アメリカ船は蒸気機関をフル回転し、かろうじて逃走した。続いて二三日にフランス軍艦を、二五日にオランダ軍艦を相ついで砲撃し、追い払った。下関の砲台には、「奉勅攘夷」の四文字を大書したのぼりが翻《ひるがえ》った。そのいっぽう、ちょうど同じ時期の五月一二日、井上聞多《いのうえもんた》(馨《かおる》)・伊藤俊輔《いとうしゆんすけ》(博文《ひろぶみ》)ら、五人の若者が、密かにイギリス商船に搭乗して横浜を出港、ロンドンに向かっていた。ヨーロッパの技術・制度を学ぶためである。「攘夷して後、国開くべし」という方針に立つ限り、下関での外国艦砲撃と一対の構造を形作る政策であった。

八月一八日の政変

五月一〇日を期限とした攘夷発令を中心とする情勢の展開に対し、先鋭な危機感を募らせたのは、江戸に残留していた「条約派」有司層であった。

およそ外交の事たる、漫《みだ》りに外国の要求を承諾すべからず、それと同時に、承諾したる以上は必ずこれを実行して、彼を甘心《かんしん》せしめざるべからずとは、彼らの総師にあたる元外国奉行水野忠徳の持論だったが（福地源一郎『幕末政治家』）、その水野から見れば、無差別砲撃は言わずもがな、交渉による条約破棄さえ無謀の極みであった。

文久三年（一八六三）四月、攘夷発令前後に、彼らが直面したのは、攘夷実行の具体化とともに、イギリス代理公使ニールが強硬に要求していた生麦事件の賠償金支払い問題である。後者の問題解決のため、老中格小笠原長行《おがさわらながみち》（文久二年九月任）は京都から横浜に戻り、神奈川奉行浅野氏祐《あさのうじすけ》に命じて、攘夷期限前日の五月九日、賠償金支払いを実行した。その間、イギリスをはじめフランス・オランダ・アメリカ軍艦は、連合して圧力を及ぼし、交渉決裂の兆《きざ》しが現われたときには横浜の町が攻撃されそうになる場面まであった。攘夷論の高揚は、横浜でも一触即発の危機を生じさせていたのである。

その直後、二五日に小笠原・水野忠徳らは、イギリスからのチャーター船二隻を含む五隻の艦隊に、徳川家の直轄歩兵部隊を乗せ、大坂経由で京都をめざした。名目は、朝命に違反して賠償金支払いに応じたことの釈明である。いわゆる小笠原の率兵上京計画であり、真の謀主は水野という。彼らは、その兵力をもって、京都にある攘夷論勢力を一掃し、将軍家茂の身柄を奪還するとともに、形勢の逆転を図ったのであった。しかし、大坂港に上陸し、京街道を進んだ小笠原一行は、河内《かわち》国境を越えて山城国に入った地点の淀で、京都からの使者に合って足止めを食い、さらに自重を求める将軍親書を受けて、計画を断念した（奈良勝司『明治維新と世界認識体系』）。なお、家茂は、彼らが用いた軍艦を利用して、六月に江戸に戻る。

小笠原や水野らの行動に典型的に見られるように、破約攘夷が、外国側との全面戦争を招きかねないという危機感は、「条約派」に限られたことではない。大多数の大名家も同様であった。現に六月五日、下関がフランス艦隊から本格的な報復攻撃を受けた際も、対岸の小倉を領する譜代の小笠原家は、「従来、幕府の命令を以って進退仕り来《きた》り候家格」を理由に攘夷勅命を無視し、事態を静観した（『孝明天皇紀』四）。

全面開戦の危険をはらむ攘夷戦争こそが、事態打開の糸口であり、それを経《へ》てこそ、国内体制改革も展望が開ける、とする長州破約攘夷論は、「条約派」が少数派であると同様に、その対極にあって少数派である。その方針に、最大の危機感を覚えたのは、ほかならぬ孝明天皇であった。

天皇自身は、もともと「無謀の攘夷」に反対である。欧米諸国を敵に回し、全面開戦となれば敗戦の公算が大きい。そうなっては皇祖《こうそ》皇宗《こうそう》に申し訳が立たない。その内心の動揺を見透かしたかのように、朝廷内外の攘夷強硬論者は、大和親征行幸《やまとしんせいぎょうこう》を計画した。大和国の神武《じんむ》天皇陵に天皇が行幸し、攘夷成功を祈願するとともに、神前で攘夷親征のため軍議を開く、というのである。事態は天皇の思惑《おもわく》を超えて進展し、八月一三日にはその詔《みことのり》が出された。

ここに至って天皇は、決断の淵に立たされた。親征行幸を行なうからには、全面開戦を覚悟しなければならない。幕府が強調してきたように、勝算は立たない。開戦の危険を避けるため、天皇は、議奏として朝議誘導の中心にある三条実美を、その地位から追うことを考えた。

それは基本的に朝廷内部の人事異動である。しかし、その時点の状況として、長州・土佐をはじめ、浪士集団などの武力を背景にした三条らを排除するためには、兵力を以って対抗しなければならない。薩摩藩側が守護職会津藩・所司代淀藩（譜代稲葉家）と連携し、兵力による後援を、側近中川宮《なかがわのみや》（のち朝彦《あさひこ》親王）を通じて天皇に提示したのは、ちょうどその頃であった。

八月一八日未明、会津・淀・薩摩の諸藩兵が、禁裏（内構《ないこう》）六門を封鎖するなかで、中川宮・前関白近衛忠熙・右大臣二条斉敬《にじようなりゆき》・内大臣徳大寺公純《とくだいじきんいと》・大納言近衛忠房ら特に許可された少数の公卿が参内、武家では守護職松平容保・所司代稲葉正邦《いなばまさくに》が参内した。さらに、在京諸侯の参内が命じられ、議奏・武家伝奏を含む「暴論」公卿の参内禁止、三条実美らの他行《たこう》禁止・他人面会禁止が決定された。ついで、諸侯が参内し、その兵力が内裏（外構《がいこう》）九門を固めるうちに、長州藩の堺町門（九門の一つで南正面）警備が免ぜられ、兵力を本国へ引き上げるべきことが命ぜられた。長州寄りの関白鷹司は、審議に加えられていない。

この時点で長州は、家老益田右衛門介《ますだうえもんのすけ》（弾正改め）率いる二六〇〇人の兵力を在京させていた。一つの藩としては最大で、二位の会津藩二〇〇〇人を大きく引き離している。薩摩藩は、薩英戦争《さつえいせんそう》（七月）に備え、兵力を鹿児島に引き戻していたため、大兵力を在京させる余裕はない。天皇以下が警戒したのは、審議の際に、「暴論」公卿が警護の武士を付けて強行参内するような事態であり、それを防ぐために、門を厳重封鎖する必要があったのである。

図17　七卿落ち図

長州勢はいったん鷹司邸に集結したが、抵抗をあきらめ、洛東の妙法院に移った後、翌一九日、本国めざして落ち延びていった。この時に、三条実美・三条西季知・東久世《ひがしくぜ》通禧《みちとみ》・澤宣嘉ら七人の公卿も京都を脱走して同行した。いわゆる七卿落ち《しちきょうお》である。これを受けて、三条は議奏を罷免され（二四日付け）、同時に七人とも官位を停止《ちょうじ》された。

これが、八月一八日政変の顚末《てんまつ》であり、長州系の攘夷論勢力は、その影響力を一気に後退させたのであった。

三　日本国政府の創出と公議

1　国事審議と対外方針の推移

政変前後の社会状況

文久《ぶんきゅう》三年（一八六三）八月一八日政変の前後は、破約攘夷論《はやくじょういろん》の高揚を受けて、草莽《そうもう》・浪士による政治活動が最高潮に達していた時でもある。彼らの活動は、具体的な展望や政治構想を持たず、情念の世界において「王政復古《おうせいふっこ》」を漠然と夢想していた点に特徴があった。

その典型的な例が、土佐《とさ》浪士吉村寅太郎《よしむらとらたろう》らによる、いわゆる天誅組《てんちゅうぐみ》の挙兵である。彼らは、吉村のほか、備前《びぜん》の藤本鉄石《ふじもとてっせき》・三河《みかわ》の松本圭堂《まつもとけいどう》ら国学系の思想家をリーダーとする諸国浪士集団で、人数は五〇名程度だが、元侍従中山忠光《なかやまただみつ》（忠能《ただやす》の七男）を盟主に仰ぎ、河内《かわち》富田林《とんだばやし》の豪農水郡善之祐《にごりぜんのすけ》率いる一党の参加も得て、八月一七日、大和五條《やまとごじょう》の幕府代官所を攻略、代官所管轄の南大和一帯に天朝直支配《じきしはい》を宣言した。筑前《ちくぜん》の平野次郎《ひらのじろう》（国臣）も参加している。彼らが脳裡に描いたのは、五百年前の後醍醐《ごだいご》天皇による建武《けんむ》の新政《しんせい》であり、それに先立つ鎌倉幕府打倒の時のように、義兵を挙げれば、各地の諸

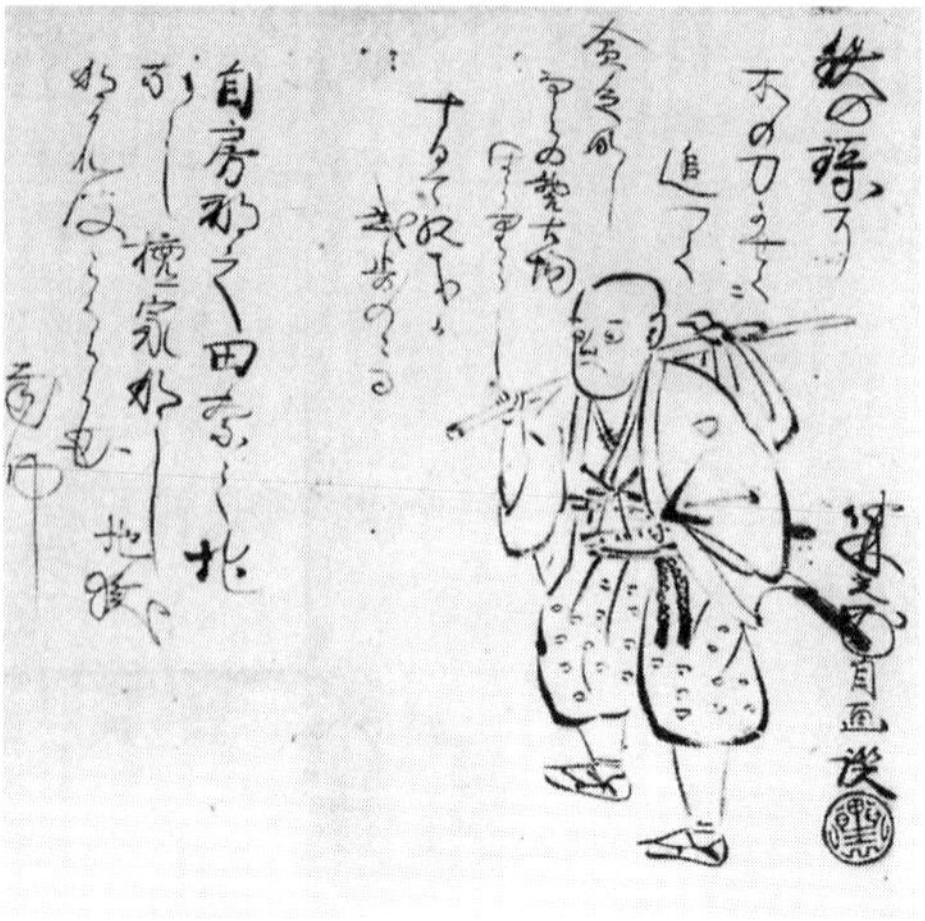

図18　伴林光平自画像

侯が、これに応じて挙兵するであろうという目算があった。その心象風景は、河内《かわち》の僧侶出身で国学者に転向し、この一挙に参加していた伴林光平《ともばやしみつひら》が書き残した『南山踏雲録《なんざんとううんろく》』に、よく示されている。のちに捕縛された光平は、翌年に処刑されるが、獄中で一挙の経過を、多くの和歌を混えながら詳しく書き留めたのであった。

　天誅組が掲げた名分は、天皇の大和行幸《やまとぎょうこう》を目前に控え、その先駆けを勤めるというところにあった。しかし、政変により、バックアップするはずの長州・土佐系の攘夷論勢力が後退したことで彼らの立場は宙に浮いた。

　　畝傍《うねび》山、その出《い》でましを玉襷《たまだすき》、かけて待ちしは夢か、あらぬか

　歌人としても著名だった伴林の述懐である。天誅組は、結局のところ、五條を立ち退き、その南に広がる十津川郷《とつがわごう》に立て籠もることにした。紀伊半島中央部の険しい山間地帯に位置する十津川郷は、南北朝内乱の当時、南朝方に味方したとの伝承を持ち、「五百年勤王」の由緒を誇る土地柄である。十津川郷士たちは、その由緒を負って、京都市中に屯所を構え、政治活動に奔走していた。天誅組は、彼らの支援を頼り、郷士らも当初は天誅組の主張を信じて農兵を糾合《きゅうごう》し、京都守護職の命で追討に押

し寄せた紀伊徳川《きいとくがわ》・津《つ》の藤堂《とうどう》・彦根《ひこね》の井伊《いい》・大和高取《やまとたかとり》の植村《うえむら》など、諸藩の軍勢を迎え撃って、十津川郷の入り口付近で激しい戦闘を交えた。しかし、京都情勢の変化を知った十津川郷士はやがて離反を通告し、天誅組の立ち退きを要求した。ここに至って、首領中山忠光は解散を宣言した。

九月二四日、忠光を擁する天誅組本隊は、東熊野街道を北上して吉野山系からの脱出を図り、鷲家口《わしかぐち》（現在の東吉野村小川《ひがしよしのむらおがわ》）に至った。そこには、すでに彦根勢が陣を敷いて待ち受ける。忠光以下は、決死隊を先頭に強行突破をめざしたが、吉村はじめ大部分が討ち死にし、忠光と、その護衛数人だけが包囲を逃れ、やがて大坂の長州邸に逃げ込んだ。忠光は、長州に護送されたが、翌年、長府《ちょうふ》（毛利《もうり》分家）家臣の手で暗殺される。厄介者扱いされたのであろう。

この天誅組に続き、一〇月一二日、但馬国生野《たじまのくにいくの》でも同様な草莽・浪士の挙兵が起きるが、数日で鎮圧された。これらの事件と、その結末は、安政《あんせい》年間以来、文久二、三年に盛り上がりを見せた、「天誅」と称するテロをはじめ、草莽・浪士による民間の政治活動が、現実の展望を切り開けずに終焉《しゅうえん》を迎えたことを意味していた。これ以降の政治体制変革に関わる政治活動は、もっぱら大名家（藩）を単位とする組織だった勢力によって担われるようになる。八月一八日政変は、社会状況の面では、そのようなあり方を確定させる意義を持った。

孝明天皇と久光

政変直後の八月二六日、孝明《こうめい》天皇は、召しに応じて参内した松平容保《まつだいらかたもり》・稲葉正《いなばまさ》邦《くに》・池田慶徳《いけだよしのり》・上杉斉憲《うえすぎなりのり》ら在京諸侯一二名に対し、これまでは彼是真偽不分明《かれこれしんぎふぶんめい》の儀、これ有り候《そうら》えども、去る十八日以後、申し出候儀は、真実の朕（私）存意《ぞんい》に候間、この辺、諸藩一同、心得違いこれ無き様の事

との勅語を達した（『孝明天皇紀』四）。一八日以前は、「勅」と言っても、自分の本心から出たものばかりとは限らなかったが、今後は、そのようなことはない、という宣言である。裏返せば、一八日以前は「勅」さえも、三条実美《さんじようさねとみ》らに操られていた側面が強かったのである。

二七日には、以前から天皇側近だった中川宮尊融《なかがわのみやそんゆう》親王（元青蓮院宮《しようれんいんのみや》）が元服《げんぷく》、「朝彦《あさひこ》」の名を賜り、公式に国事御用掛の一員として天皇の補佐にあたるようになった（弾正尹《だんじようのいん》に任官、「尹宮《いんのみや》」と呼ばれる）。五摂家《ごせつけ》・七清華《しちせいが》（筆頭が三条家）が、次第にその地位を後退させ、天皇の近親（皇族）が朝廷内部で制度的に権力を持つようになる画期である。翌年正月には、元勧修寺《かじゆうじ》門主斎範《さいはん》（法親王）が還俗《げんぞく》・親王復帰を許され、山階宮晃《やましなのみやあきら》親王として新宮家を立て、朝彦親王と並ぶ存在となる（常陸太守《ひたちたいしゆ》に任官、「常陸宮《ひたちのみや》」）。天皇は一部公卿の「暴烈」ぶりに、よほど懲りたようだった。

いっぽう、天皇は華夷《かい》秩序の維持と、その具体策としての攘夷を放棄したわけではなかった。天皇は、外夷と全面開戦になる危険を避けようとしただけである。この意を受けた、江戸の後見職一橋慶喜は、代替策《だいたいさく》として横浜鎖港を提案し、幕府内部では承認を得た。つまり、通商条約の全面的な破棄は、戦闘はもとより、交渉を通じてでも不可能なので、条約の部分改定に留め、最大の貿易港横浜を閉鎖し、居留外国商人もすべて退去させる、というのである。それを朝廷に納得させるには、幕府か

らの上申だけでは不可能であった。朝廷と西日本の諸藩とは、すでに緊密な関係が築かれており、それは将軍の地位にも関わる国政改革の要素を含んでいたのだから、幕府にしても、それら諸藩側との協議を経て、横浜鎖港を国策として確定しなければならない。これを踏まえて、この文久三年（一八六三）九月ころから、そのような国策決定のための協議を意味する「公議」（「衆議」「公論」ともいう）の言葉が、政治社会のなかで定着するようになる。

慶喜は、その公議結集のため、有力諸侯である島津《しまづ》久光《ひさみつ》・松平春嶽《まつだいらしゅんがく》・山内容堂《やまうちようどう》・宇和島《うわじま》の伊達《だて》宗城《むねなり》らに、上京しての国策審議を要請した。かねてから再上京の機会を窺っていた久光は、一七〇〇人に及ぶ大兵を率いて一〇月三日着京、二本松邸に入った。一一月末までには春嶽・宗城・慶喜も入京、最後まで渋っていた容堂も、盟友春嶽からの再三の督促に応じて一二月二八日、ようやく入京した。

この時、天皇が最も厚い信頼を寄せたのは久光であった。一一月一五日、久光は近衛《このえ》邸で、前関白忠熙《ただひろ》から天皇直筆の書簡を渡された。現在の政治課題を二一ヵ条にわたって掲げ、忌憚《きたん》なく意見を述べるよう求めたもので、きわめて異例のことである。まして、久光は無位無官の「島津三郎」（名乗るべき官職名がない）であった。二一ヵ条のうち、とくに重要と見られる第二、第三、第八条を挙げておこう（『孝明天皇紀』四）。

　第二条「攘夷の一件」

右は今更いうまでもなく、神州を汚さず、皇国の輝照《きしょう》を永久に保つため、従来から数度にわたって申し出ていたことであるが、武備が充実していない現状では「無理の戦争に相成り、真実、皇国のためとも存ぜられず」、当春以来の方法では「無法の処置」と思ったのだが、朝廷内では「多勢に無勢」、そのうえ私のような愚昧《ぐまい》の口下手では、とても申し伏せる力がなく、成り行きに従う結果になったのは「一身の不行き届き」、今後は何とぞ真実の策略にて皇国永代に穢《けが》れなく、安心できるような攘夷を迅速に実現させたいと思うので意見を聞かせてほしい。

第三条

一、関東へ委任、王政復古《おうせいふっこ》の両説があるが、「これも暴論の輩、復古深く申し張り」、種々の計略をめぐらしていたが、私においてはそれを好まず、初発より不承知を申していた、過日決心を申し出た通り、何れにも将軍へ委任の所存である、この儀は先だって将軍へも直接に申し遣わし、後見職一橋へも話したことで、今更替わりはしない、「いずこまでも公武、手を引き、和熟の治国」にしたい、右の点を深く心得てもらいたい。

第八条

一、八月十八日以来は、「すべて朕《ちん》、座前の評決に相成り」、深く安心した。このようになれば「中途の計策」も無くなると思うが、自分のいない席での評議では、以前の状態に逆戻りさせようとする動きがあるかもしれない。この点は朝彦親王にも注意を促してあるが、良い考えがあれば聞かせてもらいたい。

第二条によれば、天皇が外夷との全面開戦を嫌っていたことがよくわかる。戦争をせずに、攘夷を実現せよ、というのである。

第三条と第八条は相互に関連するが、三条実美はじめ「暴論」公卿は、破約攘夷だけでなく、「王政復古」をも画策していたこと、天皇は初発からそれに反対で、「何れにも大樹《たいじゅ》（将軍）へ委任の所存」だったことが明らかである。ただし、ここでいう「王政復古」に、具体的な構想の裏づけはない。それは、先に天誅組挙兵に関して触れたとおりである。

久光は、このように率直な天皇の書簡に感激しながら、次のような要旨の答書を呈した。攘夷については将軍上洛を迎えてから、諸侯とともに議論したい、個人的には「急速の攘夷」に反対であり、当面は武備充実に努めるほかない。また、「大政」は将軍に委任するのが至当であり、にわかな「王政復古」は難しい（『玉里島津家史料』二）。

おおむね、天皇の意見に沿った回答振りで、その限りで穏当な見解であっただろう。

参予会議と横浜鎖港問題

しかし、久光の回答は、必ずしも彼の本音ではない。久光は一〇月一七日、腹心の家老小《こ》松《まつ》帯刀《たてわき》を、近江国大津まで来ていた春嶽のもとに派遣し、次のような見解を述べさせていた（『続再夢紀事』二）。

朝廷においては、過般（八月十八日）の一変動後、何とか今後の御政体を定めらるべしとの御事なれど、いまだ王政に復せらるべしとも、征夷府へ委任せらるべしとも御一定の御詮議には至らざるよし、されば今般御召還ありし一橋公（後見職慶喜）をはじめ、賢明諸侯方、御会同の上は、まず第一に、この事を御相談あらせらるるなるべし、かくてこの事、御相談の上、旧の如く征夷府へ御委任に決せらるるも、なおこの上、大樹公（将軍）にも御上洛あらせられずては、公武御合体に至り難かるべければ、関東において是非とも御覚悟なかるべからず、また大樹公御上洛ありて公武御合体に至るも、幕府の政権を、依然小身の閣老に委ねられては、天下の人心もはや、その制に服せざるべければ、更に大身の諸侯に政権を執《と》らせらるるの制度を創定せられざるべからず、また朝廷にても、威権は摂家方及び伝議両奏にのみ帰し居《お》る事なるが、是も皇族方に帰する事を希望す。

ここでの要点は、次の三点である。

① 諸侯会同の第一の議題は、王政復古か、幕府への委任か、である。

② 旧来の如く委任となっても、将軍上洛は必須であり、また大身諸侯が政権に参画する制度を立てるべき、である。

③ 朝廷内部でも、摂家・伝奏・議奏が威権を独占する現状を改め、皇族にこれを集中させるべきである。

久光が、幕府・朝廷の大幅な制度改革を通して、外様国持大名が国政に参加する体制を作ろうとしていたことがうかがえる。これらの課題と構想は、春嶽はじめ、この時点で京都に参集する諸侯たちに共通するものであった。

図19　二条城古写真

一二月三〇日、慶喜《よしのぶ》・容保・春嶽・容堂・宗城の五人が、以上のような国事を審議するため、朝廷から「朝議参予」に任ぜられた。慶喜は一橋家（三卿）当主で将軍後見職、容保は会津松平家《あいづまつだいら》（家門）当主で京都守護職、あとの三人は、越前松平家《えちぜんまつだいら》（家門）・土佐《とさ》山内家《やまうち》（外様）・宇和島伊達《うわじまだて》家（外様）の、それぞれ隠居である。彼らは安政年間以来、旧一橋党メンバー（容保を除く）であり、国事に関与するにふさわしい家格の高さ（四位中将・少将）と、活動の実績を持っていた。久光は、斉彬《なりあきら》の後継者として、彼らと並ぶ地位にあり、翌年正月一三日、従四位下《じゅしいのげ》左近衛権《さこのえごんの》少将《しょうしょう》に叙任のうえ、「大隅守《おおすみのかみ》」の官途名《かんどめい》を許され、同じく参予に任ぜられた。久光は御礼言上のため一七日、初めて参内し、天皇と対面する。無位無官のままでは、参内は不可能である。

ここで重要なのは、諸侯六人への朝議参予任命によって、公家（関白・親王・左右大臣・内大臣）・武家（将軍後見職・老中・参予諸侯）の合同で国事審議を行なう制度が設けられたことである（いわゆる参予会議）。その制度は、まもなく解体するので、直線的に進展するわけではないが、わかりやすく言い切ってしまえば、のち慶応《けいおう》三年一二月（一八六八年一月）に創出される日本国政府の原初的な形態が発生した、といえる。

しかし、彼らの審議は紛糾《ふんきゅう》した。焦点は、慶喜の主張する横浜鎖港である。横浜鎖港は、「破約攘夷」の代替《だいたい》措置であり、攘夷の一形態だが、それを実現できるかどうかは、「王政復古」と「大政委任」の二者択一と連動する。つまり、実現できないようなら、幕府への大政委任は解除され、「王政復古」が具体化されるだろう。この点を踏まえ、幕府の代理者である慶喜は、鎖港方針を断固として主張した。久光・春嶽・宗城は、それも不可能という見解である。容堂は、議論も無益とばかり、すべての審議を欠席した。

久光ら四侯側の真の狙いは、むしろ国事審議の制度を充実化させることにあった。横浜鎖港は、文久二年（一八六二）以来の現行条約の解釈と運用に関わる問題だが、彼ら諸侯の立場からすれば、その問題は八月一八日政変で、すでに現行条約承認として決着がついたものと判断している。

これらの理解を補足するため、徳川家旗本、大久保《おおくぼ》忠寛《ただひろ》の見解を紹介しておこう。大久保は、安政五年（一八五八）六月当時は禁裏附《きんりづき》、翌年に京都町奉行、さらに外国奉行、大目付を経て文久二年七月、春嶽らの政局復帰と同時に側用取次《そばようとりつぎ》として将軍側近にあったが、一一月、講武所奉行に左遷のうえ罷免・差し控え処分を受け、隠居していた。岩瀬《いわせ》忠震《ただなり》亡き後（文久元年病死）、旗本では春嶽・容堂らと最も近い関係にある人物である。その大久保は、文久三年一〇月一五日付け春嶽宛て書簡で、次のように述べる（『続再夢紀事』二）。

春嶽が上京しても、開港鎖港などの議論は措《お》いて、さしあたり「あまねく衆議、御集めの工夫」が第一であり、私の考えでは、将軍が再上洛し、一橋はじめ、列藩は素より、四民（士農工商）とも「公議所へ御集め、成るべくは堂上方（公卿）迄も出座」、天皇の意思を頂点として、永世の基本を立てることが最良の策である、「公議所御会頭」、すなわち議長には一橋、上席議員には尊公（春嶽）・容保・容堂・宗城・久光ら七人くらいが適当である、「今より新たに万世不易《ばんせいふえき》の公論、御採用のほか」、よい方策はないと思う。

大久保は、この時点で「開鎖」の議論などすでに無用であり、国事審議の体制を作ることが先決問題だとしていた。すなわち、諸侯だけでなく、「四民」（士農工商）を含め、衆議を結集する機関として「公議所」を構想するのである。また、一一月五日付けの春嶽宛て書簡では、現在の諸侯の様子を見ても、なお攘夷論を唱えているのは、「実は四、五侯のみ」で、それも藩内一致している例は「一侯も、これ有る間敷《まじ》く」と言う（同前）。現行条約承認は、武家のあいだではすでに大勢なのである。

将軍上洛と幕府への委任

横浜鎖港、すなわち条約の部分改定は、現実にも無理である。しかし、幕府は、そう見ていない。かつて、久世・安藤政権当時の文久二年（一八六二）、外国奉行竹内《たけうち》保徳《やすのり》を団長とする使節団をヨーロッパへ派遣し、通商条約に定める江戸・大坂の開《かい》市《し》、兵庫・新潟の開港期日（一八六〇〜六三年に順次実施）を、一律に一八六八年一月一日（慶応三年一二月七日）まで延期させる交渉に成功し、ロンドン覚書はじめ各国との覚書を調印した実績もあった。

こうして鎖港交渉使節の派遣が決定、文久三年一二月二九日、外国奉行池田長発《いけだながおき》を団長とする使節団が横浜を出港した。池田をはじめ田辺太一《たなべたいち》など使節団メンバーは、自分たちが、幕府への「大政委任」をつなぎとめるため、時間稼ぎの生《い》け贄《にえ》であることを十分に承知していた。しかし、彼らは最初の訪問国フランス政府から、交渉自体に応じられないことを通告され、まもなく交渉を断念し、翌年七月二二日帰国することになる。

明けて文久四年（二月二〇日、元治と改元。一八六四）正月八日、将軍座乗の軍艦は大坂に着港、家茂《いえもち》は一五日入京した。前年三月に続く二度目の上洛である。これを迎えた朝廷の態度は、はなはだ好意的なものであった。

二一日、参内した家茂は右大臣に昇任（内大臣から）、二九日には従一位に昇叙《しょうじょ》される（正二位から）。二一日には宸翰《しんかん》（天皇の直筆書簡）も家茂に降されたが、それには、私はそなたをわが子のように思っている、そなたも私を父のように思って接して欲しいと、親愛に満ちた言葉が綴られたうえ、「無謀の征夷」は実に私が好むところではない、適切な策略を議して奏上せよ、とあった。

さらに、二七日には重ねて宸翰が降されたが、この時、家茂は在京諸侯四二人を率いて参内、天皇の座前で、全員にその書面が開示されるという異例の行事が行なわれた。宸翰は、まず三条実美の行動を、自分を蔑《ないがし》ろにしたものと非難し、また長州の行動について、

長門宰相（毛利慶親）の暴臣の如き、その主を愚弄《ぐろう》し、故無きに夷船を砲撃し、幕吏を暗殺し、私に実美等を

本国に誘引《ゆういん》す、かくの如き狂暴の輩、必ず罰せずんば有るべからず

と、毛利慶親の家臣は、理由もなく夷船を砲撃し、七卿を連れ去ったなどとし、彼らを必ず処罰すると口を極めて罵倒《ばとう》していた（『孝明天皇紀』五）。桂小五郎《かつらこごろう》や久坂玄瑞《くさかげんずい》が見たら、さぞ歎いたであろう。三条を含め、長州系の破約攘夷論を、孝明天皇は明確に否定したのである。

ただし、これらの文面や行事は、実は久光以下の薩摩側が影で演出したものであった。とくに二一日と二七日の宸翰については、『玉里島津家史料』中に両通とも、事実上まったく同文の草案が、現在まで残されているので、薩摩による政治工作の形跡は歴然としている（佐々木克『幕末政治と薩摩藩』）。久光と慶喜のあいだにあって揺れ動き、宸翰の文言まで言いなりになった天皇と朝彦親王にしても、いささか無定見の観がある。

このような裏の事情を、後見職慶喜は敏感に見抜き、二月半ばまでには真相を探り出した。慶喜は、久光と朝彦親王に対する不信感を募らせ、それが参予会議解体の大きな要因となった。二月一六日、朝彦親王邸で慶喜・久光・春嶽・宗城が会談した際、慶喜は酔余《すいよ》の放言とはいえ、朝彦親王ら四人を面罵《めんば》したという。慶喜は、彼らの画策を封じるためにも、横浜鎖港を請合って見せねばならなかった。

最終的に二月一九日、将軍家茂は、

いよいよ鎖港仕り候見込みにて、已《すで》に外国へ使節差し立て候儀に御座候間、是非とも成功仕り候心得に御座候、無謀の攘夷、仕る間敷《まじ》くとの趣き、畏《かしこ》み奉り候

との自筆奉答書（「家茂」署名）を呈し、横浜鎖港を成功させるつもりであることを答えた。形式的とはいえ、久光・春嶽・宗城も、これに連署した。天皇の横浜鎖港にかける意志が固い以上、やむをえないと見たものであろう。参予会議は事実上、解体したのである。参予諸侯は、三月三日以降、辞表を呈し、それぞれ帰国の途についた。

三月二三日、慶喜は将軍後見職を辞して、新設の禁裏守衛総督兼摂海防禦指揮に任ぜられた（以下、総督と略記）。将軍の帰府に備え、京坂方面の軍事指揮権を、将軍から分与されたものである。四月七日、松平容保が京都守護職に復帰（容保は二月から軍事総裁に転じ、春嶽が守護職）、一一日には桑名城主松平定敬《まつだいらさだあき》（家門）が、稲葉正邦に代わって所司代に任ぜられた。容保・定敬は、美濃《みの》高須《たかす》城主（尾張の分家）松平義建《まつだいらよしたつ》の子に生まれた実の兄弟で、会津《あいづ》・桑名《くわな》を継いだ身である。義建の実父義和は水戸徳川家の出身だから、慶喜・容保・定敬は、水戸血筋でつながったトリオであった。彼らは朝廷との緊密な関係の下で、京坂方面での軍事指揮の実権を握った。すなわち、参予会議がめざした公武合同による国事審議のあり方を継承しながら、その基幹部分を、総督慶喜・守護職容保・所司代定敬が奪取する体制が形作られる。それは幕府の京都支局であり、朝廷内部の武家部門でもあるという二重の側面を持つ。

これらの措置を経て、四月二〇日、老中水野《みずの》忠精《ただきよ》らに対し、次のような勅書が交付された（『孝明天皇紀』五）。

この度、大樹上洛、列藩より国是《こくぜ》の建議もこれ有り候間、別段の聖慮を以って、先だって（文久三年三月）幕府へ一切御委任遊ばされ候事ゆえ、以来、政令一途に出《い》で、人心、疑惑を生ぜず候様、遊ばされたく思し召し候

ここでいう「幕府」は、「征夷府」（先に引用した『続再夢紀事』一〇月一七日条、小松帯刀の言）などと同様に、将軍の政府という組織体を指している。この勅書による限り、天皇の主観としては、「幕府へ一切御委任」のつもりで、それは文久三年三月の上洛の時、将軍に直接、申し渡した、そのことをここで再確認する、と言っているのである。裏返せば、「王政復古」はしない、という意味でもある。なお、付属の別紙には、「横浜の儀は是非とも鎖港の成功、奏上これ有るべき事」と見える。幕府は、横浜鎖港と引き換えに、天皇から「一切御委任」を取りつけたのであった。この勅書を携え、将軍家茂は、五月七日京都発、大坂経由で海路、江戸に戻った。帰着したのは二〇日である。

筑波山挙兵と禁門の変

しかし、横浜鎖港方針の決定は、江戸の老中はじめ幕府中枢部にも、強い反発を呼び起こしていた。これまで見てきたように、鎖港は、慶喜の主導で推進されてきた政策方針だが、その中心的な協調者は、帰府してきた政事総裁職松平直克《まつだいらなおかつ》（家門で川越《かわごえ》城主。文久三年一一月任）である。しかし、老中の板倉勝静《いたくらかつきよ》・酒井忠績《さかいただしげ》、若年寄の諏訪忠誠《すわただまさ》・大給乗謨《おぎゅうのりたか》らは、むしろ、これに反対であった。両者の対立は、元治元年（一八六四）三月二七日、常陸《ひたち》国の筑波山で、水戸藩の過激論者数千人が、鎖港実現を掲げて挙兵した事件（天狗党の筑波山挙兵）をきっかけに、江

図20　慶喜禁裏守衛の図

戸で一気に激化する。筑波挙兵勢の最終目的は、横浜居留地防衛のため駐屯している英仏軍を一掃することであった。これへの対処が、幕府にとって緊急課題となった。

板倉ら老中は五月末以降、挙兵勢を断乎鎮圧する方針をとった。「無謀の攘夷」は避けるという以上、当然である。しかし、総裁職の松平直克から見れば、挙兵勢は鎖港方針の支持基盤でもあった。このため、直克は六月三日、将軍家茂に直訴し、板倉以下の罷免を求め、六月一七日、一八日には、彼らの罷免が実現した。しかし、二〇日に開かれた評議の席上、将軍家茂は最終的に筑波勢の鎮圧を決定し、直克も総裁職辞任に追い込まれた。総督慶喜は京都にあって、紛争には表向き関与せず、処分の対象にもならなかったが、慶喜・直克らと、老中ら徳川家譜代との、筑波山挙兵をきっかけに表面化した対立は、両者共倒れの結果を招いた。この共倒れ状況は、先に文久三年六月、小笠原率兵上京計画の挫折以来、いったん逼塞《ひっそく》していた「条約派」有司層が、幕府内部で復活する端緒を開くのである（奈良勝司『明治維新と世界認識体系』）。

なお、筑波挙兵勢は、関東各地を転戦した後、美濃を経て一二月一一日、越前国敦賀《つるが》郡新保《しんぼ》に至り、一七日に幕府側に投降して終焉を迎える。

関東の情勢が、このような混乱状態にある六月、ヨーロッパでの鎖港交渉は、すでに打ち切られ、池田使節団は帰国の途上にあった。その情報が、正確に日本に届いていたかどうかは確証を得られないが、前年一〇月以来、長州の井上聞多《いのうえもんた》（馨《かおる》）・伊藤俊輔《いとうしゅんすけ》（博文《ひろぶみ》）らはロンドンにあり、交渉不調のなりゆきは、何らかのルートで長州側にも伝わっていたと見て不思議ではない。

それに京都では六月五日、三条小橋（高瀬川）西詰めの旅宿池田屋で会合していた長州系の浪士らと、取り締まりのため踏み込んだ京都守護職配下の新選組とが乱闘になり、双方合わせて死傷者三十数名に及ぶという事件が起きた（池田屋事件）。

もともと長州本国では、この元治元年正月頃から、兵力を上京させ、前年の政変の首謀者会津の松平容保を討って勢力を挽回しようという進発論が、激派のあいだで唱えられていた。二月以来の参予会議の混迷と解体、三月の筑波山挙兵と幕府内部の混乱、池田使節の交渉不調、池田屋事件などをきっかけに進発論は次第に勢いを増し、ついに六月下旬、家老福原越後・国司信濃率《ひき》いる兵力が出発した。久坂玄瑞も一手の将として、また久留米の真木和泉《まきいずみ》らも浪士部隊を率いて、これに加わっている。なお、高杉晋作《たかすぎしんさく》は進発論に大反対し、萩の実家で謹慎中である。

長州としては、状況の変化を踏まえ、みずからに同情的な鳥取・岡山・福岡の各藩や、朝廷内部の同調勢力による支持を期待したもので、成算がなかったわけではない。七月初め、毛利定広の率兵上京が決定、家老益田右衛門介《ますだうえもんのすけ》が先鋒として山口を発した。総勢一五〇〇人に上る長州勢は、嵯峨・山崎・伏見の京都郊外三方面に展開し、「天朝へ歎願」を名目に、入京許可を乞うたが、朝廷は一八日、不許可を通達した。七月一八日深夜、長州勢は「会津討伐」を掲げて、三方面から市内に向け、一斉に進軍を開始した。迎え討つは、諸藩兵を指揮する禁裏守衛総督一橋慶喜である。

結局、まとまって内裏外縁にまで到達できたのは、嵯峨の天竜寺から東進した国司信濃の部隊と、山崎から北上した久坂玄瑞の部隊であった。内裏西側中央辺の蛤門《はまぐりもん》、南側中央の堺町門付近で、会津兵とのあいだに一九日朝から激闘が続いたが、やがて応援の薩摩兵に側面を衝かれ、長州兵は総崩れとなった。敗北を悟った久坂玄瑞は、燃え上がる鷹司邸の庭で、寺島忠三郎《てらじまちゆうざぶろう》と刺し違えて死んだ。山崎に逃れた真木和泉らも、天王山上で追討勢を見下ろしつつ自刃《じじん》した。

上京途中、敗報を讃岐多度津《さぬきたどつ》で聞いた毛利定広《もうりさだひろ》は、軍を返した。京都邸留守居だった桂小五郎は、京都を脱出、商人に身をやつして但馬国出石《たじまいずし》に潜伏した。この戦いの時、戦場となった鷹司邸、自焼した長州の二条河原町邸など、各所で発生した火災は、北東からの強風にあおられて燃え広がり、内裏南辺から七条（現在の京都駅北側）付近まで、京都市街地の西南半を焼き尽くした。現代でも京都市民のあいだには、「どんどん焼け」の言葉が伝えられ、その完全復興には一〇年以上を要したと思われる。以上が、いわゆる禁門《きんもん》の変《へん》の経過であった。

禁門の変の結末は、かつて長州がリードした破約攘夷論が、すでに朝廷・幕府・諸藩など大多数の賛同を得られなくなったことを意味した。いまや外交の基本方針は、あくまでも横浜鎖港にある。しかし、外国側から見れば、貿易の中心をなす横浜の閉鎖は断じて受け入れられない条約違反であった。

それを日本側に撤回させるため、イギリス公使オールコックをはじめとする外国側は、もともと攘夷論の震源地であり、「東洋のスエズ運河」関門海峡を封鎖している長州藩に、徹底的な報復措置を加えることを決意していた。

下関戦争と長州征伐

七月半ば、英仏蘭米四ヵ国連合艦隊は、集結地の横浜を出撃、下関をめざした。周防《すおう》国上関《かみのせき》で、この情報を得た毛利定広は二三日、

この度、京師《けいし》の変動ならびに馬関へ夷賊襲来の報知これ有り、内憂外患一時に相迫り、国家御一大事の秋《とき》

と、禁門の変の結果と夷賊襲来の予報を踏まえ、藩内に厳戒態勢を令した（『防長回天史』四下）。六月中旬、ロンドンから横浜に帰着し、オールコックとも会見して帰国した井上聞多（馨）に、外艦応接掛が命じられた。二七日には三田尻で、慶親・定広臨席のもと、末家《まつけ》当主・重臣らによる対策会議が開かれ、外国艦隊に対し、みずからは開戦せず、反撃に限ると決定した。破約攘夷論の破綻を、自認したのである。

図21　パリ・アンヴァリドの長州砲
一文字三ツ星の家紋を確認できる.

この方針に基づき、長州側は避戦講和を策したが、もとより外国艦隊は応じなかった。八月三日、豊後《ぶんご》沖の姫島に集結した一八隻の艦隊は、五日、関門海峡に侵入、下関砲台と激しい砲戦を交えたのち、二〇〇〇人以上の陸戦隊を上陸させてこれを占領、破壊活動を行なった。戦いは七日に終結する。死傷者は双方、それぞれ六〇人程度で互角だが、火力の面では、外国艦隊が圧倒的に優勢であった。

講和交渉は八日から一四日にかけて三回にわたって行なわれ、外国艦の関門海峡通過の際の安全保障、下関への寄港ならびに石炭・食糧等の売り渡し許可、砲台の新造・修築の停止などを取り決めた条約が調印された。また、賠償金支払いについて長州側は、砲撃は天皇・将軍の命令によるものとして責任を回避し、結局、三〇〇万ドルという莫大な賠償金は、幕府が半分を（三回に分割）、さらには明治政府が引き継いで半分を（三回に分割）支払う結果になった。これが、文久二年（一八六二）以来の、破約攘夷論の総決算であった。

下関戦争を終結させたあとには、禁門の変の事後処理が待ち構えていた。朝廷から見れば、禁裏に向かって発砲した長州は、「古今未曾有《こきんみぞう》の朝敵」に違いなかった。八月二二日、孝明天皇は、従四位上参議左近衛権中将大江《おおえ》慶親《よしちか》・従四位下左近衛権少将大江定広の位階官職を停止《ちょうじ》した。さらに、将軍家茂は、毛利家父子に許していた「松平」称号、慶親の「慶」字、定広の「定」字（一二代家慶、一三代家定の一字を与えられたもの）を奪った。後者の処置を、「偏諱褫奪《へんきちだつ》」という。あわせて、「大膳大夫《だいぜんだゆう》」・「長門守《ながとのかみ》」の官途名も取り上げられた。このため、慶親は「敬親《たかちか》」、定広は「広封《ひろあつ》」という本来の名前に戻り、公式には「毛利大膳」「毛利長門」と称することになった。

これら一連の措置により、毛利家は大名としての公的な資格を停止され、領外での政治活動を一切封じられた。これ以降、毛利家にとっては、その復権が最大の課題になる。俗にいう「朝敵」の内容的な実態は、以上のとおりである。なお、無位無官の「毛利大膳」は、『武鑑《ぶかん》』（民間出版物の大名名鑑）にも、そのまま登載されるので、一般庶民にまで広く知れ渡る。「朝敵」は、単なるレッテル張りではなく、政治的・経済的に実質的な内容をともなう制裁措置なのである。

そのうえで、天皇・将軍は、朝敵長州藩を征伐するため、西日本の二一藩に出兵を令し、八月には征長総督府が組織された。総督には尾張藩の隠居慶勝《よしかつ》、副総督には越前《えちぜん》藩の当主茂昭《もちあき》が命じられた。この時、総督府参謀として指揮の実権を握ったのは、この年二月、沖永良部島への配流《はいる》から赦免され、政界に復帰したばかりの西郷吉之助《さいごうきちのすけ》（隆盛）であった。西郷は三月に上京して、久光から軍賦役《ぐんぶやく》兼諸藩応接掛に任じられていた。

その西郷は、実際には開戦に至らず、征長出兵を収束させようとしていた。総督府は広島に設置され、一〇月五日、正式に総督就任を受諾した尾張慶勝は、従軍諸藩に、討ち入り期日を一一月一八日と令したが、まだ現地入りしていない。一一月四日、長州藩領の岩国に赴いた西郷は、領主（事実上の毛利分家）吉川《きっかわ》監物《けんもつ》と交渉して、益田右衛門介ら三家老の切腹を急がせた。吉川は、すでに毛利《もうり》敬《たか》親《ちか》の内命を受けて総督府との交渉全権を委任され、三家老切腹も予定されていた。西郷の目算では、禁門の変を招いた率兵上京の責任者を切腹させて、討ち入り回避の名分を得ようというのである。

益田・国司・福原の三家老は一一月一一日、一二日に切腹（同時に中村九郎ら四参謀が斬首）、その首級はただちに広島に送られ、総督府の実検を受け、一四日には従軍諸藩に討ち入り猶予が達せられた。さらに総督府は、解兵の条件として、三条実美ら五卿（都落ちした七卿のうち、澤宣嘉《さわのぶよし》は脱走、錦小路頼徳《にしきこうじよりのり》は病死）の筑前移転を要求した。

長州藩内部は、麻田《あさだ》公輔《きみすけ》（旧名・周布《すふ》政之《まさの》助《すけ》）と椋梨藤太《むくなしとうた》の両党に分かれて、これらへの対処方針をめぐって紛糾していたが、麻田の自刃・井上聞多の暗殺未遂による重傷（ともに九月末）などを契機に椋梨党が勢力を握り、かつて破約攘夷論を唱えた旧麻田党は、そのほとんどが粛清《しゆくせい》され、あるいはすでに禁門の変で討ち死にしていた。

わずかに生き残っていたのは、高杉晋作とロンドン帰りの伊藤俊輔だけである（桂は潜伏中）。一二月一五日深夜、高杉・伊藤は、毛利本家の下関会所を襲撃し、占拠した。これを契機に、軍監山縣《やまがた》狂輔《きょうすけ》（副長・有朋《ありとも》）率いる奇兵隊《きへいたい》以下の諸隊と、椋梨党に加担する正規家臣団とのあいだで、翌年正月六日夜から武力衝突が生じたが、中間派家臣団の調停や、長府・清末《きよすえ》の両分家当主の介入などにより、戦闘自体は一〇日間ほどで終結した。五卿移転も実現し、三条以下は正月一四日、筑前に渡海、やがて太宰府天満宮に落ち着く。

総督府は、長州藩内部の混乱を尻目に、形式的な領内巡見（一二月一九日〜二六日）を終え、服罪の実態を見届けたと称して、一二月二七日には従軍諸藩に解兵を令していた。

こうして、軍事行動としての長州征伐は、妥協的に収束した。この経過を主導した西郷の思惑《おもわく》は、長州藩の勢力を完全に削《そ》ぐことは、幕府を利するだけであり、むしろ、長州藩の政治的力量を幕府との対抗勢力として温存させよう、という点にあった。

長州藩内部では、この元治二年（四月七日、慶応と改元。一八六五）正月以来、政庁役人の再更迭《さいこうてつ》が進み、表面的には平穏な状態が戻った。しかし、それは旧麻田党の完全復活をただちに意味するものではない。文久二年（一八六二）以来、破約攘夷の藩論を担った旧麻田党の主要メンバーは、先にも触れたように、二〇名以上が死んでいる。この後の長州藩の政治方針を主導するのは、むしろ、対外方針では現行条約承認を前提に、国内方針では、まず当主の政治的復権（官位復旧）を最優先課題として、国事審議への再参加をめざす方針に立つ勢力である。しかし、その実践を支える藩内政治体制の確立には、外部状況の変化を含め、もう少しの時間を待たねばならなかった。

2　外交関係の確定と日本国政府

元治《げんじ》元年（一八六四）八月、四ヵ国連合艦隊による下関攻撃は、単に一大名に対する報復措置というだけに留まらず、幕府が進めた横浜鎖港方針に対する明白な警告であり、その意味では、日本全国に向けて、通商条約の確実な履行《りこう》を要求するものであった。これを受け、幕府は横浜鎖港方針の撤回を決定、八月二三日、外国奉行竹本正雅《たけもとまさつね》は横浜で外国公使に、これを通達した。イギリス公使オールコックは、さらに九月六日、将軍宛て通牒《つうちょう》で、鎖港方針の根源はミカドにあり、ミカドが思い違いを改めるのでなければ、全面戦争を引き出す結果になるであろう、と告げた（保谷徹『幕末日本と対外戦争の危機』）。

将軍「進発」の布令

幕府がこのような方針転換に出た背景には、六月に起きた首脳部共倒れ事件（老中板倉勝静《いたくらかつきよ》らと、政事総裁職松平直克《まつだいらなおかつ》とが対立し、双方とも罷免または辞職）の結果、「条約派」有司層が政局に復帰するという事情があった。なかでも象徴的なのは、阿部正外《あべまさとう》と松前崇広《まつまえたかひろ》の老中（格）登用である。

阿部正外は、もともと万石以下の旗本で、生麦事《なまむぎじ》件《けん》当時（文久二年・一八六二）、神奈川奉行ついで外国奉行として外交折衝に当たり、町奉行在任中の元治元年三月、先代死去の跡を受けて、本家の白河《しらかわ》阿部《あべ》家（譜代一〇万石）を継いだばかりである。その後の六月、形式的に二日間だけ寺社奉行を務め、六月二四日、老中に任じられた。大名阿部家を継いだこと自体、「開国」論者の正外を老中に登用するための措置と見て間違いない。

また松前崇広は元来、外様大名（一〇万石格）だが、ペリーが嘉永《かえい》七年（一八五四）、再来して箱館を実地見聞した時も、松前家は好意的な対応振りで、ペリー側を感激させたというほどの「開国」家である（松前家は安政二年・一八五五、陸奥梁川《やながわ》に転封）。その松前崇広は、元治元年（一八六四）七月七日に老中格、ついで一一月一〇日、老中に昇任した。

なお、時期が少し降るが、慶応元年（一八六五）四月に老中に挙げられる松平康直《まつだいらやすなお》も、文久《ぶんきゅう》元年（一八六一）以来、神奈川奉行、外国奉行、勘定奉行、大目付、町奉行を歴任した能吏の旗本で、元治元年一一月、陸奥《むつ》棚倉の松井《まつい》家（譜代八万石・公称松平）を継いだものである。元治元年以降の徳川家が、有能な旗本を老中に登用するルートとして、譜代大名家を継がせる、という方便を用いていたことは、これまでほとんど知られていないようである。

その老中阿部正外は下関戦争直後の元治元年九月に上京、関白二条斉敬《にじょうなりゆき》（文久三年一二月二三日、鷹司《たかつかさ》輔煕《すけひろ》から交替）と会見し、横浜鎖港方針が行き詰まったことを告げた。結果として朝廷は、将軍の早期の「進発」を求め、外国のことは長州追討の後、とすることで当面の折り合いをつけた。幕府にとっても、征長のための将軍進発が最優先課題となり、通商条約の承認に関わる問題は、いったん棚上げとされたのである。

阿部自身は、将軍進発にも積極的な姿勢を見せていた。ところが、他の老中のうち、牧野《まきの》忠恭《ただゆき》（文久三年九月任）・諏訪《すわ》忠誠《ただまさ》（元治元年七月、老中格より昇任）、および酒井《さかい》忠績《ただしげ》（文久三年六月～元治元年六月老中。元治二年二月大老任）らは、これに消極的であり、進発は容易に実現しなかった。翌元治二年正月（四月に慶応と改元。一八六五）、征長総督尾《お》張慶勝《わりよしかつ》が広島本営を撤収すると、牧野らは、すでに征長は終結したものとして、いったん予告していた進発の中止を布令した。

しかし、総督一橋慶喜《ひとつばしよしのぶ》・守護職会津容保《かたもり》・所司代桑名定敬《さだあき》の在京一会桑勢力、および阿部・松前らは、名目はどうあれ、将軍の京坂地域への進出は、絶対に必要との見方を強めていた。その大きな要因は、征長総督尾張慶勝が、薩摩藩の在京指導部、西郷吉之助《さいごうきちのすけ》・大久保《おおくぼ》一蔵《いちぞう》らと連携しながら、諸侯を京都に招集し、その合議で長州処分を決定しようとする構想を朝廷に内願し、朝廷でも、それに応ずる姿勢を示していたことである。

軍事行動しての征長は終了しても、毛利家は何らかの処分に付されない限り、禁門の変の罪科をつぐなったことにはならず、当主父子の官位が復旧されることもない。大名に対する、このような処分権は、安政《あんせい》年間（一八五〇年代後半）までならば、確実に将軍が持っていたはずだが、この元治二年（一八六五）初めの時点で、将軍の大名に対する統制の権限は、すでに大幅に縮小してしまっている。守護職容保などは、いったん諸侯が招集されてしまえば、それは長州処分問題だけに留まらず、国政全般を審議する場に転化し、将軍権力は消滅する結果になるだろうという強烈な危機感を示していた。

事態が、そのように展開することを防ぐためにも、幕府にとって将軍の京坂地域への進出は、すでに必須の情勢であった。阿部・松前は、この判断に立って、幕府内部はもとより、朝廷をはじめとする外部と必死の調整工作を進めた。

ついに四月一九日、幕府は、長州内部に「容易ならざる企《くわだ》て、これ有る趣きに相聞こえ」と、再征のため、五月一六日を期して将軍が「進発」することを触れ出した。進発反対派の牧野忠恭・諏訪忠誠は、同日付けで老中を辞任している。これに先立ち、四月七日、「慶応」と改元されたが（「元治」改元は甲子《かっし》革令《かくれい》による。その後、数年間は改元しないのが慣例）、これは東照宮《とうしょうぐう》（家康《いえやす》）二百五十回忌にちなんだものであり、七日から一七日まで、日光山で盛大な法会《ほうえ》が営まれていた。将軍進発は、徳川家にとって、慶賀すべき事態を招くはずの行動であった。

幕府中枢部の大坂駐屯

慶応元年（一八六五）五月一六日、「神祖」家康が関ヶ原出陣の例にならい、馬上、軍装に身を固めた征夷大将軍徳川家茂《とくがわいえもち》は、老中本荘宗秀《ほんじょうむねひで》・同阿部正外・同松前崇広らを従えて江戸を進発（老中水野忠精・同本多忠民は残留）、閏五月二二日入京参内ののち、翌日大坂城に入って、これを長州征討の本拠とした。その行動は、これまで見てきたような政治状況を踏まえて言えば、将軍・老中以下の幕府中枢部が、二万以上といわれる大兵力とともに大坂に駐屯したことを意味する。長州処分問題と、棚上げ状態の通商条約承認問題とを抱え、流動化の様相を強めつつある京坂の政局に、将軍以下は、直接に参入したのであった。

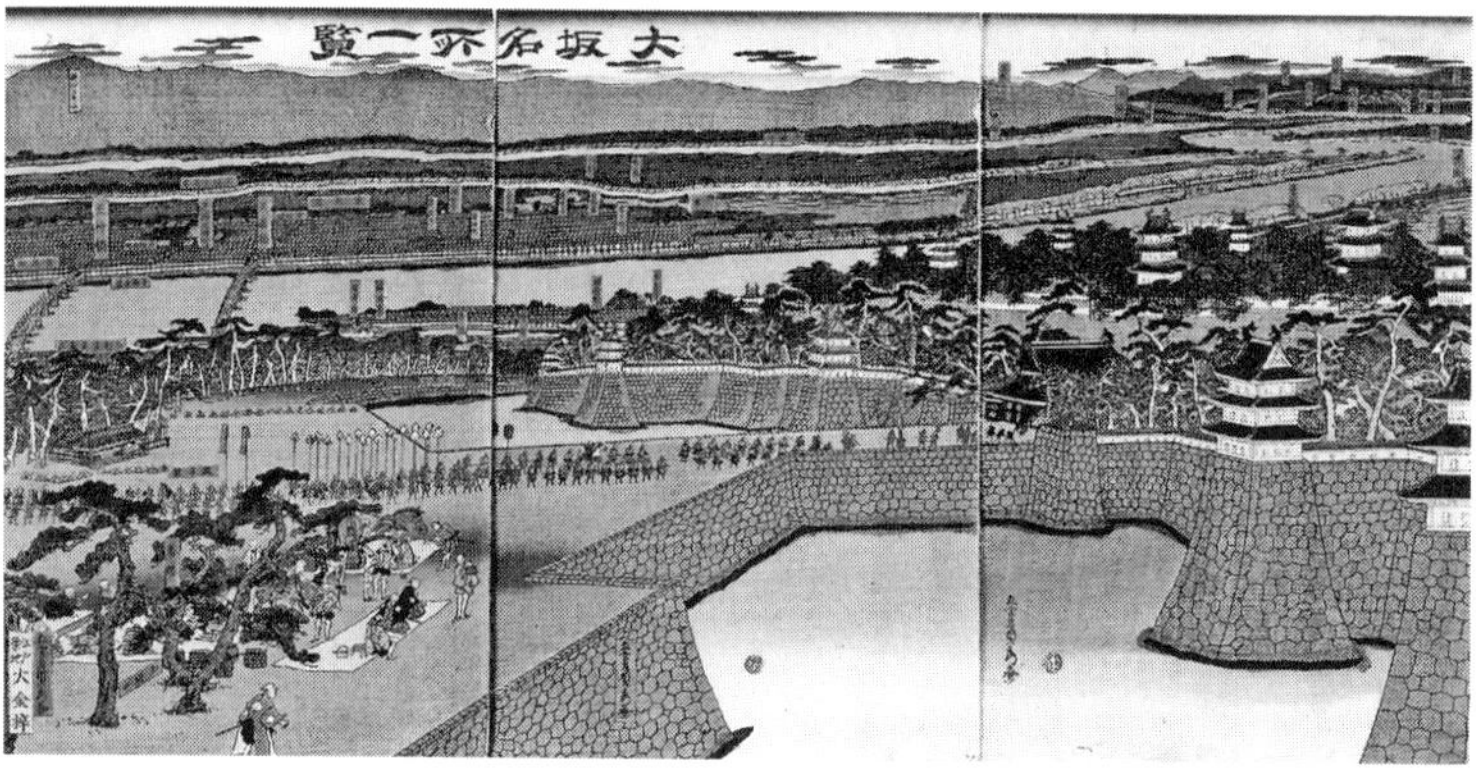

図 22　家茂の大坂入城（「大坂名所一覧」）

その阿部・松前ら在坂老中は、禁裏守衛総督慶喜・守護職松平容保・所司代桑名定敬の在京一会桑勢力と当面は協同歩調をとり、長州処分決定のため、幕府側との交渉窓口となっていた岩国《いわくに》領主（事実上の長州支藩）吉川監物《きっかわけんもつ》および徳山《とくやま》領主（長州支藩）毛利元蕃《もうりもとみつ》を大坂に呼び出そうとした。いわゆる支藩主召喚である。しかし、八月下旬、長州側から上坂拒否の回答がもたらされる。

長州藩内部では、四月一九日の将軍進発令に接して以来、これに備えた体制固めに入っていた。すなわち、毛利敬親《もうりたかちか》は改めて萩から山口に本拠を移し、統治機構を簡略化したうえ、潜伏先の出石《いずし》から呼び戻した桂小五郎（四月二六日帰国）を、政事堂内用掛・国政方用談役に任じた。実質上の政庁トップである。その桂は、幕府との戦争勃発について明確な見通しを持ち、内部統一のため、先の内乱後も保留のままだった椋梨党の処分を急いだ。閏五月半ば、敬親・広封《ひろあつ》父子および徳山・長府・清末の三分家（支藩）当主、ならびに吉川監物は山口で協議し、椋梨藤太《むくなしとうた》の斬首以下、一党の処分と、再征への対処方針を決定した。

これらの措置を経て、毛利敬親は六月五日、領内に布告を発し、幕府軍が理不尽にも乱入した場合は、一戦に至るので、「何れも決心致し、今日より戦場」と覚悟を極《き》め、鎮静するように家来中は言うまでもなく、農民・町人に至るまで、その旨を徹底させるべきことを命じた（『防長回天史』五下）。征討に対する長州藩側の徹底抗戦方針は、この時点で確定したのである。

長州藩側が、この時点で強硬姿勢を取れるのは、薩摩をはじめとする諸藩が、長州再征に反対であり、有形無形《ゆうけいむけい》の支援を行なっていたためである。諸藩側にしても、必ずしも長州のそれまでの行動を完全に是認しているわけではない。むしろ、幕府が内政・外交ともに、諸藩を抑えて強権的な姿勢を採ろうとしていることに対する反発が先に立っている。つまり将軍の進発、大坂駐屯以降、親長州というより、反幕府の機運が、諸藩のあいだに強まっていたのである。

将軍の辞表

日本国内の政治情勢が、長州処分の決定をめぐって紛糾状態にある時、イギリス・フランスをはじめとする外国側は、横浜鎖港方針の撤回だけでなく、現行条約の完全履行を求めていた。彼らにしても、日本内部の政治体制を理解するにつれて、「攘夷」の根源が孝明《こうめい》天皇の意向によるものであり、条約履行を実現させるためには、その「勅許」（外国側の捉え方では「批准」に相当）が必要であるという認識を持つようになっていた。

実際に、横浜鎖港方針が掲げられるようになった元治元年（一八六四）中に、横浜港貿易は、一時的に衰退していた。貿易相手国はイギリスが第一位で、フランスがこれに次ぎ、とくに主要輸出品となっていた生糸貿易の衰退は、折から良質の日本産生糸への需要が高まっていたヨーロッパ市場に大打撃を与えていた。その回復は公使の任務である。

初代駐日イギリス公使オールコックは、本国外相ラッセルの意向を半ば無視するような強硬方針で、下関攻撃（元治元年八月）を主導した人物であり、戦争直後にも、その艦隊は瀬戸内海を経由して横浜に帰投する途中、大坂天保山沖に停泊するという示威行動をとっていた。オールコックは、その後、本国に召還されるが、慶応元年（一八六五）閏五月、着任した新任公使パークスは、オールコックの強硬方針を受け継ぎ、フランス公使ロッシュ（元治元年三月着任）とともに、列国外交団のリーダーとして振る舞うようになっていた。

そのパークスを中心とする英仏蘭米四ヵ国公使団は、慶応元年（一八六五）九月一六日、九隻の軍艦を連《つら》ね、紀淡《きたん》海峡を強行突破して大坂湾に侵入、兵庫沖に停泊した。将軍が京坂に滞在している機会を捉え、なりゆきによっては全面開戦との構えを見せて、条約勅許を勝ち取ろうとしたのである。

この時、家茂は長州再征の勅許を受けるため前日に大坂を出立、二条城に来ていた。パークス以下は一九日、老中格小笠原長行《おがさわらながみち》（慶応元年九月四日再任、一〇月九日老中昇任）らに対し、条約勅許ならびに兵庫の先期開港（期日の慶応三年一二月七日・一八六八年一月一日に先立つ開港）を要求し、回答期限を二六日とした。

これを受けた在坂幕府首脳部は、再征勅許を得て急きょ大坂に戻った家茂を前に、九月二五日から二六日にかけて徹夜の評議を開き、老中阿部・松前の主唱で、兵庫の先期開港を独断で承諾した。朝廷が、これを認めないことは想定のうちであり、その場合には、家茂が征夷大将軍職を辞職し、江戸に帰ることが予定された。

九月二九日（小の月なので月末）辞表は家茂自筆で清書され、翌日の一〇月一日朝、尾張玄同《おわりげんどう》（尾張徳川家先代当主茂徳《もちなが》。征長後備《あとぞなえ》として家茂の側近。慶勝の実弟、容保、定敬の実兄）が、これを持参して大坂城を発し、京都に向かった。この将軍辞表提出は、渋沢栄一《しぶさわえいいち》『徳川慶喜公伝』（龍門社、一九一七年）以来、後述するように、朝廷が阿部・松前を処分したことに反発したもの、とされていた。ところが、最近の考証によれば、両老中処分が大坂城に伝達されるのは、一〇月一日午後であるから、時間的前後関係から考えてもつじつまが合わない。実際には、以前から周到に計画されていたものである（久住真也『幕末の将軍』、奈良勝司『明治維新と世

図23　高須四兄弟（右から慶勝，茂徳，容保，定敬）116頁を参照．明治11年の撮影．

界認識体系』)。

この将軍辞表は最終的には撤回されるので、辞職後の徳川方の構想について、完全には明らかでない。外部からの観測として、日向高鍋《ひゅうがたかなべ》の秋月《あきづき》家の世子種樹《たねたつ》は一〇月一一日付け松平春嶽宛て書簡で、次のように述べている(『続再夢紀事』四)。

一体松前などの説は、夷人へ頼み、天子を亡《ほろぼ》し、諸侯を亡し、天下郡県の世となし、大樹公(家茂)を以って天下大統領となし、才智あるもの政《まつりごと》を執《と》るべきの論を建て候由

すなわち、外国軍隊の力を借りて、天皇および大名領主を廃止し、郡県制による中央集権制を施行して、徳川家当主は「大統領」となるつもりだ、という。この書簡の続く部分では、現在の「幕府」要路は、阿部・松前だけでなく、皆その説であると書かれ、若年寄酒井忠毗《さかいただます》・勘定奉行小栗忠順《おぐりただまさ》・側用取次竹本正明《たけもとまさあき》らの名前が挙げられている。

実際に、このような構想は、さかのぼれば、攘夷奉承が問題となった文久二年(一八六二)当時から、幕府内部ではささやかれていた。とくに孝明《こうめい》天皇の頑迷ぶりに対する非難は、外国側の条約履行要請と、天皇の攘夷要求とのあいだで、板ばさみに悩まされ続けた幕府の外交担当部局からすれば、現われて当然すぎるほどの反応である。その感覚が頂点に達したのも、この慶応元年一〇月頃であった。それを象徴的に示す事例が、当時に流布《るふ》した「神勅戯作文《しんちょくげさくぶん》」と題する、次のような落首である(『皇国形勢聞書』)。

元来そのほう儀、至尊《しそん》の身を以って、匹夫《ひっぷ》の勇を好むの性質に付け込まれ（中略）諸国困窮、人命に関係すべき大事の義も心付かず、総じて無謀過激の暴論を正義と称し、激義の藩士、浮浪《ふろう》の徒の妄言《もうげん》まで取上げ、早々不法の勅定を出し（中略）、万民を塗炭《とたん》に陥《おちい》らしめんと相量《あいはか》り、ことさら皇国を焦土に致し候とも厭《いと》わずなど、以っての外の暴言を吐き、不仁不慈《ふじんふじ》を示し候段、重々不届き至極《しごく》の次第、罪科軽からざるに付き（中略）、いささかも幕府の失政違勅などと申す義はこれ無く候間、以後改心致し候はこの度格別に用捨《ようしゃ》せしめ、その沙汰に及ばず候、向後厳謹《きょうこうげんきん》致し申すべく候（後略）

八百万《やおよろず》の神々が孝明天皇を「そのほう儀…不届き至極」と叱責するという設定に立って書かれた、この文体は、ちょうど文久年間に流行した天誅斬奸状のパロディであり、天皇の攘夷にかかわる言動を、思う存分に罵《のの》っていた。天皇の権威や勅命を絶対視しない見方は、長州再征勅許にかかわって、大久保一蔵のいう「非義勅命は勅命にあらず候ゆえ、奉ずべからざる所以」（九月二三日付け西郷吉之助宛て書簡）との言葉がよく知られているが、これにかけては徳川のほうがはるかに上手である。

諸藩士招集と条約勅許

在坂幕府が、兵庫先期開港を独断で承諾したとの通知は、九月二六日深夜、京都にももたらされた。守護職会津《あいづ》容保《かたもり》から、これを知らされた関白二条斉敬《にじょうなりゆき》は「何とも何とも申し条無く、大変大変」と、嘆きと驚きを隠さなかった。しかし、下坂していた禁裏守衛総督慶喜は、阿部・松前らと激論の末、外国側と再交渉して兵庫開港承諾を保留し、改めて回答期限を二六日から一〇日間延長し、一〇月七日とすることで了解を取りつけていた。慶喜は二七日付け会津容保・桑名定敬宛て書簡で、兵庫開港の独断承諾を取り消し、自身は勅許奏請のため、即刻帰京することを告げ、関白への伝達を依頼した。

九月二九日、関白二条・朝彦《あさひこ》親王以下の幹部廷臣および武家一会桑（総督一橋慶喜・守護職会津容保・所司代桑名定敬）が合同して、国事評議が開かれた。天皇も「御透《おんす》き聞《ぎ》き」（御簾を隔てて議論を聞く）の形式で参加している（『孝明天皇紀』五）。この席で、阿部・松前両老中の官位（従四位下・侍従）停止《ちょうじ》・国許で謹慎、の処分が決定された。この報知が大坂城に届くのが、先に見たように、翌日一〇月一日午後なのである。官位を停止されて老中を務めることはできない。家茂は阿部・松前に罷免を申し渡す。そのいっぽう、同日夜には尾張玄同が京都で、将軍辞表を関白二条に呈出していた。家茂は将軍辞職・陸路東帰のつもりで一〇月三日、大坂城を出立、伏見《ふしみ》に向かった。

これを京都で知った慶喜は仰天した。辞表の主旨は、「西洋万国を敵に引き受け」ては、とても勝ち目がないので速やかに条約を勅許されたい、「征夷の大任」を全うし得なかった責任をとって自分は退隠し、慶喜に相続させたい、というものである。見方によっては、慶喜が将軍を辞職に追い込み、自分がそれに取って代わろうとした、と受け取られかねない。慶喜は四日朝、伏見に下って将軍の行列を待ち受け、従う老中たちを怒鳴りつけた。慶喜は、死力を尽くして条約勅許を取りつけることを宣言し、家茂には東帰を中止するよう進言すると、自分は京都に取って返した。家茂は進路を転じて、二条城に入る。
慶喜は時を措《お》かず、関白に評議開催を求め、その日夕刻から、関白二条・朝彦親王・議奏・伝奏以下、国事御用掛が召集され、慶喜・会津容保・桑名定敬・老中格小笠原長行の武家側を交えて評議が開かれた。天皇も「透き聞き」で御簾《みす》の内にある。

評議は夜を徹して続けられたが、結論は出ない。五日に入って慶喜は、諸藩士の見解を聞こう、と提案した。こうして、在京有力諸藩の留守居または周旋方（外部との交渉担当）が内裏に召集された。集まったのは会津・桑名・鳥取・岡山・熊本・薩摩・土佐・久留米・柳川・佐賀・福岡・津・越前・広島・金沢の一五藩、計三〇数名である。彼らは、関白以下の公家方、慶喜以下の武家方が居並ぶ「虎の間」に一人ずつ呼び出され、意見を聞かれた。

その時、会津の外《と》島機《じまき》兵衛《へえ》は、なにとぞ大活眼をお開き下さり、「四《し》海兄弟《かいけいてい》」とお考えになり、「御国是」の相立つように御願いしたい、と涙ながらに演述した。また土佐の津《つ》田《だ》斧太《おのた》郎《ろう》は、「彼我《ひが》（外国と日本）の別を論ずる事」なく、日本や中国歴代の盛衰に比して、よくよく利害を考えるべしと申し述べた。彼らの堂々たる議論は、公卿たちをも感嘆させた（『孝明天皇紀』五）。二人の意見は、その場の大勢でもある。

しかし、ここで重要なのは、意見の内容そのものより、大名でもない一般の家来が、国事を審議する場に、実質的に連なったことである。彼らは前月一六日、外国艦隊が兵庫沖に集結して以来、長州再征が勅許されるいっぽう、在坂幕府老中らが兵庫開港をいったんは独断で承諾し、阿部・松前両老中が罷免されたこと、将軍が辞表を呈して東帰しかかったことなど、現今の緊迫した政治情勢を十分に知りぬいている。そのうえで、関白・守衛総督・守護職・老中らの前で臆《おく》することなく各自の意見を開陳《かいちん》したのであった。かつて文久三年（一八六三）冬から翌年春にかけ、試みられながら解体した公議による国事審議というあり方が、外国艦隊による条約勅許の強要という非常事態に、臨時の場とはいえ、藩士レベルにまで降って具体化したのである。その意味で、この諸藩士招集と意見聴取は画期的な事件であった。

この議論を経て、孝明天皇は、ついに条約勅許を決断した。同日の夜、将軍に宛て、次のような勅書が発せられた。

> 条約の儀、御許容あらせられ候間、至当の処置致すべく候事

ただし、別紙には「兵庫の儀は止《とど》められ候」とあった。兵庫は皇国にとって聖域ともいうべき畿内《きない》摂津《せっつ》国にあり、先期開港はもとより、期日どおりの開港も認められないというのである。しかし、これは朝廷内外の強硬意見を慮《おもんぱか》ったものであり、天皇自身としては、期日が迫ってから外国・幕府の要請があれば許可するつもりだという観測もあった。山階宮晃《やましなのみやあきら》親王は、松平春嶽（在福井）に宛て、

> 恐れながら主上も万国の形勢にしたがい、和親交易の旨、神宮（伊勢神宮）以下、社々へ告げられ、公然勅許の内々思し召しに候

と一〇月六日付けで報じている（『続再夢紀事』四）。なお、条約勅許を受けて、家茂は将軍辞表を撤回し、また外国艦隊も七日には兵庫沖から撤退した。

この一連の経過は、表面的な成り行きからは、条約勅許を獲得するため、将軍が辞表を提出し、却下されることで天皇の信任を確認した行為とも見えるが、結果は、次のような事態が生じたことを満天下に明らかにするものであった。

一つには、天皇・将軍とも、その権威が一挙に相対化したことである。天皇といえども、その見解は変化しうるもので勅命も絶対ではなく、また将軍にしても、その地位が最終的に消滅する可能性を持つ、ということが明示された。

二つには、朝廷に密接する在京の一会桑勢力と、将軍を擁する在坂幕府との疎隔《そかく》が決定的に明らかになったことである。禁裏守衛総督一橋慶喜を中心とする前者は、朝廷と一体化した構造によって、老中の進退をも事実上、左右したのである。いっぽうで一会桑は、阿部・松前とその党類が、外国側と結託《けったく》して、天皇の廃止を含む国内体制の改造をめざしていると疑っていた。たしかに、内通とは言わないまでも、連合艦隊の大坂湾侵入のタイミングについて、在坂幕府が事前に承知し、これと連動していた可能性は否定できない。一会桑と在藩幕府は、相互不信を、さらに強めたのである。

さらには、条約勅許の最終的な決め手が、諸藩士招集と、その場での意見聴取にあったことである。そこで示された公議結集による国策決定というあり方は、その後の政局動向を、根本の部分で大きく規定するであろう。
これらの事態を生み出した、この慶応元年（一八六五）一〇月の事件は、以降の政局展開に、重要な前提条件を形作る画期となった。

薩長提携

こうして、安政五年（一八五八）以来の懸案《けんあん》であった現行条約承認問題は解決した。列島領域が一つの統合体（日本国）として、欧米諸国と条約に基づく外交関係を持つことが確定したのである。

そのうえで幕府は、もう一つの懸案事項である長州処分問題の解決に取り掛かった。先に触れたように、将軍家茂は慶応元年（一八六五）九月二一日、長州再征の勅許を得ていたが、征伐を実行するにしても、それは長州が処分を受け入れなかった場合のことである。そのため一一月、大目付永井《ながい》尚《なお》志《むね》が糾問使として広島に派遣され、同地に召喚した長州藩代表宍戸《ししど》備後介《びんごのすけ》に対し、領内の状況などを尋問した。永井の帰坂は一二月一七日。在坂幕府は、その報告に基づいて処分案を決定し、朝廷の勅許を得ようとした。ところが、在坂の老中板倉勝静（慶応元年一〇月再任）・同小笠原長行と、一橋慶喜・会津容保・桑名定敬の一会桑とのあいだで意見が対立し、処分案は容易に決定しなかった。老中案は、毛利家当主退隠・世子相続・一〇万石削地、一会桑案は当主世子ともに退隠・一五万〜一八万石削地である。両者の折衝が煮詰まるのは、両老中が上京する翌年正月七日以降であった。

この情勢に鑑《かんが》みて、小松帯刀《こまつたてわき》・西郷吉之助・大久保一蔵ら薩摩藩の在京指導部は、長州藩側と、京都で会談することを計画し、代表の上京を求める使者を山口に派遣していた。これに応じて、毛利敬親は木戸《きど》孝允《たかよし》（慶応元年九月、桂小五郎から改名）に上京を命じた。薩摩藩は、元治元年（一八六四）後半の初度の征長当時から、長州藩に対して融和《ゆうわ》的な態度をとり始め、翌慶応元年八月までには、軍艦・小銃の購入を斡旋《あっせん》するなど、軍事的な支援をも実体化させていた。その九月には、毛利敬親・広封父子から、島津《しまづ》久光《ひさみつ》・茂久《もちひさ》父子に宛て、支援に対する礼を述べるとともに、婉曲《えんきょく》な言い回しながら、事実上の提携を申し入れる書簡が発せられている。

薩摩藩にしても、幕府が長州再征を具体化しようとする、この時点で、長州藩側の対応策を確認し、あわせてみずからの行動方針を確定することは急務となっていたのである。薩摩藩士の護衛のもと、木戸は、明けて慶応二年（一八六六）正月八日、京都二本松邸に入った。

その後、同二〇日に至るまで、西郷を中心とする薩摩藩側と、木戸とのあいだで、提携に関する具体的な交渉は進展しなかった。両者のあいだでは、折から決定しつつある長州処分の受諾をめぐって、押し問答が続いていたのである。

すなわち、西郷は、この度決定する長州処分をいったんは受諾するよう木戸に求め、木戸はこれを突っぱねていた。西郷は、長州が処分を受諾すれば、毛利家父子の官位も復旧され、政界復帰も公認されるのだから、そうなってから改めて長州の冤罪《えんざい》も晴れるように尽力したい、と言う。しかし、木戸は、処分は三家老切腹などで、すでに完了しているとし、これ以上の処分は絶対に受け入れないとの姿勢を崩さず、むしろ、長州の復権に向けた尽力周旋を薩摩が積極的に進めてくれることを要請した。両者の主張は並行線をたどり、会談は決裂寸前に至った。

そのとき、遅れて下関を発った坂本龍馬《さかもとりょうま》が入京してきた（二〇日）。木戸は、坂本に向かい、長州の置かれている窮状《きゅうじょう》を語り、薩摩側の不信をなじった。坂本は、これを西郷に伝え、薩摩側を説得した。坂本の仲介者としての役割が最も発揮された場面である。

このときは、幕府内でも、長州処分案が老中案どおりに決定し、朝廷に奏問《そうもん》されようとする頃であった（二〇日奏問、二二日勅許）。西郷らは、近衛家を通じて、このような朝幕間の交渉経過をも、リアルタイムで承知している。そのうえで、西郷は木戸に対し、その言い分をほぼ全面的に認め、長州の復権（具体的には当主父子の官位復旧）に向け、天皇に対する周旋尽力を中心とする行動方針を公開し、その実行を約束した。約束した日時は確定できないが、二一日中か、あるいは二二日である。

木戸はこれを確認して京都を発ち、薩摩大坂邸に着いたが、二三日夜、先の会談に同席していた坂本龍馬に宛て、長文の書簡を発し、薩摩側の約束を六ヵ条にまとめ、坂本の「御添削」を乞うた（『木戸孝允文書』二）。

①一、戦《いくさ》と相成り候時は、（薩摩は）すぐさま二千余の兵を急速差し登し、只今在京の兵と合し、浪華へも千程は差し置き、京坂両処を相固め候との事

②一、戦、自然も我《（長州）》勝利と相成り候気鋒《きほう》これ有り候時、その節（薩摩は）朝廷へ申し上げ、きっと

尽力《じんりょく》の次第これ有り候との事

③一、万一、戦（長州）負け色にこれ有り候とも一年や半年に決して壊滅《かいめつ》致し候と申す事はこれ無き事につき、その間には（薩摩は）必ず尽力の次第、きっとこれ有り候との事

④一、これなりにて幕兵、東帰せし時は、（薩摩は）きっと朝廷へ申し上げ、すぐさま冤罪《えんざい》は、朝廷より御免に相成り候都合にきっと尽力との事

⑤一、兵士をも上国のうえ、橋会桑等も只今のごとき次第にて、勿体《もったい》なくも朝廷を擁《よう》し奉り、正義を拒《こば》み、周旋尽力の道を相さえぎり候ときは、ついに決戦に及び候ほかこれ無しとの事

⑥一、冤罪も御免の上は、双方誠心を以って相合し、皇国の御為に砕身尽力仕り候事は申すに及ばず、いずれの道にしても今日より双方皇国の御為、皇威相輝き御回復に立ち至り候を目途に誠心を尽くし、きっと尽力仕るべしとの事

①〜③条では、幕長開戦の場合、薩摩が京坂方面の兵力を増強して後方支援を行なうとともに、④条で非開戦の場合も含め、朝廷に向けた「尽力」を行なうとする。「尽力」の具体的内容は、当主父子の官位復旧を通じた長州の政治的な復権であるが、この書簡の全体を通して明記されていない。それは木戸にとって記すに忍びないことであり、また大前提として、わざわざ明記する必要のない事柄だからである。

⑤条では、一（橋）会桑が、天皇を取り込み、朝廷と一体化する態勢を築いていた（条約勅許の際、

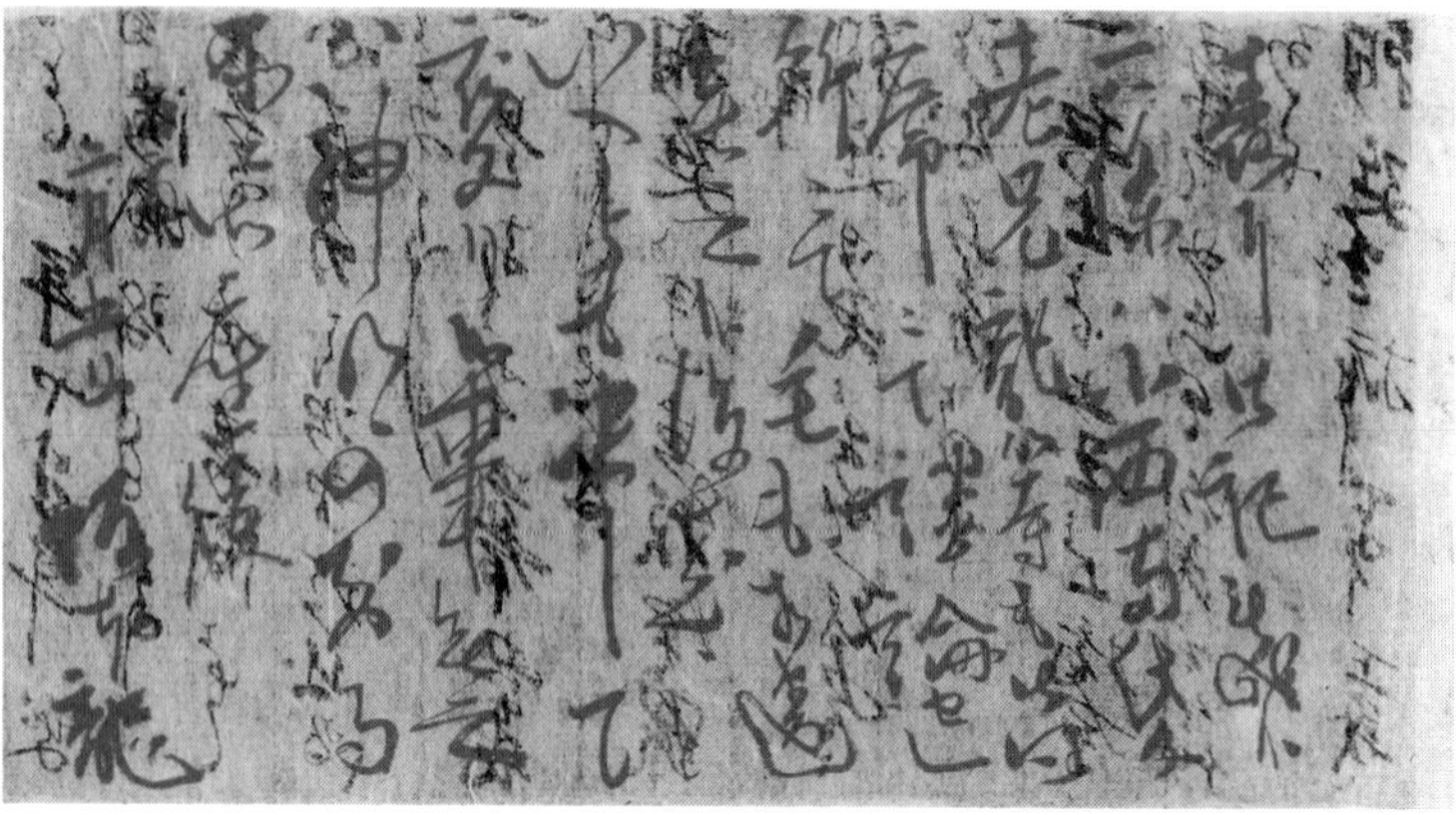

図 24　木戸書簡の坂本龍馬裏書　慶応二年二月五日付

最終的に明確化）ことを踏まえ、彼らが「周旋尽力の道を相さえぎり候ときは、ついに決戦に及び候」とうたわれた。兵力を用いてでも、一会桑の妨害を排除する場合があるという意味である。全面開戦の意味ではない。

最終⑥条は、薩長提携の基本的な理念をうたう。「皇威相輝き御回復に立ち至り候」をめざすとは、いわゆる王政復古を最終目標にして互いに「尽力」するとの意味である。

以上の基本的な内容は、薩摩側から木戸に向けて表明された行動方針の約束である。双務《そうむ》的《てき》な意味での同盟には相当しないが、⑥条に見えるように、薩長が体制変革を掲げて、提携関係に入ったことは確かであった。

この書簡を二本松邸で受け取った坂本は、二月五日付けで、表面の内容に相違ないことを裏書し、木戸に返送した。これまで指摘されたことがないが、状況から判断して、坂本は、その内容を小松・西郷に見せ（大久保は一二日京都発、帰国）、了解を得たうえで、裏書を書いている。木戸にしても、そうなることを予想して、この長大な書簡を書いたのである。直接に西郷に宛てて書簡を書けるくらいならば、もともと成文化して取り交わしたであろう。そのような性格の双務契約ではないからこそ、坂本宛ての書簡と、その裏書による内容確認という、ワンクッションを置いた方法を木戸はとらざるを得なかった。坂本の最大の功績は、その仲介者としての立場から、自分宛て書簡という形で、薩摩側約束の内容を、後世に伝える史料を残した点である。実際に、この約束内容の全体を伝える史料は他に発見できない。

幕長戦争と家茂の死

薩長提携の成立は、約束六ヵ条の内容とともに、それぞれの首脳部以外には極秘とされたが、状況的に、薩長が結びつきを強めたという事実は、周囲に知れ渡りつつあった。ややのちになるが、幕長開戦後、薩摩藩は大坂港経由で兵力を増派するが、安治川河口からさかのぼった中之島の薩摩邸周辺は、もともと諸大名の蔵屋敷が密集する地帯であり、たとえ百人程度の軍勢であれ、隠密裏《おんみつり》に行動することなど不可能である。

幕府側とて、そのような事態が生じつつあることは承知している。将軍は、慶応二年（一八六六）二月二三日、諸藩に次のように触れた、すなわち、先の勅許を踏まえ、長州代表を広島に呼び出し、処分内容を伝達するが、受諾を拒否する場合は速やかに征伐するというものである。長州は、もとよりこれを拒否し、将軍は出兵を令した。

しかし、従軍を命ぜられた三二藩は、当主茂承《もちつぐ》が総督の紀州徳川《きしゅうとくがわ》（三家）、それに彦根《ひこね》の井伊《いい》・越後《えちご》高田《たかだ》の榊原《さかきばら》・豊前《ぶぜん》小倉《こくら》の小笠原《おがさわら》（以上は譜代）・石見《いわみ》浜田《はまだ》の松平《まつだいら》（家門）など徳川家と関係の深い大名家を除き、一様に消極的な態度をとった。薩摩藩は明確に出兵拒否を回答し、芸州《げいしゅう》藩（浅野《あさの》家）・肥後《ひご》藩（細川《ほそかわ》家）はじめ、中国筋・九州の諸藩は、形式的には出兵しても戦闘をサボタージュした。

征長は将軍命令であるとともに、天皇の明確な意向を踏まえたものである。この時点で、朝幕は一致して、毛利家の征討を意図していた。その命令に諸藩が違反することは、客観的には、現在の朝廷・幕府に代わる国家の体制を漠然とではあっても、待望していたものと見なければならない。新体制への展望は、朝廷・幕府側にしても同様であり、毛利家を征伐したのちには、先に将軍辞表提出に際して触れたように、長期的にではあれ、大名領主を解消し、郡県制施行を構想していたと思われる。諸藩側は、徳川幕府が公議衆論を踏まえず、強引にみずからの構想を具体化しようとする態度に反発していたのである。

六月七日、幕府軍艦による周防大島に対する砲撃で始まった戦闘は、大島《おおしま》口・芸州《げいしゅう》口・石州《せきしゅう》口・小倉《こくら》口の藩境四方面で行なわれた。このため、当時から現代に至るまで、地元では、「四境《しきょう》戦争」と呼びならわしている。長州藩側から見れば、「朝敵征伐」は、もともと冤罪であった。

前年六月以来、徹底抗戦方針を固めていた長州兵は、よく戦い、征討軍の侵入を許さなかった。すでに、長州藩内部では、家格と禄高に基づく大名家臣団の編成を全面的に解体し、すべての家臣を隊編制に改め、訓練を積んでいた。ここでいう「隊」とは、指揮能力を持つ少数の指揮官と、その命令に従って斉一的《せいいってき》に進退する多数の平均化された兵士によって構成される軍事組織である。銃砲装備は当然だが、その兵器を有効活用するには、右のような組織改変が必須の前提である。存亡の危機に見舞われていた長州藩は、いやおうなしに、その組織改変を全国諸藩に先駆けて実施していた。

対する幕府側征討軍は、徳川家の直轄歩兵部隊など一部を除き、隊編制の面では、長州に遅れをとっていた。長州歩兵部隊の散開・接敵・突撃を基本とする近代的な散兵《さんぺい》戦術は、驚異の的となり、その後に諸藩の軍制改革を促進させる契機となった。また、外部の政治状況として、長州支援の動きは広く、深く浸透していた。朝廷・幕府にとって、戦術的にも、戦略的にも勝利の見込みが薄い戦いであった。そのような状況の下、慶応二年（一八六六）七月二〇日、将軍家茂《いえもち》が二一歳の若さで大坂城中に病死した。病名は脚気《かっけ》である。

慶喜の相続と春嶽の政体構想

家茂の急死にあって、当然のように、慶喜が徳川宗家の家督継承者に擬《ぎ》せられた（相続は八月二〇日）。相続に先立ち、上京していた松平春嶽は慶喜に宛て、「朝命」による幕長戦争の停戦と諸侯の招集、さらに諸侯衆議の場での将軍職選定、ならびに長州処分をはじめとする国事全般の運営、という提案を、再三にわたって繰り返した。

慶喜はいったん、この提案を拒否し、征長軍指揮のため、みずから出陣を触れたが、小倉口戦線崩壊の報告に接して中止、八月一三日、春嶽に提案の受け入れを伝えた（二一日に停戦勅書発布）。この慶喜の態度変更にあって春嶽は、次のような政体変革の構想を、慶喜に対する勧告の形でまとめた。

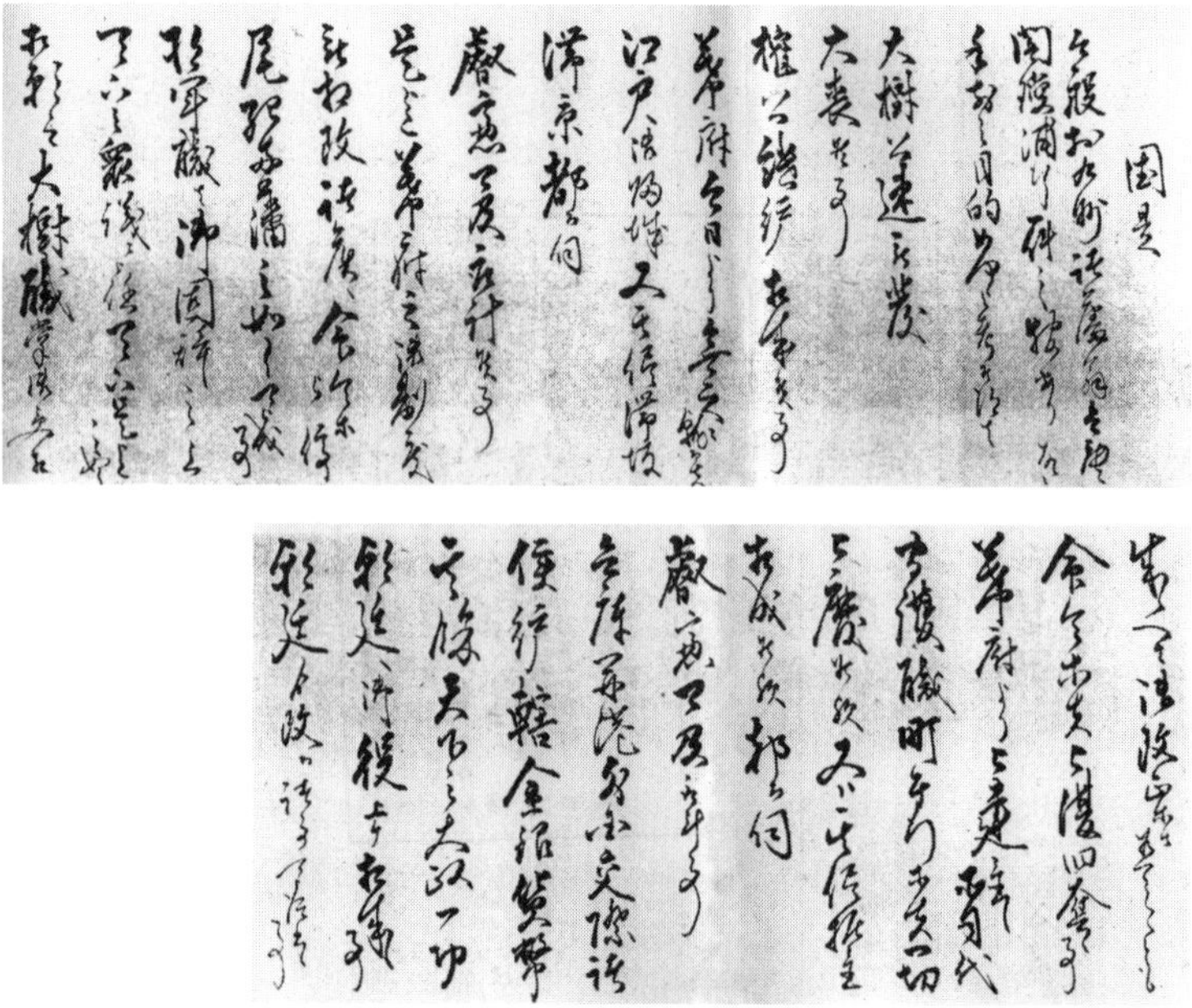

図 25　松平春嶽の「国是」

①一、速《すみやか》に大樹公（将軍）の喪《も》を発せられ候事

②一、橋公（徳川宗家）継統相成り候事

③一、橋公継統ありても、幕府は今日よりこれ無き事ゆえ、江戸へ御帰城またはそのまま滞坂・滞京、すべて叡慮伺い、取り計らわるべく候事

④一、徳川家従来の制度を改め、諸侯へ命令等停《とど》められ、尾紀両藩の如く成らるべき事

⑤一、幕府より建て置かれ候所司代・守護職・町奉行等は一切廃せられ候か、またはそのまま据え置き相成り候か、すべて叡慮伺い取り計らわるべき事

⑥一、兵庫開港・外国交際・諸侯統括・金銀貨幣、その余天下の大政、一切朝廷へ御返上相成り候事

⑦一、もし天下の衆議により、将軍職をこれまでのごとくにと願い、その職を御受け相成り候とも、諸侯へ命令等の書を旧套《きゆうとう》に復され候までにて、その他の御制度はなお御改正の廉《かど》、これ有るべき事

この七ヵ条勧告の主旨は、④〜⑥条に端的に見えるように、徳川家も尾張・紀州のように一大諸侯となり、「天下の大政、一切朝廷へ御返上」すべきことを勧めたものである。通説的には、大政奉還建白として、翌慶応三年一〇月の土佐藩のそれが知られている。

この春嶽勧告が、土佐の建白と異なるのは、公議結集の制度として、議事院の構想が挙げられていない点だが、徳川家にとっての意味合いは同じである。春嶽は、家茂が亡くなり、徳川宗家の家督継承者もまだ定まっていない今の時期を好機と見て、相続予定者である慶喜に、徳川家から天皇への大政返上を勧めたのであった。

なお、右の史料は『続再夢紀事』五、から引用したが、写真版で掲げたように、春嶽自筆の「国是」と題する草稿も残されている。文言に若干の異同があるが、内容的には同一である。

八月二〇日、慶喜は、将軍職には就任しないと宣言しつつ、徳川宗家を相続した。ついで九月八日、先の春嶽勧告に従って、選定された二四藩に対し、上京の「朝命」が発せられた。それが「朝命」である所以《ゆえん》は、徳川家大目付ではなく、朝廷の武家伝奏から諸藩京都留守居に伝達されたことである。選定の基準は外様または家門の国持クラス、および「防長関係」者であり、尾張・紀伊両徳川はじめ、

薩摩・土佐・宇和島などが含まれる。もはやこの時期になると、国事を「天下の衆議」で決するという考え方は、政治社会のなかで急速に普及してきていた。それも、将軍の存在を前提にしない衆議である。

事実、徳川方への対抗姿勢を強めていた薩摩藩の在京指導部、西郷・大久保らにしても、この構想を歓迎し、在京の大久保が帰国中の西郷宛てに、

誠に失すべからざる好機会と存じ、共和の大策を施《ほどこ》し、征夷府の権を破り、皇威興張の大綱あい立て候様御尽力伏《ふ》して冀《こいねが》い奉り候

と書き送り（九月八日付け。『大久保利通文書』一）、ただちに島津久光の上京を決定したのであった。薩摩側は、これを、将軍職廃止・王政復古実現の手掛かりと捉えたのである。

このような諸藩側の動きに対し、慶喜自身は、将軍職に就く以上は、春嶽勧告⑦条に見えるような職掌の限定を避けようとしていた。外交権の完全掌握をはじめ、元どおりの将軍職でなければ、それに就く意味はない。「大政返上」のつもりがないという慶喜の意図は、その除服参内《じよふくさんだい》の実現をめぐって明らかになった。除服参内は、慶喜が先代家茂の喪に服している最中ながら特別に除外して参内を許可されるという行事で、事実上の将軍就任許可を意味する。薩摩の大久保は、これを阻止するため朝廷工作に奮闘したが及ばず、慶喜の除服参内は一〇月一六日に実現した。これを踏まえ、薩摩藩は一一月初めまでに、いったん決定していた久光の上京を中止し、春嶽も一〇月中に帰国してしまった。

結局のところ、朝命に応じて上京した諸侯は、わずか七人にすぎなかった。一一月七、八日、彼らによる会議が開かれ、慶喜は諸侯から将軍に推戴《すいたい》される形式を整え、そのうえ、孝明天皇からも、慶喜を将軍に就けさせよ、との明確な意思表示をとりつけた。

一二月五日、徳川慶喜は正二位権大納言に昇叙任され、二条城で征夷大将軍の宣下を受けた。なお、官位に従った武家内部の序列からすれば、尾張慶勝（文久二年九月権大納言、元治元年四月正二位）の次席であり、異例である（翌年九月、内大臣昇任）。なお、慶喜は領知宛行《あてがい》状を諸大名に発給することなく、また江戸城に入ることもないまま辞職に至る。いうなれば、変則的な京都幕府であった。

四侯会議

慶喜の将軍就任から、わずか二〇日後の慶応二年一二月二五日（一八六七年一月三〇日）、天皇統仁が急死した。かつて一九六〇～七〇年代には専門研究者のあいだでも毒殺説が論じられたが、実際には悪性の天然痘《てんねんとう》による病死である。大葬《たいそう》後の二月一六日、「孝明天皇」の諡《し》号《ごう》が贈られる。その死去は、文久三年（一八六三）初めから天皇の側にあり、相互に信頼関係を深めていた慶喜から見て、有力な後《うし》ろ盾《だて》を失ったことを意味するが、同時に、とくに外交問題について、掣肘《せいちゅう》される要素がなくなったことでもあった。

天皇逝去《せいきょ》の跡を受け、慶応三年（一八六七）正月九日、皇太子祐宮睦仁《さちのみやむつひと》親王が践祚《せんそ》した。のちの「明治天皇」である。「践祚」は先帝逝去のあと、帝位を継承することを言い、生前譲位の場合は「受《じゅ》禅《ぜん》」という。しかし、睦仁は、数えの一六歳を迎えたばかり（満一四歳三ヵ月）で、政治経験のまったくない少年であった。まだ元服を終えていないし、即位礼も、先帝の喪が明ける一年後でなければ行なえない。関白だった二条斉敬が摂政に転じて、睦仁を補佐した。

さらに大葬にともなう特赦《とくしゃ》により、文久・元治年間以来、「勅勘《ちょっかん》」（天皇の怒り）に触れ、参朝禁止などに付されていた五〇名に上《のぼ》る廷臣たちが処分を解かれ、朝廷に復帰してきた。その多くは、八月一八日政変や禁門の変などに際し、長州系の過激攘夷論の同調者と目された公家である。なかでも政治的な実力者の筆頭は、前大納言中山忠能《さきのだいなごんなかやまただやす》である。中山は、新帝睦仁の外祖父（娘慶子が睦仁の生母）であり、かつて文久三年（一八六三）初めまで、正親町三条実愛《おおぎまちさんじょうさねなる》と並び、「議奏両卿」と称せられた有力者であった。この中山と、やがて議奏に復帰する正親町三条（慶応三年四月）、それに洛外追放・他人面会禁止を解かれた岩倉具視《いわくらともみ》（完全赦免は同年一二月八日）の三人が、主に薩摩藩の在京指導部と通謀しながら、朝廷内部を実質的に牛耳《ぎゅうじ》るようになる。

慶応三年前半の朝廷・幕府をめぐる政治状況は、このように、きわめて不安定で、流動的な状態にあった。西郷・大久保ら薩摩の在京指導部は、これを機会と見て、早くも正月半ばには、上京した長州の井上聞多《いのうえもんた》（馨《かおる》）と談合し、政体変革に向けた工作の再開を策し始めた。西郷らの計画は、現在の懸案事項である兵庫開港・長州処分の二問題を争点に、有力諸侯を京都に集会させ、将軍慶喜との折衝を通じて、外交権をはじめとする政治的な諸権限を、天皇を頂点に置く有力諸藩の合議体に移管させようとするものである。

兵庫開港は、二年前の条約勅許の際も、これだけは不許可となっていた条項だが、開港期日は慶応三年一二月七日（一八六八年一月一日）であり、その半年前には、開港予定を公表することが外国側と取り決められていた。また長州処分は、停戦後も棚上げ状態のままで、早急な解決が求められていたものである。

西郷らは、この狙いに即して、島津久光はもとより、越前の松平春嶽・土佐の山内容堂・宇和島の伊達宗城の四人を京都に呼び寄せようとした。彼らの要請に応じて、四人は四月一二日から五月一日にかけて相ついで入京し、時局対策の会談を重ねるとともに、慶喜との折衝に入った。いわゆる四侯《しこう》会議である。

その具体的な折衝方針は、この時期に、西郷・大久保が久光に呈した四通の建言書に見出される。四通とも長文なので、要点を整理すれば、次のとおりである（『大西郷全集』一）。

① 現在の「皇国」が早急に解決しなければならないのは、兵庫開港・長州処分の二問題であることを、慶喜にも確認させたうえ、まず長州処分を先に解決すべき課題とする。

② ついで処分内容を、ごく寛大な内容に修正して再決定する。具体的には、当主父子の官位復旧・当主隠居・世子相続のうえ、一〇万石削地は取り消し、とする。それは、文久年間以来の長州の行動が正当だったことを追認し、幕府の対外政策が誤りだったことを慶喜に認めさせる意味を持つ。

③ そのうえで兵庫開港問題を取り上げる。開港そのものは当然だが、先に確認した幕府の対外政策の誤りを衝《つ》いて、外交権を「朝廷」に移管させることを慶喜に承認させる。

④ 最終的に、「天下の政柄《せいへい》は天朝へ帰し奉り、幕府は一大諸侯に下り」、徳川家を含めた諸大名を天皇のもとに統合し、天皇の持つ国家主権を「天下の公議」を以て運営する体制の成立をめざす。

以上のように、④の最終目的に沿って段階的に設定された方針である。これには、木戸孝允（在山口）が品川弥二郎《しながわやじろう》（在京）宛てに、「当節は薩土二侯も御出京にて神州一新の端緒相立ち候事か」と喜んでいる旨を、四月七日付けで書き送ったように、長州藩も期待を寄せていた（『木戸孝允文書』二）。

しかし、慶喜は、五月一四日、一九日の二回にわたる四侯との会談の席上、彼らの提案をたくみに交わし、つけ入る隙を与えなかった。五月二三日、この問題を議するため、内裏において、摂政二条・内大臣近衛忠房《このえただふさ》など五摂家以下と、慶喜・所司代定敬・老中板倉勝静・同稲葉正邦《いなばまさくに》・若年寄大河内正質《おおこうちまさただ》らによる公家・武家合同の審議が開かれたが、四侯は出席しようとしなかった（遅れて春嶽・宗城が参内）。審議は紛糾し、徹夜になったが、翌二四日夜、慶喜は兵庫開港・長州処分について勅許を獲得した。前者は無条件勅許、後者は「寛大に処置せよ」とあるだけで、無条件委任である。四侯会議にかけた薩摩・長州両藩側のもくろみは、完全に挫折したのである。これを知った長州の広沢兵助は前原一誠宛て六月一九日付け書簡で、「長幕是非曲直、天下へ分明相成り候上はとてもいったん和解たりとも真の氷解には立ち到らず、宿怨再発は必然」と、徹底対決の姿勢をあらわにした。

四侯会議の失敗が明らかになった五月二五日、薩摩藩は、それまで数年にわたって試みられてきた幕府との会談や交渉による体制変革の方式を捨て、長州藩と協同して兵力を背景にした政変の計画を決意した。二本松邸の久光を前にした会議において、家老小松帯刀・西郷吉之助・大久保一蔵ら総勢一〇名の指導部により、

政権奉還の建白と薩摩・土佐・芸州の約定

「長と共に事を挙げるの議」の大体が定まったのである（新納《にいろ》嘉《か》藤次《とうじ》日記同日条。『大久保利通文書』二）。

ただし、この計画は、以下でも明らかになるように、徳川家との全面戦争を予定したものではない。会談や交渉ではついに決着のつかなかった将軍職の廃止や天皇親政を、兵力を背景にした内裏内部の制度変革で、強行的に実現しようという意味である。

久光は、この計画を長州藩側と打ち合わせるため、西郷の山口下向《げこう》を予定し、品川弥二郎および上京していた奇兵隊軍監（副長）の山縣狂輔《やまがたきょうすけ》（有朋《ありとも》）に、報告のため帰国を命じた（六月一六日）。

ところが、この西郷下向は中止される。それは、土佐山内家参政の後藤象二郎《ごとうしょうじろう》が、将軍慶喜に対する直接の建白という手段で、天皇への政権返上（いわゆる大政奉還）を勧めるという案を持って、坂本龍馬とともに長崎から上京（六月一三日）、西郷らもこれに賛同したためである。後藤は、老公容堂がすでに五月末に帰国したことを知り、土佐京都邸内で、これを寺村左膳《てらむらさぜん》・福岡藤次《ふくおかとうじ》（孝弟《たかちか》）ら重役にはかり、邸内の議論を取りまとめた。さらに後藤は薩摩側と接触を図り、二二日、三本木《さんぼんぎ》の料亭で、両者間の会談が持たれた。出席者は、薩摩側から小松・西郷・大久保、土佐側から後藤・福岡・寺

村・真辺栄三郎《まなべえいざぶろう》で、坂本龍馬・中岡慎太郎《なかおかしんたろう》が陪席した。この席で、後藤は、みずからの議論を開陳《かいちん》したが、「薩の三人、格別異論無し」であった（『寺村左膳日記』同日条）。

七月二日には、薩摩側の招待で再び宴席が設けられ（坂本・中岡は出席していない）、政権奉還《せいけんほうかん》にともなう政体構想が成文化して確認された。いわゆる薩土盟約だが、これは薩摩・土佐両藩間の盟約というより、後述するように、芸州藩（浅野家）などをも巻き込んで実現がめざされた「王制復古」を主眼とする政体構想そのものである。補足しておけば、薩摩・土佐（および芸州）のあいだで約束されたのは、建白を合同で行なうという件であり、その約束は後に破棄されるが、政体構想自体が否定されたわけではない。このような意味を持つ「約定書」は、前文に続いて、七ヵ条を挙げるが、長文のため、前半四ヵ条のみを紹介しておこう（六月二七日付け島津《しまづ》茂久《もちひさ》宛て久光書簡添付「約定書」）。

①一、天下の大政を議定する全権は朝廷に在り、我が皇国の制度法則一切の万機、京師《けいし》の議事堂より出るを要す

②一、議事院を建立《こんりゅう》するは宜しく諸藩よりその入費を貢献すべし

③一、議事院上下《じょうか》を分かち、議事官は上公卿より下陪臣庶民に至るまで正義純粋のものを選挙し、なおかつ諸侯も、おのずからその職掌によって上院の任に充《あ》つ

④一、将軍職を以って天下の万機を掌握するの理なし、自今《じこん》宜しくその職を辞して諸侯の列に帰順し、政権を朝廷に帰すべきは勿論なり

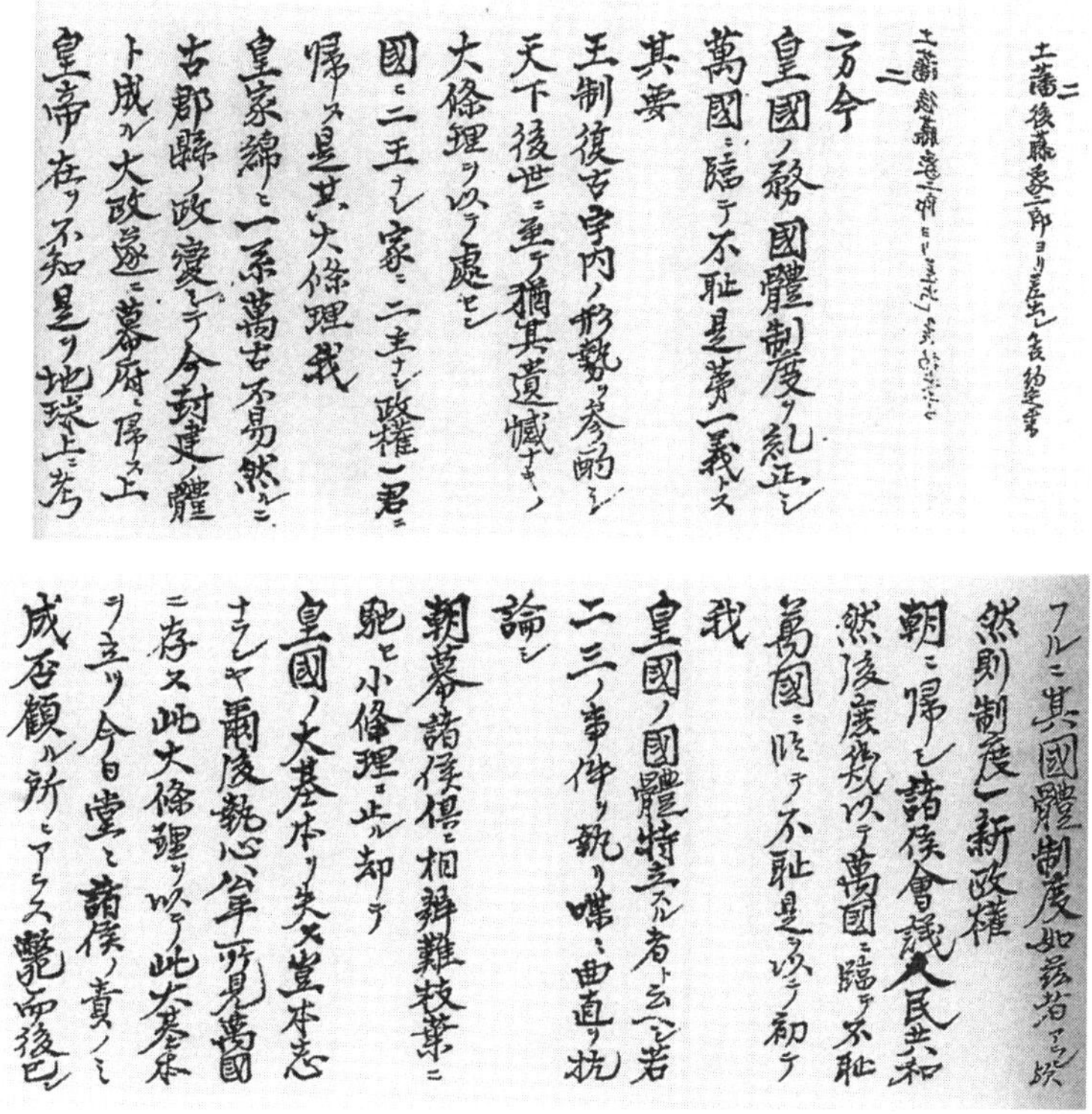
土藩ニ後藤象二郎ヨリ差出シ候約定書

方今
皇國ノ務國體制度ヲ糺正シ
萬國ニ臨テ不耻是第一義トス
其要
王制復古宇内ノ形勢ヲ參酌シ
天下後世ニ至テ猶其遺憾ナキノ
大條理ヲ以テ處セン
國ニ二王ナシ家ニ二主ナシ政權一君ニ
歸ス是其大條理我
皇家綿々一系萬古不易然ルニ
古郡縣ノ政變シテ今封建ノ體
ト成ル大政遂ニ幕府ニ歸ス上
皇帝在ヲ不知是ヲ地球上ニ考
フルニ其國體制度如茲者アラン歟
然則制度一新政權
朝ニ歸シ諸侯會議人民共和
然後庶幾以テ萬國ニ臨テ不耻
萬國ニ臨テ不耻是ヲ以テ初テ
我
皇國ノ國體特立スル者ト云ヘシ若
一二ノ事件ヲ執リ喋々曲直ヲ抗
論シ
朝幕諸侯倶ニ相辨難枝葉ニ
馳セ小條理ニ止ル却テ
皇國ノ大基本ヲ失ス豈本志
ナランヤ爾後執心公平所見萬國
ニ存ス此大條理ヲ以テ此大基本
ヲ立ツ今日堂々諸侯ノ責ノミ
成否顧ル所ニアラス斃而後已

図 26　政体構想の「約定書」前文

ここに見える構想は、前年八月の春嶽勧告と基本的に同じであり、それに上下《じょうか》議事院制と、その議員の選挙制が加わった内容である。議事院と選挙制については、前年一〇月に刊行された福澤諭吉《ふくざわゆきち》『西洋事情』がアメリカ大統領制と連邦議会（上下両院）制を紹介して以来、その超ベストセラー化とともに広く知られていた。さらに、この五月には、京都で兵学塾を開いていた赤松小三郎《あかまつこさぶろう》（信州上田《しんしゅううえだ》の出身）が、春嶽と久光に宛てた建白で、上下議政局と、一般庶民をも対象とする議員選挙制度を設けるべきと述べたことをきっかけに、京都政界では、最先端の議論となっていた。後藤がきっかけを作った、「約定書」の政体構想は、このような意味で、文久三年頃から具体化し始めた「王政復古」を名とする政体変革構想の集約点というべきものであった。

それとちょうど同じ頃、芸州藩もまた独自に、名分を正して条理に拠《よ》り、徳川氏に勧告して、政権を朝廷に奉還させ、慶喜自身は「退《しりぞ》きて藩籍《はんせき》」に就くべきことを構想していた。内容的には、土佐のそれと類似した政権奉還建白の構想である。世子浅野茂勲《あさのもちこと》は、この方針に沿って活動するため六月五日に着京、補佐役の家老辻将曹《つじしょうそう》は遅れて八日に着京していた。辻は、後藤が上京する以前に、小松帯刀に会って、すでにこの構想を語っている。

ついで六月二八日、土佐の佐佐木三四郎・寺村左膳が芸州の辻らと会談し、「約定書」についても同意を得た。七月三日、辻は後藤・小松と会談、「宜しく三藩連署」で、これを建白すべきとの協議を行ない、三者とも賛同したが、西郷は、兵力を背景に建白すべきことを主張し、その旨があわせて決定された（『藝藩志』七七、七八巻）。これを受けて、後藤は同日、京都を発ち、容堂以下の承認を得るため高知に向かった。なお、芸州藩は、以上の構想と経過を、岡山・鳥取・阿波徳島の三藩に通報し、彼らの賛同をも得ている。

政変計画の進展と奉還建白

土佐・芸州両藩と政権奉還を建白することで合意した薩摩藩は、五月二五日時点での長州藩との協同計画をいったん中止し、後藤の帰京を待った。その経緯は七月七日付けで西郷が、品川・山縣宛てに送った書簡に詳しい。これには「約定書」が添えられているが、西郷自身は「盟約書」と呼び、一般に薩土盟約と称されるのは、この西郷の言葉にならったものである。

西郷下向を中止したとの連絡に不審を抱いた長州側は、直目付《じきめつけ》柏村数馬《かしわむらかずま》を上京させた。柏村は、途中、岡山・鳥取両藩の支援を受けながら、八月一一日、薩摩藩の二本松邸に入り、五月以来の経過説明とともに、現在は、後藤が兵力を率いて帰京するのを待っている状態だとの釈明を受けて、一応納得した。長州内部では、建白という手段では、慶喜側が応じないだろうとの見方が強かったのである。

その後藤は、高知で老公容堂・当主豊範《とよのり》から、政権奉還建白の計画について承認を得た。ところが、出兵については、容堂が認めなかった。天下の正論を建白するのに、強迫手段を用いるのは不本意千万というのである。同時に、建白の文面から、「約定書」④条の、将軍辞職をあからさまに勧める文言を削除することになった。

こうして、「約定書」合意段階と比べて、薩摩・芸州両藩から見れば大きく後退した計画を携えて、後藤は京都に戻る。後藤が大坂に着いたのは、ようやく九月二日で、翌日午前中に西郷、午後に辻と接触したが、本格的な再折衝は、京都で行なわれることになった。

京都での薩土会談は七日から開始されたが、この席で西郷は、先の「盟約」を破棄する方針を示した。ただし、それは合同で建白を行なうという点のみであり、政体構想自体は否定されていない。薩摩藩は、このとき長州・芸州両藩と合同出兵を計画していたのである。

すなわち、九月一〇日から一三日にかけ、小松帯刀が辻将曹と、大久保一蔵が黒田益之丞（芸州）と会談し、出兵策を協議していた。そのうえで大久保が九月一五日、大坂発、山口入りし、一八日に毛利《もうり》敬親《たかちか》・広封《ひろあつ》父子と会見、一九日には出兵「条約書」が取り交わされた。さらに、山口に来た芸州の植田《うえだ》乙次郎《おとじろう》とのあいだで、薩摩・長州・芸州の三藩間の出兵手順が協議された。

ここで取り決められた計画の要点は、九月二六日までに薩摩兵を乗せた軍艦が、周防国三田尻に到着して長州兵を、さらに芸州領御手洗《みたらい》に寄港して芸州兵を乗せ、三藩兵の大坂到着を確認した上、翌日夜に京都で政変を決行する（在京薩芸兵力は約二千）、その直後、増援兵力千八百で大坂城を攻略、一挙ののち、島津茂久・浅野長訓《あさのながみち》の両家当主が兵を率いて上京するというものである。兵力を行使する予定なのは確実だが、それは主に京都への増援阻止のため大坂城攻略にあてるもので、京都でのそれは禁裏封鎖の兵力だから、必ずしも戦闘に至るとは限らない。計画発動は九月中の予定だった。

なお、将軍慶喜は、九月二一日内大臣に昇任し、武家官位による序列でも、尾張慶勝をしのいで第一位に就き、また宿舎に宛てていた若州屋敷（若狭小浜の酒井家京都屋敷）から二条城に移って、将軍としての体裁を整えていた。諸藩側の動きを察知し、対抗できる構えを怠らなかったのである。

しかし、薩長芸にとって、さきの計画は、またもや変更を余儀なくされる。鹿児島での出兵反対論が門閥層に根強く、予定期日を過ぎても薩摩艦は三田尻に到着しなかった。このため、長州藩では、出兵の機会を失ったものと判断し、その延期を決定した。ちょうどそのころ、京都では一〇月三日、土佐藩が「松平容堂」名義で単独で、慶喜に対し、政権奉還の建白を呈し、また芸州藩もやや遅れて六日、「松平安芸守」名義で独自の建白を呈した（土佐の建白別紙は、「約定書」と基本的に同内容。芸州は、本文のみ）。

いっぽう、薩芸の在京指導部は、出兵延期を知らないまま、山口から上京した長州の広沢兵助（真臣《さねおみ》）を交え、一〇月八日、京都で三者会合を持った。その席で、公家側と連絡をとって政変を実行すること、経過によっては徳川方と戦闘に及ぶことが確認されたのである。そのあと、大久保・広沢・植田乙次郎が中御門経之《なかのみかどつねゆき》邸に赴き、待っていた中山忠能と会見した。その場で、「要目」（次頁図27）に見えるように、三藩兵が大坂到着の報知あり次第、禁裏内で行動を起こすことが、相互に確認された。その行動計画の内容は、『藝藩志』八十巻、同日条に収められた、中山への提出文書二通によって詳しく窺《うかが》える。なお、この文書は、薩摩・長州側の史料からは発見できない。

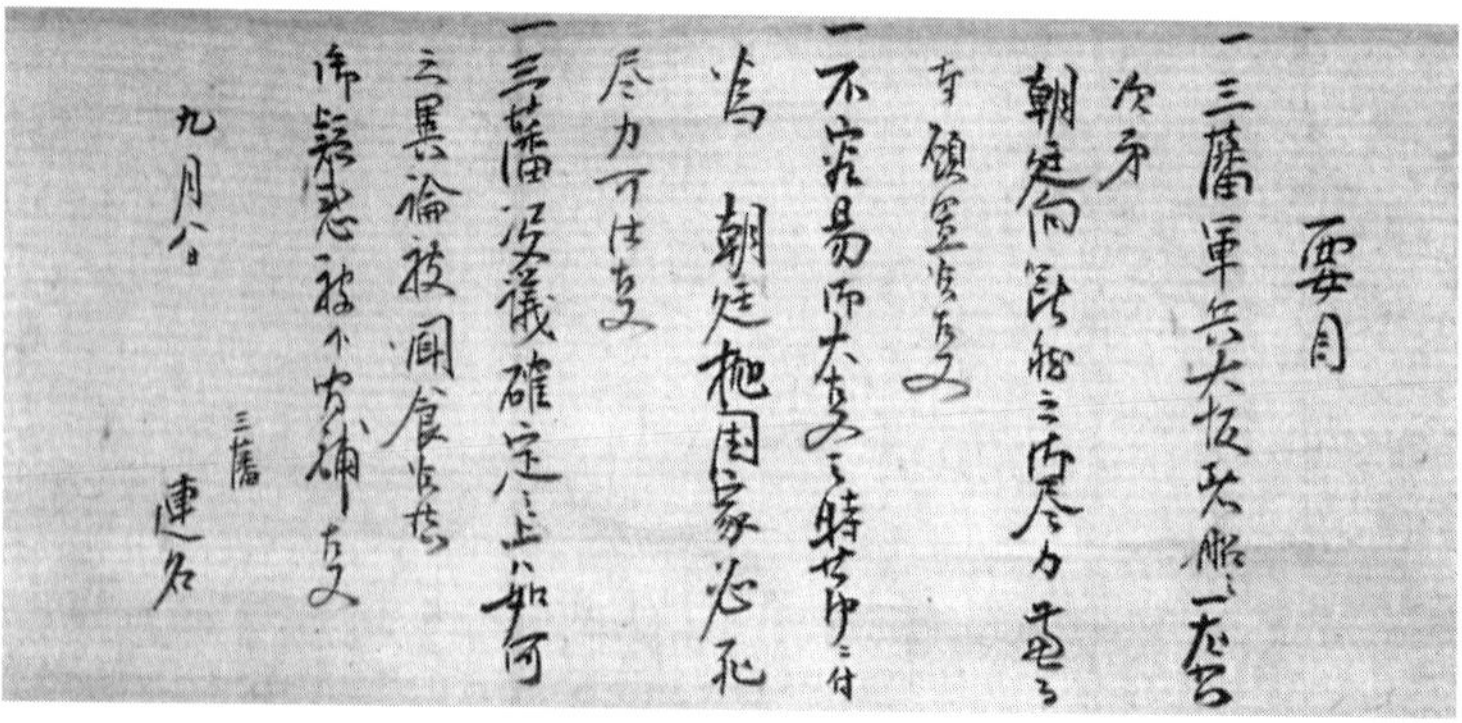

図 27　三藩「要目」　九月八日付，大久保自筆の草案

第一通は、政変の手順を説明したものである。それによると、中山・中御門・正親町三条実愛など限られた公卿が参内したあと、兵士を繰り出して禁裏六門を封鎖し、守護職邸（内裏の西側）にも兵士を配置したうえで、政体変革の宣言文を発布するという。

第二通は、政変がめざす政体構想を具体的に述べたもので、土佐の奉還建白別紙に相当する。それは、「不抜《ふばつ》の国是一定」を急務としたうえ、

征夷将軍職は廃せられ、大政を朝廷に帰《き》し奉り、賞罰の柄《へい》、予《よ》奪《だつ》の事、天子に出《い》で、大いに制度を御変革あらさせられ（中略）皇威恢復《かいふく》の英断を以って、朝命降下相成り候様、願い奉り候

としていた。つまり、実際の一二月九日政変で発布される、いわゆる王政復古の大号令にあたる天皇の命令降下を求めたものである。実際に政変は、おおむね、この手順によって進められる。

ところが、一〇月九日、山口から使者福田俠平《ふくだきょうへい》が到着、出兵延期を伝えた。このため、薩長芸の在京指導部は一〇日から翌日にかけ、再び協議し、出兵延期を承認するに至った。

慶喜抹殺の指令と政権奉還

それとともに、とくに薩摩藩側では、小松・西郷・大久保の三人が揃って帰国し、当主島津茂久の率兵上京を促すことになった。

そのため、中山ら公家側に対して、当主上京を担保する文書の交付が要請され、一四日にその「詔《みことのり》」が、大久保・広沢らに渡された。いわゆる「倒幕の密勅《みっちょく》」だが、その呼び名が定着するのは、一九五〇年代以降である。慶応三年当時から長く、極秘文書扱いされ、公開されたのは、昭和一一年（一九三六）に刊行された維新史料編纂事務局編『維新史料聚芳』に「討幕の詔」と題して、写真版が掲載されてからである。

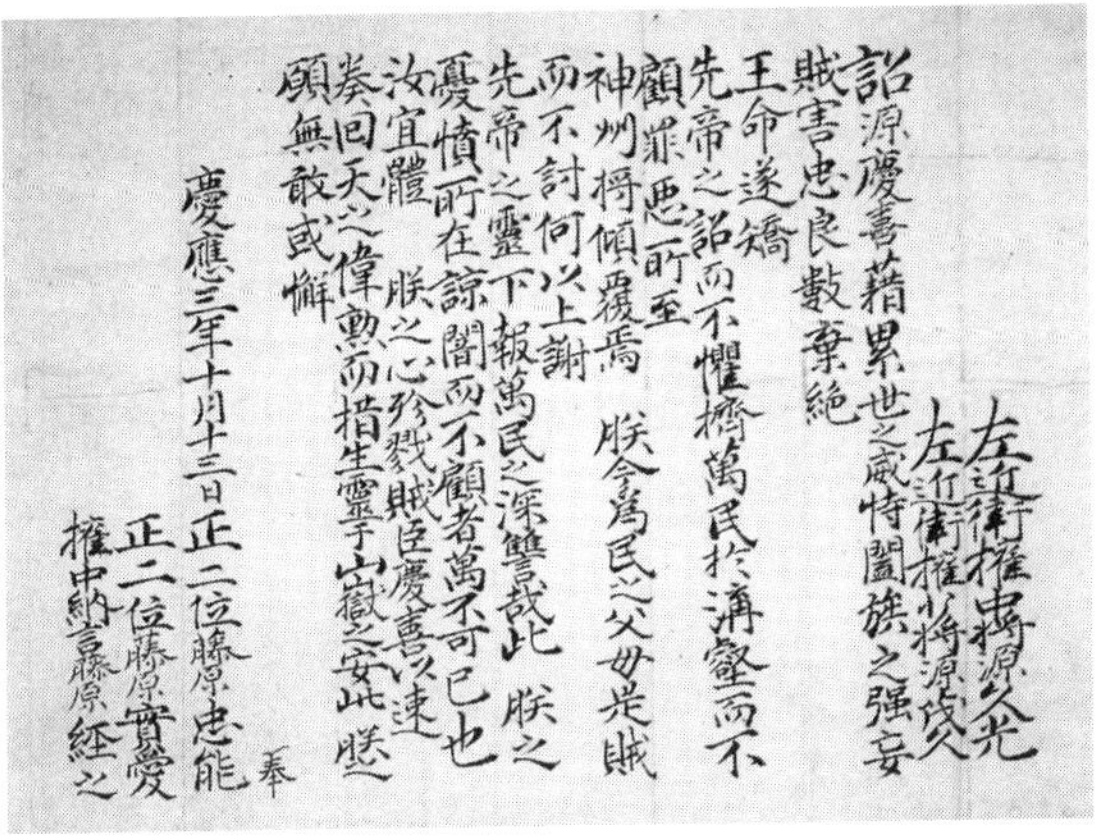
詔源慶喜藉累世之威恃闔族之強妄
賊害忠良數棄絶
王命遂矯
先帝之詔而不懼擠萬民於溝壑而不
顧罪悪所至
神州将傾覆焉　朕今為民之父母是賊
而不討何以上謝
先帝之霊下報萬民之深讐哉此　朕之
憂憤所在諒闇而不顧者萬不可已也
汝宜體　朕之心殄戮賊臣慶喜以速
奏回天之偉勲而措生霊于山嶽之安此　朕之
願無敢或懈
慶應三年十月十三日　正二位藤原忠能　奉
正二位藤原實愛
權中納言藤原經之
左近衛権中將源久光
左近衛権少將源茂久

図28 「討幕の詔」 薩摩宛て

その内容は、次のようなものであった（原漢文）。

詔す、源慶喜、累世《るいせい》の威を藉《か》り、闔族《こうぞく》の強を恃《たの》み、妄《みだ》りに忠良を賊害《ぞくがい》し、あまつさえ王命を棄絶《きぜつ》し、ついには先帝の詔を矯《た》めて懼《おそ》れず（中略）汝よろしく朕の心を体し、賊臣慶喜を殄戮《てんりく》し、以て速やかに回天の偉勲を奏し、しこうして生霊《しょうりょう》を山嶽の安きに措《お》かん、これ朕の願い、敢えて或いは懈《おこ》たることなかれ

主旨は、「賊臣慶喜を殄戮」、つまり完全に抹殺せよ、とあ

るだけで、「倒幕」・「討幕」の言葉や、直接に出兵を要請する文言はない。しかも様式・手続きとも正式の「詔」ではない。天皇が命じたものである証拠は（たとえば御璽《ぎょじ》など。ただし本来、「詔」に印璽はない）何もなく、摂政二条は関与していない。発給者として、「正二位藤原忠能　正二位藤原実愛　権中納言藤原経之」三名の署名が「奉」の一字とともに記され、奉書（天皇の意を奉じて出された文書）のような様式である。宛て名は「左近衛権中将源久光　左近衛権少将源茂久」（薩摩宛て一三日付け）、「参議大江敬親　左近衛権少将大江定広」（長州宛て一四日付け。定広は「広封」の書き誤り）である。長州宛ての文書で言えば、毛利敬親・広封父子の官位復旧も、正式には成されていないので（形式的には一三日、「本官本位に復せられ候」との文書が岩倉から広沢に渡されている）、「朝敵」に対して「賊臣」殺害を指令するという奇妙な内容になってしまう。長く公開がはばかられたのも、当然であろう。つまり、もともとこの文書は、必要なときには、このような文書が出せるというサンプル的なものというしかない（佐々木克『坂本龍馬とその時代』）。

ただし、中山忠能・正親町三条実愛・中御門経之の署名があるから、とくに薩摩藩に対しては、朝廷内部の同調者の存在を保証した意味で、かろうじて有効であった。小松・西郷・大久保にしても鹿児島では、さほど権威があるわけではないから、このような文書がないと、当主茂久に兵を率いて上京させることはできなかったのである。西郷ら三人は、これを携えて鹿児島に帰り、茂久の率兵上京が実現する（一一月一三日、鹿児島出港、二三日入京）。

さらに、薩長芸の在京指導部にとって、予想に反する事態が生じた。慶喜が建白に応じて、一〇月一四日、政権奉還の上表を天皇に呈したのである。翌一五日、天皇はこれを聴許《ちょうきょ》した。これにより、先の「詔」も見合わせるべきことが公家側から指示され、薩長芸の計画から、大坂城への先制攻撃が削除された。慶喜は将軍辞表をも呈した（一〇月二四日。受理は諸侯会議まで保留）から、将軍討伐の必要と名分が失われたためである。

ここでいう「政権」の内容は、結局のところ、諸大名に対する領知宛行権《りょうちあてがい》に集約される。全国の行政に関する権限は、最終的には、徳川家当主が諸大名に領知を宛がい、諸大名が徳川家に臣従していることに根源を持つ。その主従関係は、すでにほとんど解体状況にあった。慶喜は、そのような実態にある領知宛行権を放棄した。これを受けて、薩摩藩の寺島宗則《てらしまむねのり》は、一一月二日付けで島津茂久宛てに、「封建の諸侯」、つまり大名を廃止すべきことを早くも建言している（『忠義公史料』四）。のちの版籍奉還につながる考え方は、すでにこの時点で現われていたことが分かる。

さらに、慶喜は将軍辞任を表明したことで、諸大名に対する軍事指揮権をも放棄した。慶喜の手中に残るのは、欧米諸国との交渉権、つまり外交権だけであり、それのみが彼にとって日本国代表者であることを保証する要素となった。

一二月九日政変

慶喜の政権奉還ならびに将軍辞表提出により、諸大名は、名目上は王臣となった。天皇は、その王臣となったすべての大名に、衆議開催のため上京命令を発したが、

図29　小御所建物写真

多くは召命を辞退した。変転極まりない政治情勢を見極め、みずからの立場を決することは、直接に政局運営にあたっていない立場から見れば、困難であった。なお、長州藩兵は一一月二九日、寛大処分の伝達を受けるという名目で、家老毛利内匠《たくみ》率いる一〇〇〇人が摂津打出浜《うちではま》（兵庫県芦屋市）に上陸し、九日以降、入京許可の通知を受けて西国街道を京都へ向かう。なお、打出浜の警衛を幕府から命ぜられていた伊予大洲藩の兵は、長州兵の上陸を手助けしていた。

その状況のもと、一二月八日、禁裏内で国事評議が開かれ、太宰府に滞在したままの三条実美らの官位復旧および帰洛許可、ならびに毛利家当主父子の官位復旧などが決定された。八日の評議が解散したのは、翌日の明け方であった（一八六八年一月三日）。その席には、中山忠能・正親町三条実愛・長谷信篤《ながたにのぶあつ》、武家では尾張慶勝・松平春嶽・浅野茂勲（芸州世子）の六人だけが残された。完全赦免が認められたばかりの岩倉具視、それに中御門経之が呼び出されたのち、薩摩・芸州両藩を主力とする兵力が禁裏六門を固め、許可者以外の入構を差し止めた。有栖川《ありすがわの》宮熾仁《みやたるひと》親王・山階宮晃親王・仁和寺宮嘉彰《にんなじのみやよしあきら》親王・島津茂久、やや遅れて山内容堂が禁裏内に入った。

以上の一三名だけで、新政府の樹立が決定され、天皇の承認を得た。彼らは新職制（総裁・議定・参与の三職）の構成要員であり、総裁《そうさい》に熾仁親王、議定《ぎじょう》に晃親王・嘉彰親王・中山・正親町三条・中御門、武家から慶勝・春嶽・容堂・茂久・茂勲、参与《さんよ》に大原重徳《おおはらしげとみ》・万里小路博房《までのこうじひろふさ》・長谷信篤・岩倉具視・橋本実梁《はしもとさねやな》、計一六名が宛てられた（このほか、五藩士各三名の参与任命は一二日付け）。

彼らは、小御所において、新政府樹立の宣言文を協議採択し、同様に天皇の承認を得た。次のような内容である（『明治天皇紀』一）。

> 徳川内府《ないふ》、従前御委任の大政返上、将軍職辞退の両条、今般断然聞《き》こし食《め》され候（中略）これにより叡慮を決せられ、王政復古、国威挽回の御基《おんもとい》、立たせられ候間、自今《じこん》、摂関幕府等廃絶《はいぜつ》、即《そっ》今《こん》まず仮りに総裁・議定・参与の三職を置かれ、万機行わせらるべく、諸事神武創業の始めにもとづき、搢紳武弁堂上地下《しんしんぶべんとうしょうぢげ》の別なく、至当の公議をつくし、天下と休戚《きゅうせき》を同じく遊ばさるべき叡念につき、各《おのおの》勉励旧来驕惰《きょうだ》の汚習を洗い、尽忠報国の誠を以って奉公致すべく候事

ここでいう「摂関幕府等廃絶」の具体的な対象は、摂政（関白）・議奏《ぎそう》（五名）・伝奏《てんそう》（二名）、及び征夷大将軍（空席）・京都守護職・京都所司代であり、天皇の意思を奉じて天下の政治を運営していた公家側・武家側を通じた権力組織の中枢である。それを廃絶し、代わるものとして、総裁《そうさい》・議定《ぎじょう》・参与《さんよ》の三職を設置し、日本全国を統括する新政府とすること、その政府は公家・武家の身分差を解消した構成員による「至当の公議」によって運営されることが宣言された。言い換えれば、それまでの朝廷・幕府を廃止して、天皇と臣下（公卿諸侯）を直結し、その臣下の公議に基づいて運営する政府を

置く、という意味である。この宣言が、諸大名に通告されるのは一四日、農商への布告は一六日であった。

この事態にあって、慶喜は一二日夜には、会津容保・桑名定敬をともなって二条城を立ち退き、大坂城に移った。もともと慶喜は、松平春嶽を通じて、政変計画の情報を事前に得ていたが、阻止する動きをとっていない。新政府に慶勝・春嶽・容堂が参加している限り、自分が決定的に不利な状態に追い込まれる心配はなかったのである。さらに、慶喜は一六日には大坂城で英仏蘭米ならびにイタリア・プロシャの六ヵ国公使を謁見し、外交権は依然として自分の手中にあることを宣言した。外交権行使に関する限り、京都ではなく、海港を擁する大坂のほうが地理的に有利である。その後、新政府と慶喜側とのあいだは、春嶽・慶勝の仲介周旋にあって、当初の緊張関係は弛《ゆる》み、年末には岩倉までが態度を軟化させ、慶喜の議定登用は内定寸前に至った。

しかし、数年にわたって対抗関係にあった薩長から見れば慶喜排除は絶対条件であり、それに慶喜が外交権掌握を主張している以上、彼を政府に加えることは、将来的にも混乱を招くだけとの判断があった。いっぽう徳川家臣にも、反薩摩感情は極点に達していた。慶喜は、家臣の突き上げを抑《おさ》えきれず、「討薩表」を携えた大目付滝川具挙《たきがわともたか》率いる武装兵の上京を認めた。慶喜は、京都情勢を自分に有利と見ていたのであろう。

四　国家機構の整備と大名領主の解消

1　太政官制の成立

鳥羽・伏見の戦い

慶応四年（一八六八）正月三日、京都郊外の鳥羽《とば》・伏見《ふしみ》において、慶喜《よしのぶ》の議定《ぎじょう》就任を前に、先駆けを務めると称して入京しようとする徳川《とくがわ》方と、武装兵の入京は認められないという薩長《さっちょう》方とのあいだで、ついに戦端が開かれた。発端としては、新政府の中核軍事力をなす薩長方と、旧幕府徳川方とのあいだの偶発的な局地戦であった。言い換えれば、新政府として、政策方針のうちに含まれていた戦いではなく、あくまでも、薩長と徳川の私戦であり、土《と》佐《さ》・芸州《げいしゅう》は参戦していない。しかし、きっかけが何であるにせよ、いったん始まってしまえば、その勝敗が、政治的な勝者と敗者をはっきり区別する結果を招くのは当然だった。

正月三日午後から、翌日午前中まで、勝敗の帰趨《きすう》はまだ定かではない。もともと参与《さんよ》大久保《おおくぼ》利通《としみち》は、議定岩倉具視《いわくらともみ》に対して、開戦の報が届く前から、すぐにも征討の決断を下すよう、強硬に進言していた。大久保・西郷《さいごう》、それに長州の広沢真臣《ひろさわさねおみ》（一二月二七日任参与）らにしてみれば、開戦という既成事

図 30 「城中焼亡埋骨墳」 大阪城公園．慶応四年七月薩長が建立．

実こそが、手詰まりの現状を打開する唯一の道であった。四日夕刻には、大久保らの主張に従って、仁《にん》和《な》寺宮嘉彰《じのみやよしあきら》親王が征討大将軍に任ぜられ、「官軍」陣頭に錦旗《きんき》がひるがえった。ここにおいて、徳川方は「賊軍」とされたのである。

五日に戦場は、河内国境に近い山城南部の淀・八《や》幡《わた》方面に移り、激戦が繰り広げられたが、六日午後になると、淀川右岸に位置する山崎関門を守る藤堂《とうどう》家（津《つ》藩）の兵が、前日の勅使の宣告を受け入れて、新政府側につくことを表明し、対岸の旧幕兵に対し、砲撃を開始した。世に言う「藤堂の寝返《ねがえ》り」である。これが最終的な決め手となって、夕刻には旧幕兵は大坂に向けて敗走を余儀なくされた。

七日には、小御所に議定・参与・在京諸侯が呼び集められ、総裁熾仁《たるひと》親王が、慶喜の反情明白、始終朝廷を欺《あざむ》き奉り候段、大逆無道とする追討令を伝達し、岩倉具視が、大坂方につきたい者は明朝までに回答せよと、恫喝《どうかつ》するような言葉を添えた。この時点では、畿内近国《きないきんごく》はじめ、西南諸藩が政府側につくという見通しが、はっきり立つようになっていたのである。なお、徳川慶喜の正二位内大臣はじめ、会津の松平容保《まつだいらかたもり》・桑名の松《まつ》平定敬《だいらさだあき》・老中板倉勝静《いたくらかつきよ》らについて、官位剝奪《はくだつ》処分が行なわれるのは三日後の一〇日である。

追討令が出るちょうど前夜に、大坂城をひそかに脱出していた慶喜は、会津容保・桑名定敬らとともに七日朝には軍艦開陽に搭乗して江戸に逃げ帰っていた。総大将に逃亡されたことを知った将兵は、互いに顔を見合わせて呆然《ぼうぜん》とした。これで完全に戦意を喪失した旧幕方は四散し、九日から一〇日にかけて、まず長州兵が大坂城を接収、ついで大将軍嘉彰親王が大坂入りして、西本願寺北御堂《きたみどう》を本営とした。大坂方面の制圧は、拍子抜けするほどあっけなく終了し、新政府側の統治下に入ったのである。慶喜から見れば、京都政局の情勢判断を誤り、武装兵の上京を許したことが、政治的に致命傷を負う結果を招いたのであった。

「王政復古」の対外通告

慶喜の失策に恵まれ、国内政局について新政府は、まずは主導権確保の見通しがついた。もとより、本拠の江戸に戻った慶喜以下、徳川家の今後の出方と、それへの対処は重要問題だが、それとともに、外国側の承認を取りつけることが、新政府にとって当面の大きな課題であった。昨年一二月九日の政変以来、まだ諸外国には、何の通知もなされず、公式の折衝さえ行なわれていなかったのである。

折衝が始まるきっかけになったのは、正月一一日に起きた神戸事件である。摂津西宮の警備を命ぜられた備前岡山池田《びぜんおかやまいけだ》家の兵が、山陽道を東進し、神戸居留地（造成中）の前を通りかかったとき、上陸していたフランス・イギリス水兵らと衝突し、双方が発砲するという事態になったのである。

事件そのものは、双方に若干の負傷者が出た程度だが、外交問題としては重大であった。そもそも神戸港一帯の日本側警備の責任主体が、徳川なのか、新政府なのかさえ曖昧なままなのである。先の神戸開港・大阪開市《かいし》（期日は慶応三年一二月七日・一八六八年一月一日）に立ち会ったあとも、阪神方面に滞在していた列国公使団は、英公使パークスの主導のもと、強硬な態度をとり、神戸港に停泊中の日本船舶六隻を抑留《よくりゅう》し、付近一帯を軍事占領下に置いた。

この解決のため、外国事務取調掛に任ぜられた参与東久世通禧《ひがしくぜみちとみ》が勅使として神戸に下り、一五日、列国公使団に、王政復古が成され、天皇が内外の政治を親裁する体制になったことを通告した。このときには、外国事情に詳しい伊藤博文《いとうひろぶみ》・寺島宗則《てらしまむねのり》らが同行している。とくに寺島は、前年一二月二〇日前後に、大久保利通の意向を踏まえ、イギリス公使館員アーネスト・サトウらと大坂で非公式に接触し、外国向け天皇詔書の伝達についてイギリス側の意向を詳細に打診していた。その根回しを踏まえ、イギリスはじめ列国公使団は、この王政復古の通告を、異議なく受け入れた。ただし、事件そのものについては、責任者の厳重処分を要求し、このため、岡山藩兵の隊長、滝善三郎《たきぜんざぶろう》（家老日置帯刀《へきたてわき》の家臣）が切腹することになった。列国側の信頼を新政府につなぎとめるため、政府高官のなかでも、岩倉具視が滝に因果《いんが》を含めたのだという。

同じ正月一五日、新政府は国内に向け、次のような、いわゆる対外和親の布告を発した。

外国の儀は、先帝《(孝明天皇)》多年の宸憂《しんゆう》にあらさせられ候ところ、幕府従来の失錯により、因循《いんじゅん》、今日に至り候折から、世態大いに一変し、大勢誠にやむを得させられず、このたび朝議のうえ、断然、和親条約取り結ばせられ候、ついては上下一致、疑惑を生ぜず、大いに兵備を充実し、国威を海外万国に光耀《こうよう》せしめ、祖宗先帝の神霊に対答あそばさるべき叡念に候あいだ、天下列藩士民に至るまで、この旨を奉戴《ほうたい》、心力を尽くし、勉励《べんれい》これあるべく候事

この文面は、国内の一般民衆をも対象にしたものだが、厳密に言えば妙な部分がある。すなわち、「このたび朝議のうえ、断然、和親条約取り結ばせられ候」といっても、むろん新たに条約を締結したわけではない。要は、今後はかつての攘夷などではなく、外国とは親睦を結ぶ方針をとる、という宣言であり、外国側にも伝わることを十分に含んだうえでの文言であった。さらに、新政府はその方針を具体化する行事として、天皇による外国公使の謁見を計画した。

公使謁見と堺事件

外国側の承認を得るためには、天皇が公使を直接謁見することが有効、という提案も、前年末にサトウから寺島に対して、なされていた。これを踏まえ、二月七日、松平春嶽《まつだいらしゅんがく》・山内容堂《やまうちようどう》・島津忠義《しまづただよし》（茂久から改名）ら武家議定六名は連署して、次のように述べた（『明治天皇紀』一）。

これまで（外国人を）犬羊戎狄《けんようじゅうてき》と相唱え候愚論を去り（中略）万国普通の公法を以って参朝をも命ぜられ候様、御賛成あらさせられ、その旨海内《かいだい》（国内）へ布告して永く億兆《おくちょう》の人民をして方向を知らしめたまいたき（後略）。

これまで、外国人を「犬羊戎狄」と呼んできたような愚かな習慣を改め、万国公法に従って、参内

謁見をも命ずるようにし、その旨を国内に広く布告して、一般の人びとにも、今後の方向性を知らせるようにしたいというのである。

天皇による近代外国使節の参内謁見は、まさに画期的であり、夷狄《いてき》嫌いの先帝（孝明《こうめい》天皇）在位当時では考えられないことだったが、代替わりとともに、「神武創業」をうたう政変によって、このような対外方針の表明も可能になっていたのである。

しかし、いっぽうでは、こうした新政府のあからさまな方針表明を不満に思う人びとも多くあった。二月一五日に起きた堺港《さかい》での、土佐藩兵によるフランス水兵殺傷事件は、その典型である。その日、フランス軍艦デュプレクスから、堺港に派遣された蒸気艇に乗っていた二〇人の水兵は、上陸中のところを、警備に当たっていた土佐藩兵から無差別発砲を受け、一一人死亡、五名負傷という被害を受けた（堺事件）。

この事件は土佐側が、堺港も大阪開市にともなって外国人の上陸通行許可地となっていたことを知らなかった、という事情も手伝っていたが、最も大きな要因は、警備の責任者である土佐六番隊長箕《みの》浦猪之吉《うらいのきち》が、もともと強固な排外思想の持ち主であったことである。箕浦らは、おそらく新政府の対外和親方針や、公使参内計画に大きな不満を持ち、それをくつがえすため、あえて無抵抗のフランス兵に射撃を浴びせるという不祥事件を起こしたものと思われる。

フランス公使ロッシュやデュプレクス艦長トゥアール大佐が、新政府に厳重抗議を申し入れたのは当然だが、政府は、その要求を全面的に受け入れ、土佐藩兵の発砲者として箕浦以下一〇人が切腹、賠償金を支払い、土佐藩主山内豊範《とよのり》の直接謝罪という処分をただちに実行した。この措置によって、新政府が「万国普通《ばんこくふつう》の公法《こうほう》」をもって西欧諸国に対応するという方針に偽りがなく、また、違反者厳重処分も、これを実践する力量があるということが証明される結果になった。むしろ、その意味からすれば、堺事件とその処理は、新政府に対する外国側の信頼を高めさせる、という予期しない効果を生んだともいえる。

事件を経たのち、二月二八日から二九日にかけ、イギリス公使パークス、オランダ公使ファン・ポルスブルック、フランス公使ロッシュが京都に入り、三〇日に参内謁見が行なわれ、天皇側から、「貴国帝王安全なるや、朕これを深く喜悦《きえつ》す、自今両国の交際、益々親睦、永久不変を希望す」との

図 31 「明治初年佛人撃攘之処」石標 堺事件の現場に立つ.

勅語が伝えられた。ただし、パークスは御所に向かうため、宿舎の知恩院《ちおんいん》を出たところを、浪士三枝《さえぐさ》蓊《しげる》、朱雀操《すざくみさお》の二人に襲撃されたため、参内は延期された。パークスに負傷はなく、また意外に冷静で、その参内謁見は三日後に実現した。なお、朱雀はその場で斬殺、三枝は取り押さえられ、二人とも梟首《きょう》《しゅ》された。外国要人に対する政治的な意図を持った暴行事件は、これを最後に見られなくなる。

徳川処分

外国との関係を当面のところ安定させた新政府は、これと並ぶ課題であった徳川処分を本格化させた。正月七日、大坂を出港した慶喜一行は、一一日、品川に帰り着いていた。そのときの模様について、慶喜に呼び出されて一行を出迎えた勝海舟《かつかいしゅう》はのちに、「これだから、私が言わないことじゃあない、もうコウなってから、どうなさるつもりだ」とひどく言ったが、「誰も誰も、青菜のようで、少しも勇気はない。かくまで弱って居るかと思うと、おれは涙のこぼれるほど嘆息したよ」と回想している（『海舟語録』）。

しかし、慶喜の動きは、それなりに機敏であった。一七日には勝を海軍奉行並《なみ》に復帰させ、六日後には陸軍総裁に任じるとともに、徹底抗戦を唱える勘定奉行小栗忠順《おぐりただまさ》を罷免し、和平恭順方針を明確化して、勝に新政府側との折衝を委ねたのである。ついで、慶喜は松平春嶽や山内容堂を通じて、新政府に徳川家の救済をはたらきかけるとともに、二月一二日には、江戸城を出て上野寛永寺に引きこもり、恭順の意を表した。こうした動きを見る限り、慶喜自身には新政府に抗戦してまで、再挙を図る意思はなかったようである。

いっぽう新政府側では、二月九日、総裁有栖川宮熾仁親王《ありすがわのみやたるひと》が東征大総督に任ぜられ、東海・東山・北陸三道の先鋒総督兼鎮撫使が総計一万の軍勢を率いて、一五日までに京都を出発していった。各道総督は公卿で、名目的な存在にすぎず、指揮の実権はそれぞれの参謀が握り、とくに大総督府参謀となった西郷隆盛《さいごうたかもり》が事実上の最高司令官であった。東海道先鋒総督府参謀は長州の木梨精一郎《きなしせいいちろう》と薩摩の海江田武次《かえだたけつぐ》、東山道先鋒総督府参謀は土佐の板垣退助《いたがきたいすけ》である。この顔ぶれからも察せられるように、東征軍の主体そのものが、薩長土三藩の兵力から成り立っていた。

山陰道や中四国にも正月以来、鎮撫総督《ちんぶそうとく》または追討総督《ついとうそうとく》が派遣されていたが、これら地方の諸藩は目立った抵抗を見せず、正月中にはすでに帰順を表明していたから、西日本各地は、二月までに新政府の統治下に入っていた。また、美濃《みの》以東駿河《するが》、および信濃の諸藩に対しては、尾張徳川家が率先して「勤王誘引《きんのうゆういん》」と呼ばれる宣撫《せんぶ》工作を行ない、新政府側に引き入れていた。つまり、征討大総督の出発以前に、本州でも江戸以西の諸藩は、新政府側につく姿勢を明らかにし、徳川宗家《そうけ》のみが江戸で孤立する状態に至っていたのである。このため、東海道・東山道を進む政府軍は、抵抗らしい抵抗も受けず、三月一二日には、東海道軍が品川着、東山道軍も一三日に板橋に着き、一五日が江戸城総攻撃予定日とされた。

東征大総督府では当初、徳川家に対して、慶喜の切腹を含め、江戸城の完全明け渡しや全軍の武装解除といった、過酷な処分案を持っていたようである。とくに慶喜の助命歎願については、大久保利

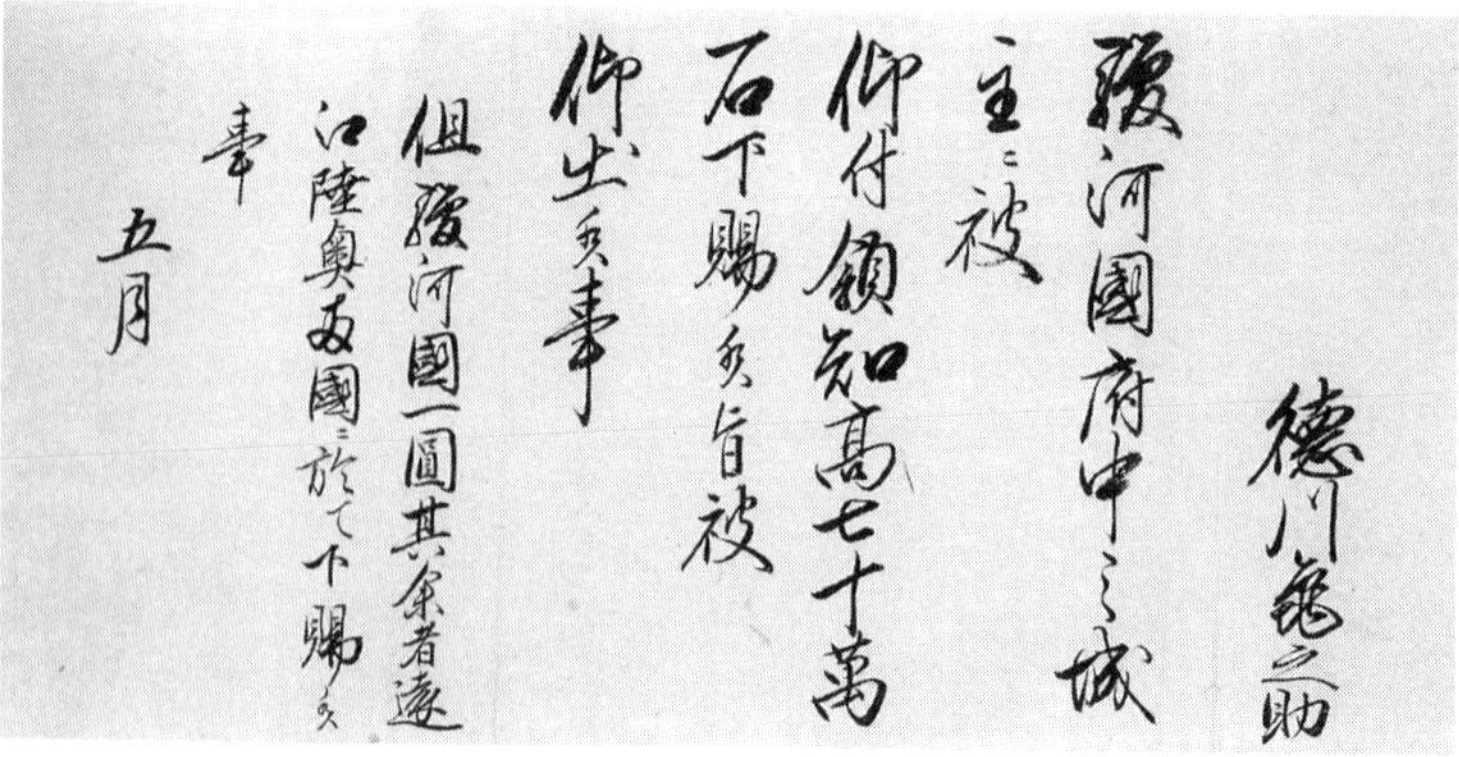

徳川亀之助
駿河國府中之城
主ニ被
仰付領知高七十萬
石下賜候旨被
仰出候事
但駿河國一圓其余者遠
江陸奥両國ニ於て下賜候
事
五月

図32 「七十万石下賜」沙汰書

通が「あほらしき沙汰の限り」（二月一六日付け蓑田《みのだ》伝兵衛《でんべえ》宛て書簡）と言い放ったように、論外とする見方もあった。たしかに、慶喜と過去数年間にわたって政治抗争を繰り広げてきた薩長からみれば、その切腹も当然であっただろう。しかし、新政府は、薩長だけで成り立っているわけではないから、彼らの私怨《しえん》晴らしのような印象を周囲に与えるのは、決して得策ではない。

新政府側、徳川家側ともさまざまな思惑が交錯《こうさく》するなか、三月一三日から一四日にかけ、江戸の薩摩邸で、西郷と徳川家代表の勝海舟とのあいだで談判が持たれた。この談判についても、後年《こうねん》にさまざまに伝説化されるが、基本は講和条件の調整である。現実問題として、西郷にしても江戸城総攻撃を実行して、江戸の町と町民を戦火に巻き込むつもりはない。勝が言ったように、「江戸は皇国の首府」であり、江戸という巨大都市の持つ社会資本（都市機能）は、そのまま利用できる。それを焼けば、再建には莫大なコストがかかる。それと引き換えにできるほど、恭順している慶喜の首の価値は高くない。

結局のところ、慶喜は助命のうえ、実家の水戸徳川家の下で謹慎、徳川の家名は存続、軍艦兵器は一部を残して引き渡す、江戸城は明け渡す、という条件で決着がついた（公式の申し渡しは四月四日）。西郷は、その場でただちに総攻撃中止の命令を発した。

この条件のもと、四月一一日に東海道先鋒総督橋本実梁《はしもとさねやな》が、諸藩兵を率いて江戸城を接収、二一日には東征大総督熾仁親王が入城して明け渡しは完了した。閏四月二九日、田安亀之助《たやすかめのすけ》（徳川家達《とくがわいえさと》）の家督相続が認められ、ついで駿府七〇万石が下賜される。なお、これらの条件に不満を持っていた旗本らの一部は、「彰義隊《しょうぎたい》」と称して上野寛永寺の山内に立てこもり、あるいは、もと海軍副総裁榎本《えのもと》武揚《たけあき》の指揮のもと、最新鋭の軍艦開陽以下、七隻の艦隊とともに四月一一日、品川沖を脱走し、安房《あわ》館山《たてやま》に向かった。尤も榎本は、数日後には勝海舟の説得で品川に戻り、旧式艦の引き渡しに応じる。

政府機構の整備と五ヵ条の誓文

鳥羽・伏見の開戦後、しばらくのあいだは新政府にしても、内部機構の制度的な整備を進めるだけの余裕はなかった。しかし、江戸以西の諸藩の帰趨《きすう》が定まり、外国公使謁見も実現した二月末頃までには、政府内部に職掌を定めた部局が置かれるようになる。

まず正月一七日をもって、総裁・議定・参与の三職のもとに、神祇・内国・外国・海陸軍・会計・刑法の各事務科および制度寮から成る七科《しちか》の分課を定めた。七科の総督（長官・複数）には議定の公家や諸侯が、実務を担う掛《かかり》（次官・複数）には、参与の各藩士が任じられた。同時に「徴士《ちょうし》」の制度を設け、各藩から有能な人材を新政府に登用し、参与に任じた。また、藩の規模（領知石高）に応じて、藩士のなかから三～一名を「貢士《こうし》」として出仕させ、「下《しも》の議事所」の議事官として、「輿論《よろん》公議」を反映させる場を設けた。慶応三年（一八六七）時点から、建白などを通じ、さまざまな機会に議論されていた、政策決定に公議を取り入れる制度は、新政府の発足から一ヵ月あまりで、とりあえず実現されたのである。

この三職七科の制は、わずか十数日しか続かず、二月三日には三職八局の制に改められた。すなわち、総裁局と神祇・内国・外国・軍防・会計・刑法・制度の各事務局である。この制度改革によって、総裁局（すでに正月二五日設置）に全権が集中され、副総裁三条実美・同岩倉具視が政府運営の最終的な実権を握った（正総裁有栖川宮は東征大総督として二月一五日出征）。さらに総裁局顧問に就いていた、長州の木戸孝允、薩摩の大久保利通（二月下旬、小松帯刀に交替）、土佐の後藤象二郎が大きな発言力を持つようになった。また、各局の督《かみ》（長官）・輔《すけ》（次官）は一人ずつとなり、数人の判事が実務を担当した。さらに徴士も参与に限らず、各局判事に任用されるようになった。近代的な官僚制度の端緒が開かれたと見てよい。

この体制の下、三月一四日、いわゆる五ヵ条の誓文が発せられる。この誓文発布について、一九七〇年代までの研究では、翌日に予定された江戸城総攻撃を控え、諸藩の向背を問うたものとする戦術的な側面が強調される傾向が強かった。しかし、それは、以下に見るような祭祀《さいし》の様式や、前後の政

図33　誓文発布儀式

治状況の推移を踏まえず、狭い枠組にとらわれた見方である。実際には、大名らを前にして、新政府の国是（施政方針の基本）を内外に宣言するという、大局的な観点から行なわれた画期的な行事である。

これに先立ち、前日一三日には神祇《じんぎ》官《かん》再興が布告されていたが（実際の設置は閏四月二一日）、この国是五ヵ条発布の儀式は、天皇を祭主とする神道様式で執行された。すなわち、天皇が紫《し》宸殿《しんでん》に出御《しゅつぎょ》し、公卿・諸侯以下百官を率いてみずから天神地《てんしんち》祇《ぎ》を祭り、国是五ヵ条を誓ったのである。まず塩水・散米行事ののち、神祇事務局督白川資訓が神降ろし神歌を奏し、献饌《けんせん》があってから、天皇は副総裁三条実美・同岩倉具視らを率いて玉座に着き、三条が祭文を奏した。ついで天皇は神座に玉串を奉じ、三条が次の誓文を読み上げた。

一、広く会議を興し、万機公論に決すべし

一、上下心を一つにして盛んに経綸《けいりん》を行なうべし

一、官武一途庶民に至るまで、各《おのおの》志《こころざし》を遂げて人心をして倦《う》まざらしめんことを要す

一、旧来の陋習《ろうしゅう》を破り、天地の公道に基づくべし
一、智識を世界に求め、大いに皇基《こうき》を振起《しんき》すべし
我が国未曾有《みぞう》の変革を為さんとし、朕躬《ちんみ》を以って衆に先んじ、天地神明に誓い、大いに新国是を定め、万民保全の道を立てんとす、衆またこの旨趣に基づき協心努力せよ

その後、公卿・諸侯らは、一人ずつ中央の座に進んで神位を拝し、ついで玉座を拝したのち、誓約の書面に署名するのである。終わると、散饌《さんせん》、ついで昇神の神歌が奏せられた。当日、出席できず、翌日以降になったものを含め、署名者の総計は七六七人に及んだ。

この儀式が持つ意味は、大きく言って二点ある。一つは、天皇と諸大名との関係を、万機の総覧者と、その臣下という関係において確認することである。前年一〇月、政権奉還以降、天皇と諸大名との関係は曖昧だった。つまり、大名は将軍から領知を宛《あて》がわれ、それによって、主従関係が成り立っていたのだが、将軍が廃止されたあと、大名の立場は名目上の「王臣」という以上ではなかった。具体的には上京命令が出されても、辞退することが可能だったのである。しかし、鳥羽・伏見の戦い後、新政府は大名に対し、強制力を持つようになった。そのうえで、天皇みずから国是を天神地祇に誓い、召集に応じた大名らが誓約書に署名すれば、天皇と、その臣下という両者の関係は、神を媒介して確認される。

二つには、その儀式が神道《しんとう》の様式をとったことである。それは、大名にとって、将軍代替りの際の

引見儀式とはまったく違い、万世一系を標榜《ひょうぼう》する天皇が日本国の祭祀の主宰者であり、日本古来の思想である神道によって正統性を裏づけられた主権者であることを明らかに示す意味を持った。「神武《じんむ》創業」の理念は、武家の主従性論理を超越する権威を持つことを、いやおうなしに、大名たちに突きつけたのである。

文言の作成過程でも、右の理解は裏づけられるだろう。越前の参与由利公正《ゆりきみまさ》および土佐の参与福岡孝弟《たかちか》が作成した原案にあった、第一条「列侯会議を興し、万機公論に決すべし」が、総裁局顧問木戸孝允によって、「広く会議を」に改められたが、それは「列侯会議」では、公卿が排斥される結果になることを考慮したものであったという（羽賀祥二『明治維新と宗教』）。公議・公論はあくまでも、「広く」採択されねばならないのである。また、木戸がつけ加えた第四条「旧来の陋習を破り、天地の公道に基づくべし」は、よく言われるような攘夷の否定などではなく、神仏混淆《しんぶつこんこう》を否定し、神道こそが「天地の公道」であることを強調したものと見るべきである。

この誓文および同日に発布された「国威宣揚億兆安撫」の宸翰は、ともに広く天下に公布され、国是、すなわち国政運営の基本方針に位置づけられた。その公布によって、新政府は、たとえどのような新政策であれ、大名らの臣従の誓約に基づいて、実施できることが、理念的に確認されたのである。

誓文発布を経たのち、三月二一日、天皇は大阪親征行幸に出発した。その日の夜には石清水八幡宮《いわしみずはちまんぐう》に参詣して、「賊徒平定《ぞくとへいてい》」を祈願し、二三日大阪着、本願寺津村別院を行在所《あんざいしょ》（宿舎）とした。この間、沿道には一般民衆が奉迎し、行在所には在阪諸大名らが天気伺いに参上した。二六日には、副総裁三条実美《さねとみ》・輔弼《ほひつ》中山忠能《なかやまただやす》らを従えて、安治《あじ》川河口の天保山岸壁に赴き、佐賀藩の電流丸を旗艦とする新政府海軍六隻の艦隊行進を親閲した。天皇は、軍事の最高統率者でもあることを、改めて人びとに印象づけたのである。

さらに、閏四月一日、天皇は、東本願寺大阪別院でイギリス公使ハリー・パークスから、ヴィクトリア女王の信任状を呈された。イギリス国王が、パークスを以ってイギリス政府を代表するものと信任したことを保証する文書であり、その奉呈は、すなわちイギリスが新政府を公式の日本政府と認めたことを意味する。列強のなかでも主導的地位にあるイギリスが、率先してこの行為を行なったことで、新政府は国際的な認知を勝ち取ったのである。これに先立ち、東征大総督の江戸入城（四月二一日）を確認していた政府は、親征完了とみなし、天皇は閏四月八日、京都に戻った。

政体書太政官制

こうして外国側による認知と徳川処分という二大課題を、とりあえず達成した政府は、国家機構の本格的な整備に取りかかった。その大本《おおもと》は、まず、大名が持つ領知権の取り扱いである。大名は将軍代替わりのたびに、おのおの領知宛行状《あてがいじょう》（原則として一〇万石以上には花押《かおう》を据えた判物《はんもつ》、以下は朱印状）を発給され、それによって各領分の仕置き（統治）が認められていた。この時点で、大名が最後に発給されていた領知宛行状は一四代家茂によるそれであるが（一五代慶喜は発給していない）、歴代将軍からの宛行状を、内国事務局に返却すべきことが、閏四月一九日、命じられた（『復古記』四）。

その対象は、「宮・公卿・諸侯ならびに神社・寺院等」すべてであり（公家領・寺社領は朱印地）、大名だけに限られていたわけではない。大名の場合では、同年末までに一六六家以上が実際に返却に応じているが、その提出状況は一定ではなく、家康以来のすべてを提出するケースや、最近のものに限るなど、さまざまである。主要な大名のうち、毛利家は五月一〇日付けで「私領知、周防《すおう》・長門《ながと》一円、高三六万九四一一石」にあたる安政七年（一八六〇）、一四代家茂からの判物および領知目録（国郡村名と、その石高リスト）を提出した。その事実は『復古記』から確認できるが、薩摩島津家や土佐山内家については『復古記』に収録されていないため確認できない。土佐山内家の場合は、判物原本がすべて山内神社宝物資料館に現存するので、最後まで提出命令に応じなかったものと考えるほかない。これらの点は、版籍奉還にかかわって後述しよう。いずれにしても、それを返却するというのは、自領の統治権を一時的にせよ、放棄すると同時に、徳川家との主従関係が最終的に切断されたことを意味する。

この命令を発したあと、閏四月二一日、政府は政体書を制定し（頒布は二七日）、それまでの三職八局制を改めて、太政官七官を設置し（場所は最終的に旧二条城）、人事を発令した。その主旨は、

天下の権力、すべてこれを太政官に帰す、すなわち政令二途に出るの患《うれい》なからしむ、太政官の権力を分かって立法、行法、司法の三権とす、すなわち偏重の患なからしむ

というように、いわゆる三権分立を建前《たてまえ》としたものである。

立法府にあたる部局が議政官で、上下二局《じょうか》に分かれ、上局の構成員「議定《ぎじょう》」は親王・公卿・諸侯から選任され、また下局の「議員」は各府藩県から出仕する貢士で構成された。「行法の権」を持つ行政官には、輔相《ほしょう》二人（議定兼任）が置かれて、天皇を輔佐するものとされた。この輔相の設置により、それまで曖昧《あいまい》であった天皇と総裁との関係が清算され、天皇が万機を総覧する主権者であることが、制度的にようやく確認されたのである。この行政官のもとに、神祇・会計・軍務・外国の四官が置かれて、それぞれの事務を分掌し、それらとは独立して司法を担当する刑法官があった。なお、三権分立、兼官禁止をうたいながら、輔相二人が議定を兼任するなど、矛盾をはらんだ要素も強い。

これら中央官制と並んで重要なのは、地方制度である。徳川家からの接収地には政府直轄地として、それまでの臨時民政府である裁判所に代えて、各府（京都・大阪・江戸・長崎・函館・越後）および各県（奈良・兵庫・大津など計一〇県）が置かれ、それまでの大名領は「藩」と公称されることになった。また、第五条に、

各府、各藩、各県、皆貢士を出し、（議政官下局の）議員とす、議事の制を立つるは、輿論公議《よろんこうぎ》を執《と》る所以なり

とあるように、全国からの公議採択はここでも明確に制度化されていた。

さらに、第一一条には、次のように定められた。

各府、各藩、各県その政令を施《ほどこ》す、また御誓文を体《てい》すべし、唯その一方の制法を以って他方を概するなかれ、私に爵位を与ふるなかれ、私に通貨を鋳造するなかれ、私に外国人を雇ふなかれ、鄰藩あるいは外国と盟約を立つるなかれ、これ小権を以って大権を犯し、政体を紊《みだ》るべからざる所以《ゆえん》なり

ここでは、地方に置かれた各府藩県は施政にあたって五ヵ条誓文に依拠すべきであり、それぞれ自立した公権力としてふるまってはならない、それでは全国的統一制度である「政体」を乱すことになると戒めている。政体書では、以上のように、大名領が公式に「藩」と明記されたことに注意しておきたい。それは、近世以来の「藩」の横滑りではなく、政府のもとの地方制度に近いものとして性格づけられているのである。

主要な人事面を見ると、議定兼輔相には、三条実美・岩倉具視、議定に中山忠能・正親町三条実愛《おおぎまちさんじょうさねなる》・徳大寺実則《とくだいじさねのり》・中御門経之《なかのみかどつねゆき》（以上は公卿）・松平慶永《まつだいらよしなが》・蜂須賀茂韶《はちすかもちあき》・鍋島直正《なべしまなおまさ》（以上は武家）、参与はすべて武家で、小松帯刀（薩摩）・後藤象二郎（土佐）・木戸孝允（長州）・福岡孝弟《たかちか》（土佐）・大久保利通（薩摩）・広沢真臣（長州）・三岡八郎《みつおかはちろう》（由利公正《ゆりきみまさ》・越前福井）・副島種臣《そえじまたねおみ》（肥前佐賀《ひぜん》）・横井平四郎《よこいへいしろう》（小楠《しょうなん》・肥後《ご》熊本）、計一八名である。議政官を掌握した彼らが実質上の政府最高指導部と見てよいだろう。

この政体書作成には、文言に至るまでアメリカ合衆国憲法を模倣した部分があることが、早くから指摘されているが、アメリカの国政は遅くとも慶応二年（一八六六）一〇月、福澤諭吉《ふくざわゆきち》『西洋事情』

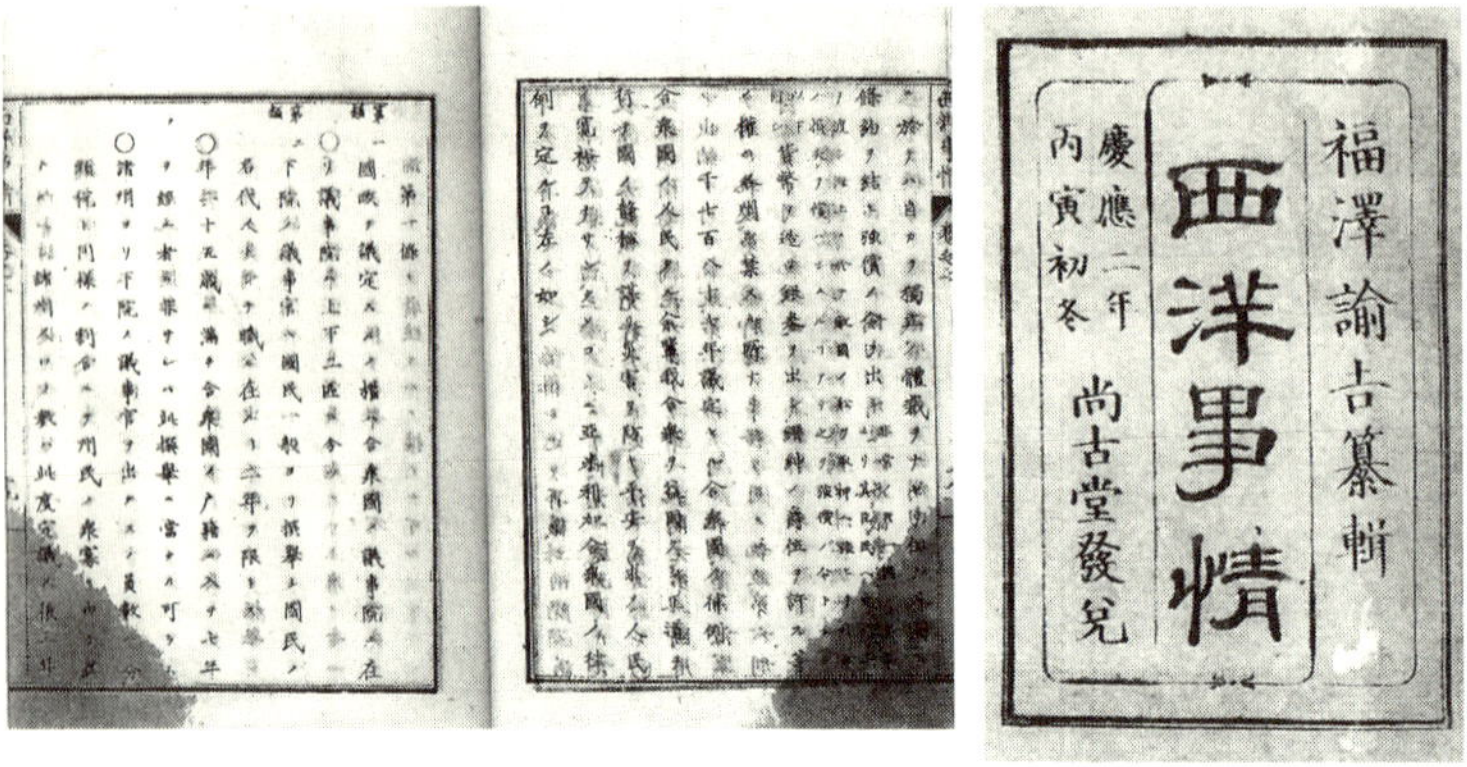

福澤諭吉纂輯
西洋事情
慶應二年
丙寅初冬
尚古堂發兌

図34　福澤諭吉『西洋事情』 慶応二年版

が刊行され、超ベストセラーとなって以来、知識人のあいだには広く知られていたものであり、さきに前章でも触れたように、慶応三年六月、薩土「盟約書」作成にも参照されていた。州が一定の自治権を持ち、そのうえに連邦議会と政府が位置する、というアメリカの国政は、当時の日本側知識人にとって、なじみやすく、応用しやすいものと受け止められていたのである。

奥羽越列藩同盟

政体書公布によって政府が体裁を整えつつある頃、東国では、政府側の予想に反する動きが具体化しつつあった。これに先立ち、三月二日、会津征討を目的として京都を発していた奥羽《おうう》鎮撫《ちんぶ》総督《そうとく》九条道孝《くじょうみちたか》は、三月下旬には仙台に至り、仙台伊達家・米沢上杉家に会津討伐を命じていた。しかし、仙台・米沢は名義不分明として、これに応じず、むしろ会津救解《きゅうかい》（救援し、罪を解く）を嘆願したが、九条総督は応じなかった。閏四月一日、仙台・米沢・会津側は三者協議のうえ、会津の降伏条件を、領知削減・鳥羽伏見戦の責任者として重臣二名切腹などに限定すること、もし政府側が、これを許容しないときは、討伐軍と戦いを辞さず、という協定を結んだ。一一日以降、仙台・米沢・盛岡・二本松《にほんまつ》など奥羽二七藩の重臣が仙台領白石《しろいし》に会して、会津救解の請願書に連署した。彼らの側にしてみれば、京都の政府は、薩長が私政をたくましくするものとしか見えなかったのである。

一七日、九条総督は同盟諸藩の歎願を却下した。その強硬姿勢を、鎮撫総督府参謀世良修三《せらしゅうぞう》（長州）の教唆《きょうさ》によるものと見た仙台藩士は、一九日夜、福島で世良を襲撃、白石に連行して斬首し、仙台以下奥羽諸藩と政府軍との緊張は一気に高まった。翌二〇日、会津軍は、奥羽の入り口に当たる白河城を攻略し、事実上の戦闘状態に入った。いっぽう越後方面では、二三日長岡藩《ながおか》（牧野家《まきの》）が、北陸道を進軍する政府軍に対し、領境を封鎖して侵入を拒み、会津救解の立場を明らかにした。これに、村《むら》松《まつ》・黒川《くろかわ》・三根山《みねやま》・新発田《しばた》・村上《むらかみ》の諸藩も同調し、さらに旧幕府脱走兵らも加わって、政府軍に敵対する勢力はあなどりがたい力を持つようになった。奥羽二七藩は、五月三日、仙台で集会を開き、仙台藩を盟主として盟約を結んだ。いわゆる奥羽列藩同盟《おううれつぱんどうめい》である。まもなくこれに、長岡以下、越後六藩が参加する。

しかし、政府側はこれら奥羽・越後諸藩の反抗の動きに対して、さほどの動揺を見せていない。もともと木戸孝允が、「戦争は王政一新」の実を挙《あ》げるために、これ以上の「大良法」はない、むしろ千載一遇《せんざいいちぐう》の好機会である（閏四月一三日付け品川弥二郎《しながわやじろう》宛て書簡）と豪語していたように、旧来の秩序感覚を刷新《さっしん》し、新たな体制確立を天下に印象づけるためには、戦争による勝利が最大の効果をもたらす

図35　会津開城の図（「会津軍記」）

と、政府側は考えていた。戦術的に見ても、列藩同盟側には海軍力がなく、軍資金調達の目途《もくと》も立たない。結果的に見れば、勝敗の帰《き》趨《すう》は、戦いが本格化する前から明らかだった。

それでも局所的な戦闘は激しかった。とくに越後方面では七月までに柏崎あたりで戦線が膠着《こうちゃく》する事態になったが、七月二五日、同盟軍側戦線の背後を衝《つ》いて、政府軍が海路上陸したことを契機に、戦局は一気に政府軍有利に傾き、同盟軍は阿賀野川沿いの街道に沿って、会津若松へ向けて後退を余儀なくされた。政府軍はこれを追撃して会津若松に侵入し、九月二二日、会津藩は降伏した。これに前後して、仙台・米沢以下の諸藩もあいついで降伏、奥羽戦争は収束した。仙台藩などの立場からすれば、元治《げんじ》元年（一八六四）から慶応三年（一八六七）にかけて、政局の中心が遠隔地の京都に移るにつれ、激変する政治情勢の推移を的確に把握し、対応することができなくなり、対処方針を誤る結果を招いたのである。その事情を詳述する余裕はないが、大きな要素は、通信・運輸手段として画期的な蒸気船を西南諸藩が文久三年（一八六三）

以降には実用化していたことに対し、奥羽諸藩は、それを実現できていなかった点が挙げられる。

なお、榎本武揚率いる旧幕艦隊は、同盟側の要請を黙殺《もくさつ》して品川沖を動かず、ようやく会津開城の一ヵ月前に出港、仙台領に寄港して残兵を収容すると蝦夷島《えぞがしま》に向かい、函館《はこだて》の五稜郭《ごりょうかく》を占拠して同地に拠ったが（函館戦争）、明確な展望があったとは考えられない。その五稜郭も明治二年（一八六九）五月には開城して、鳥羽・伏見の戦い以来、一年五ヵ月に及んだ戊辰《ぼしん》戦争は終わりを告げたのである。

2　全国の完全直轄地化

東京行幸

上野に立て籠もっていた彰義隊《しょうぎたい》が五月一五日、ただ一日の戦闘で一掃され、秩序回復の見通しが立ったのちの六月、江戸に下っていた三条実美・大久保利通・木戸孝允・大村益次郎《おおむらますじろう》、それに佐賀出身の軍務官判事大木《おおき》喬任《たかとう》らのあいだで、天皇を江戸へ行幸《ぎょうこう》（旅行）させることが話し合われた。天皇を名実ともに、実権を持つ君主とするために、その居住地と政府を、守旧的なしがらみの強い京都から移転させることは、慶応《けいおう》三年（一八六七）末から、武家側では構想されていたことである。慶応四年になってからは、大久保が大阪遷都論を唱えていたが、正月末までに公式に否決されていた。公家側を中心とする反対論が根強かったためである。しかし、戊辰《ぼしん》戦争が政府軍優勢に進展することにより、軍事を担う武家出身者の発言力は増大する。

七月八日、木戸・大木が京都に戻り、江戸での結論を復命、同一七日には、東京改称の詔が出された。すなわち、江戸は東国第一の大都会、流通の中心地であり、天皇はみずからその地に臨んで、その政を見るべし、よって自今、江戸を称して東京とする、これは「朕の海内《かいだい》一家、東西同視する所以なり」、というものである。見方によっては、単なる行幸ではなく、東京を新首都と定めると述べているようにも読める。事実、大久保・木戸らは、この時点ですでに、翌年のいわゆる東京遷都を計画のうちに含んでいた。こうして八月四日には、近日中に、東京行幸が実施されることが布告される。

しかし、行幸の前には、即位礼を行なっておかねばならなかった。元服こそ正月一五日、神戸事件直後にあわただしく行なっていたが、即位礼は、まだである。しかも、庶政一新の折から、礼式は古制にのっとるべきという理由で、武家出身の神祇官副知事亀井茲監《かめいこれみ》と同官判事福羽美静《ふくばよししず》という津和野《つわの》藩主従の神道家に、御即位新式取調べ御用が命じられた。公家側にとっては面白からぬ事態であっただろう。

彼らが考案した次第に即して、八月二七日辰刻《たつのこく》（午前八時頃）、天皇は紫宸殿《ししんでん》に出御、文武百官はじめ諸侯・政府官員が南庭に居並ぶ前で、即位礼が挙行された。とくに異例だったのは、紫宸殿の階段の前に、かつて水戸斉昭《みとなりあき》が献じた大地球儀が据えられたことである。福羽の考案によるといわれるが、日本国元首として国際世界への積極的な参入から、さらに進んで皇威の四海への発揚を象徴したものである。なお、即位儀式としては、さらに大嘗祭《だいじょうさい》（即位後の公式新嘗祭《にいなめさい》）を行なう必要があるが、後述

図36　東京城入りの図

するように、それは明治四年（一八七一）までずれ込むことになる。

即位礼を終えたのち九月八日、慶応が「明治」と改元され、同時に一世一元《いっせいいちげん》（天皇一代のあいだは改元しない）の制が定められた。天皇がただ一人、日本国元首であるというイメージは、時間の管理という面でも、人びとに植えつけられていくのである。

しかし、それでもまだ、行幸は出発期日さえ確定しなかった。東京にいて業《ごう》を煮《に》やした大久保利通は、九月一三日、京都に戻り、岩倉・木戸とはかって政府審議を強引に誘導し、出発を九月二〇日と決定させた。会津開城（九月二二日）が時間の問題となっていたことが、反対論の根拠を失わせるうえで大きかった。

かくて明治《めいじ》天皇《てんのう》睦仁《むつひと》は、ようやく京都を発った。東海道を東へ向かう行列は、輔相《ほしよう》岩倉具視《いわくらともみ》・議定中山忠能《なかやまただやす》・参与木戸孝允ら主要官員をはじめ、三三〇〇人に及んだという。天皇が山城《やましろ》国《くに》を出て大阪へ行くことすら大事件であった当時、箱根の関を越えるのは、いうまでもなく、前代未聞の大行事である。天皇はその途中、長寿者や孝子節婦の表彰を行ない、沿道を埋めた民衆に、その存在をアピールしながら一〇月一三日、東京に着き、江戸城に入って、これを東京城と改称した。同日、奥羽《おうう》平定を終えた政府軍部隊が、東京に凱旋《がいせん》してきた。もとより、計画に従って緻密《ちみつ》に演出された行事である。そのうえ一般庶民にまで、「天盃頂戴《てんぱいちょうだい》」と称して祝い酒が振る舞われた。

ついで一七日、天皇が内外の政治を親裁するという宣言が発せられた。いわゆる「万機親裁《ばんきしんさい》の詔」である。その詔にいう（『明治天皇紀』一）。

詔す、皇国一体、東西同視、朕《ちん》いま東府に幸し、内外の政を視聴す、汝百官有司、同心戮力《りくりょく》、もって鴻業《こうぎょう》を翼《よく》し、およそ凡事の得失可否、よろしく正議直諫《ちょっかん》して朕が心を啓沃《けいよく》すべし

この詔の後半で、「正議直諫して朕が心を啓沃すべし」とあるのは、すべてのことがらについて自由に意見を述べ、私の心を啓発せよという意味だが、形式的な修辞ではない。つまり、公議を政治運営に取り入れるということが、改めて表明されたのである。東京行幸は、その意味でも百事一新の絶好の機会であった。

公議の制度化と藩治職制

この時点で、公議を制度化するための施策は、すでに進められつつあった。東京行幸に先立ち、議政官下局の貢士は、「公務人」から、さらに「公議人」と改称されており（八月二〇日）、九月一〇日、議政官下局議長秋月種樹《あきづきたねたつ》は、議長・議員を東京に集めて議事院を開くべきことを建言していた。ついで九月一九日、議政官が行政官に統合され、議

定・参与で構成される議事機関は、単に上局《じょう》・下局《か》と呼ばれるようになった。この措置は旧議政官の議決を、的確に行政官の施策に反映させるためのものである。同時に、議事制度を確立するため、議定山内豊信《やまうちとよしげ》（容堂《ようどう》）を議事体裁取調方総裁に任じ、下局議長秋月種樹・参与福岡孝弟《ふくおかたかちか》・同大木喬任・外国官権判事鮫島尚信《さめしまなおのぶ》・同森有礼《もりありのり》・一等訳官神田孝平《かんだたかひら》を御用掛《ごようがかり》とし、議事体裁取調所を東京に設置した。東京行幸出発翌日の九月二一日には、諸藩公議人を東京に招集することが令された。万機親裁の詔は、これらを踏まえて発せられていたのである。

それでは、この時点で、公議を踏まえて早急に解決されねばならない課題とは何であったのか。それは、天皇以下の政府と諸藩との関係を、制度的に実体化することである。先に見たように天皇と諸侯は、五ヵ条誓文発布の儀式において君臣関係を確認し、さらに諸侯領地は、政体書において、政府直轄地の府県と並ぶ藩と位置づけられていたが、九月時点でも、判物返却命令に応じていない者もあるなど、「諸侯」の実態は依然として、自分領を治め、石高に応じた家臣団を抱える大名であった。そ政府が大名家臣を参与や判事に任用する場合でも、その主君の了解を経て行なっていたのである。その諸侯に改めて領知を宛《あて》がうのか、それとも領知を接収し、いわゆる郡県制を施行するのかは、いまだ懸案事項のままなのである。

それは公議において決すべき問題である。その議事制度自体がまだ確立せず、基本的な解決を先延ばしにした状態のまま、政府行政官は、万機親裁の詔を発してから一一日後の一〇月二八日、諸藩に次のような「藩治職制《はんちしよくせい》」を頒布《はんぷ》した（『復古記』八）。

天下地方、府藩県三治に帰し、三治一致にして御国体相立つべし、然るに藩治の儀は従前おのおのその家の立てるに随《したが》い、職制区々異同これ有り候に付き、今後一般同軌の御趣意を以って、藩治職制おおよそ別紙の通り相立つべき旨、仰せ出され候事

その主旨は、これまで藩の職制が、大名家としての由来に従って、まちまちであることを改め、統一性を図るということである。具体的な事項は「別紙」に示されるが、そこでは、旧来の家老や用人に代えて執政《しつせい》・参政《さんせい》・公議人を置き、公議人は執政・参政から出し、藩論を代表する者であること、また藩主の家政と藩政とを分離することなどを定めている。執政・参政の任免権は藩主に認められたが、人事の状況を政府に報告するよう求められた。これらの措置によって、藩は大名家としての独自性を弱められ、地方制度に一歩、近づいたのである。

この藩治職制の「眼目」について、鳥取池田家の当主慶徳《よしのり》（在東京）は、国元の家老に宛てた一一月九日付け書簡で、次のように述べていた（『池田慶徳公御伝記』四）。

藩は天下の藩屛《はんぺい》にして、すなわち天朝の藩府県の三治にこれ有るところ、中古《ちゆうこ》、武門、己《おの》が有《ゆう》となしてより、藩は我が私の物となりしより、藩と家と混乱して、家老は家宰《かさい》なり、また藩の執政なり、兼ね用いる姿となりしを、断然と藩と家と両途に分けるようと、仰せ出され候

つまり、もともと藩は天下の地方制度であったが、中世の頃に武家（大名）が、自分の物としてし

まい、家老にしても、藩の執政を兼任する姿となっていたのを、改めて、大名の家と地方制度の藩とを明確に分離するよう、命ぜられたというのである。この言葉は、同時代の人びとが、藩と大名家との違いを、さらには、のちに実現する版籍奉還や廃藩置県を、どのように理解していたかを示すうえで、象徴的と思える。

ついで政府は、天皇が孝明天皇三年忌などのため京都に帰還するが、来春、再び東京に戻ることを発表し、これにともない、諸侯は来年四月中旬までに東京に集合するよう命じた。岩倉具視のいう「諸侯伯会同」を開催するためである。そのうえで天皇は、一二月八日、東京を出立した。

版籍奉還論

大名は領地と人民を天皇に返上すべきであるという議論は、前章で触れた寺島宗則《てらしまむねのり》建言に見られるように（一六五頁）、慶応三年（一八六七）一〇月一五日、徳川慶喜《とくがわよしのぶ》からの政権奉還上表が聴許された直後から、すでに現われ始めていた。慶応四年に入ってから、その議論は、さらに具体化されてくる。

非公式の発言としては、正月一六日、神戸事件の処理にあたっていた伊藤博文が、イギリス公使館員アーネスト・サトウに語った次の言葉が、よく知られている（『サトウ日記』一八六八年二月九日条。原文は英語。カッコ内は青山による訳注）。

長州は（一八六六年の幕長戦争以来）占領していた小倉《こくら》と石見《いわみ》の土地を、ミカドに差し出した。桂（木戸孝允）と伊藤は、長州が全領地と家来と他の所有物（his all lands, retainers and other possessions）

を、当主の家計維持に必要な分だけを残して、ミカドに返上すべきことを提案したいと考えている。すべての大名がこれを行なえば、現在のシステムのもとでは不可能な、強力な中央政府が出来あがるだろう。それぞれの大名が気ままに（政府への）支援を引き上げることができたり、プリンスたちが、まちまちの方法で軍隊を訓練したりするようでは、日本は強国になり得ない。

この言葉は、英文で書かれているだけに、現代の私たちには、かえって分かりやすい。要するに、大名領主による分権的な統治体制は、近代主権国家の創設を阻害するという意味である。こうした点への着眼は、伊藤・木戸をはじめとする長州出身者が最も先鋭であった。

このような考えを持っていた一人である木戸孝允は、参与に任じられて一〇日ほど後の二月三日、三条実美・岩倉具視の両副総裁に宛て、

至正至高の心を以って七百年来の積弊を一変し、三百諸侯をして挙《こぞ》ってその土地人民を還納《かんのう》せしむべし

と建議した（『木戸孝允文書』八）。これをきっかけに、いわゆる版籍奉還《はんせきほうかん》が政治課題にのぼるようになった。ただし、この建議は極秘扱いとされ、政府首脳のあいだで知られていただけである。

しかし、木戸は個人的に、議論の取りまとめを進めた。閏四月には山口で、主君の毛利敬親《もうりたかちか》に会い、兵馬政刑の実権を朝廷に返すべきことを説得した。敬親は、ひととおり納得したようである。木戸は七月にも、京都で敬親の説得にあたり、ほぼ最終的な了解を得た。敬親は、毛利家の当主として文久《ぶんきゅう》

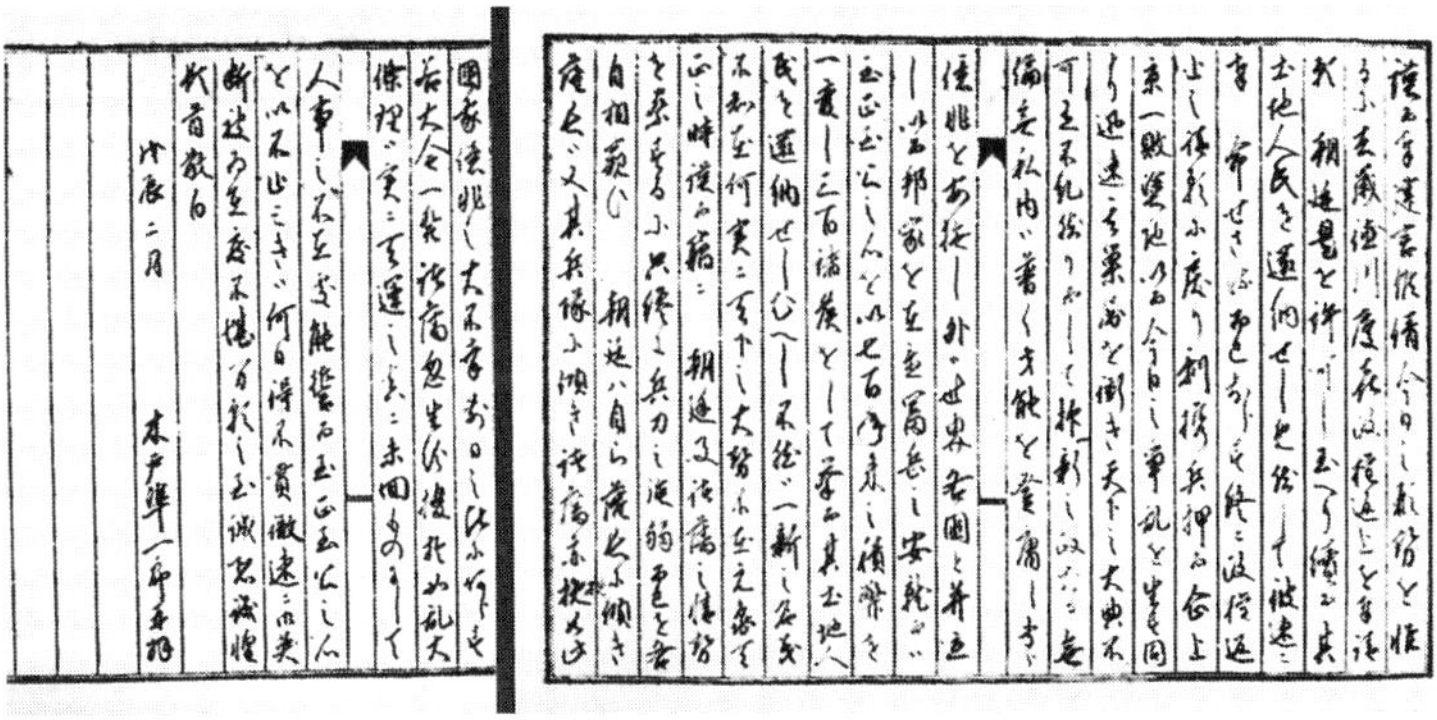

図 37　木戸孝允の奉還建議原本　14～15 行目に「土地人民を還納」と見える．

年間（一八六一～六三）以来、最も深刻な政争を経験してきた大名である。現在の体制が抱える問題点と、その解決策を十分に理解できるだけの蓄積を備えていた。また、木戸は信頼する盟友、広沢真臣《ひろさわさねおみ》らにも構想を打ち明けていた。

木戸は、九月に京都で大久保利通と会談した時も、やはりこれらの構想を語った。とりあえず抽象的な議論を述べるに留めたようだが、大久保も一応了解した。両者、阿吽《あうん》の呼吸というところだろう。薩摩藩内でも、寺島宗則以下、森有礼など留学帰りのメンバーは、少なくとも郡県制施行については、共通する意見を示していた。

このように、長州・薩摩内部で秘密裏に論じられていた版籍奉還の動向が、おおやけになるきっかけは、一一月、姫路藩の建白である。鳥羽《とば》・伏見《ふしみ》の戦い以降、徳川方として処分を受けた譜代の重鎮、姫路酒井《さかい》家では、その後も内紛が続いた。そのため、収拾方策を見出せなくなった当主酒井《さかい》忠邦《ただくに》は、政権を投げ出し、「藩」の名称を「県」に変え、改めてその管理を預けてくれるよう、政府に求めたのである。

これは、木戸・伊藤・大久保らの考える版籍奉還とは、本質ではズレがあるが、兵庫県知事（五月任）となっていた伊藤博文は、姫路侯建白は喜ばしいことであり、わが全国の諸侯、宇内《うだい》の大勢を察し、ついにその政治・兵馬の権をすべて天朝に奉還するのでなければ、百年の後、わが皇国の威武《いぶ》を海外に輝かすことも難しい、速やかに天下列藩に布告して一大会議を興し、天下の公論を取り、皇国の基本を建てることが重要である、との建議を政府に呈し、姫路藩建白を受け入れるよう進言した。この伊藤建議は政府内部で審議されたという（松尾正人『廃藩置県の研究』）。先に触れた、東京再幸後に予定される「諸侯伯会同」は、その「一大会議」のためである。

版籍奉還の具体化

勢いづいた伊藤は明治二年（一八六九）正月、京都還幸中の政府に対し、「国是《こくぜ》綱目《こうもく》」と呼ぶ六ヵ条の意見書を呈した。一条ごとに大綱を立て、さらに細目を論ずるという構成である。中心は第二条の大綱にあるように、全国、政治・兵馬の大権を朝廷に帰せしめることで、その細目では、諸侯が家臣団を抱え、軍事力を保持している状況を改めて、その権を「朝廷に帰し、政令法律一切朝廷より出《い》で」というように、大名領主の最終的廃止を論じたものである（『伊藤博文伝』上）。この議論は政府内外に知れ渡り、「兵庫論」の名で、大きな反響を呼んだ。

もともと伊藤は、前年一〇月にも、戊辰戦争の東北平定にともなう凱旋《がいせん》兵士の処遇について、世禄《せろく》制廃止の意見書を太政官に提出していた。足軽出身（文久三年に士分昇格）ながら、実績と才能だけで、外国事務課判事を振り出しに兵庫県知事へと、政府高官に駆け上った伊藤から見れば、武士としての世禄など、なにほどの価値を持とう。地位も収入も実力で勝ち取ればよい、という考えに傾くのは当然である。伊藤が、当初から過激なほどの版籍奉還論を唱えるのは、その意味で自然であったが、しかし、大部分の大名家臣にとっては、そうはいかない。伊藤は、この過激な意見のせいで命まで狙われ、兵庫県知事も辞任（同県判事に降格。のち会計官判事に転任）せざるを得なくなった。

ともあれ、こうした意見を受けて、政府内部でも、薩長土の有力者の会談が極秘のうちに開催された。正月一四日、場所は京都の円山端《まるやまばた》、議題は「土地人民返上一条」であり、出席者は、薩摩の大久保利通、長州の広沢真臣、土佐の板垣《いたがき》退助《たいすけ》である（同日付け岩倉宛て大久保書簡）。この会談で、三者のあいだに基本的な合意が成立し、政府宛て上表の起草には薩摩があたることになった。もっとも、板垣は同意したものの、全国的な実施は難しいと見ていたようである（『佐佐木高行日記』四）。さらに、大久保を通じて肥前の大隈《おおくま》重信《しげのぶ》・副島《そえじま》種臣《たねおみ》に働きかけがあり、老公鍋島直正（閑叟《かんそう》）の同意を得て、肥前もこの動きに加わった（佐々木克「版籍奉還の思想」）。

これらの段取りを経て、正月二〇日付けで、「毛利宰相中将・島津少将・鍋島少将・山内少将」四人の連名で、次のような上表が天皇に対して提出された（『太政官日誌』九）。彼らは、それぞれ大名家の当主であり、実名で記せば、毛利敬親・島津《しまづ》忠義《ただよし》・鍋島《なべしま》直大《なおひろ》・山内《やまうち》豊範《とよのり》である。

> そもそも臣ら居《い》る所は即ち天子の土、臣ら牧《ぼく》する所は即ち天子の民《たみ》なり、いずくんぞ私に有すべけんや、いま謹《つつし》んでその版籍を収めて、これをたてまつる、願わくばその宜しきに処し、その与

ふべきはこれを与へ、その奪ふべきはこれを奪ひ、およそ列藩の封土《ほうど》、更に宜しく詔命を下し、これを改め定むべし、而して《しこう》制度・典型・軍旅の政より、戎服《じゅうふく》・器械の制に至るまで悉く《ことごと》朝廷より出て、天下の事、大小となく皆一《いつ》に帰せしむべし、然るのちに名実あい得《え》、始めて海外各国と竝《なら》び立つべし、これ朝廷今日の急務にしてまた臣子の責めなり

いわゆる王土王民論にのっとって、大名が土地・人民を天皇に返上し、天下の制度と、その運用を、単一の政府の下に統一すべきことを申し出たのである。この上表文自体は、かなり抽象的な表現を用いているが、要は、大名が土地・人民を私有することも、家臣団を抱えることも廃止し、大名家を解散させて、新たな地方行政制度に置き換えるという意味である。「版籍奉還」とは、その事態を婉曲《えんきょく》に言い表したものにほかならない。これに対し、政府は二四日、

東京御再幸のうえ、会議を経《へ》、公論を竭《つ》くさせられ、何分の御沙汰あらせらるべく候

と回答した。これにならって、六月までに大多数の大名が同様の上表を提出した。雷同《らいどう》的な諸藩はもとより、薩摩・土佐内部にさえ、かつて徳川家から与えられていた領知判物の再交付を期待する感覚があったようだが、政府側には木戸孝允・岩倉具視を中心に、その意図はない。ただし、木戸は、旧大名を知藩事に任ずる際の任官辞令をもって、皇帝が土侯を藩王に封《ほう》ずる「冊封詔書《さくほうしょうしょ》」の類と、藩側が錯覚するように仕向けた気味がある。木戸が、のち明治四年（一八七一）に、版籍奉還の際には「一つの謀略を設け」、いまだ「天子の璽章《じしょう》」がないことを強調したと回顧しているのは、その意味で

あろう（『木戸孝允日記』二）。

三月に入ると、天皇と政府機構の東京移転（東京再幸）が実現した。公式的な表明は行なわれなかったが、事実上、東京を新首都と定めたのである。そのうえで、岩倉・大久保・木戸らは、政府の基盤を固めるため、前年閏四月の政体書がうたっていた官吏公選を、五月一三日、一四日に実施した。その結果、公卿・諸侯出身者は、行政官輔相三条実美・同官議定岩倉具視（公卿）、民部官知事松平《まつだいら》慶永《よしなが》・外国官知事伊達宗城《だてむねなり》（諸侯）らの少数を除いて政府から退き、参与の大久保・木戸・板垣、会計官副知事大隈をはじめとする薩長土肥の士分出身者が実務官僚として権力中枢を掌握した。

その結果を踏まえ、政府は五月下旬、上局会議を開催し、高級官員や親王、さらに諸藩主に対して、「知藩事選任」の件など重要国事の諮問を行なった。「知藩事選任」については、版籍返上を受け、改めて旧大名を知藩事に任命するつもりであることが示されたが、とくに異論は出されていない。そもそも、大名当人にとって、版籍奉還は必ずしも不利益をもたらす事態ではない。彼らは、いずれ形式はどうあれ、特権的な身分と固有の家産を保障されるであろうし、当面は地方長官に任ぜられる見通しも立つ。

公議所の封建・郡県論

しかし、一般の家臣にとって、それではすまない。主君が大名でなくなれば、原則論から言えば、自分たちは全員が召《め》し放《はな》ちとなって、それまで給せられていた知行《ちぎょう》（領地）または俸禄《ほうろく》も没収されてしまうのである。したがって、彼らの関心は、版籍が返

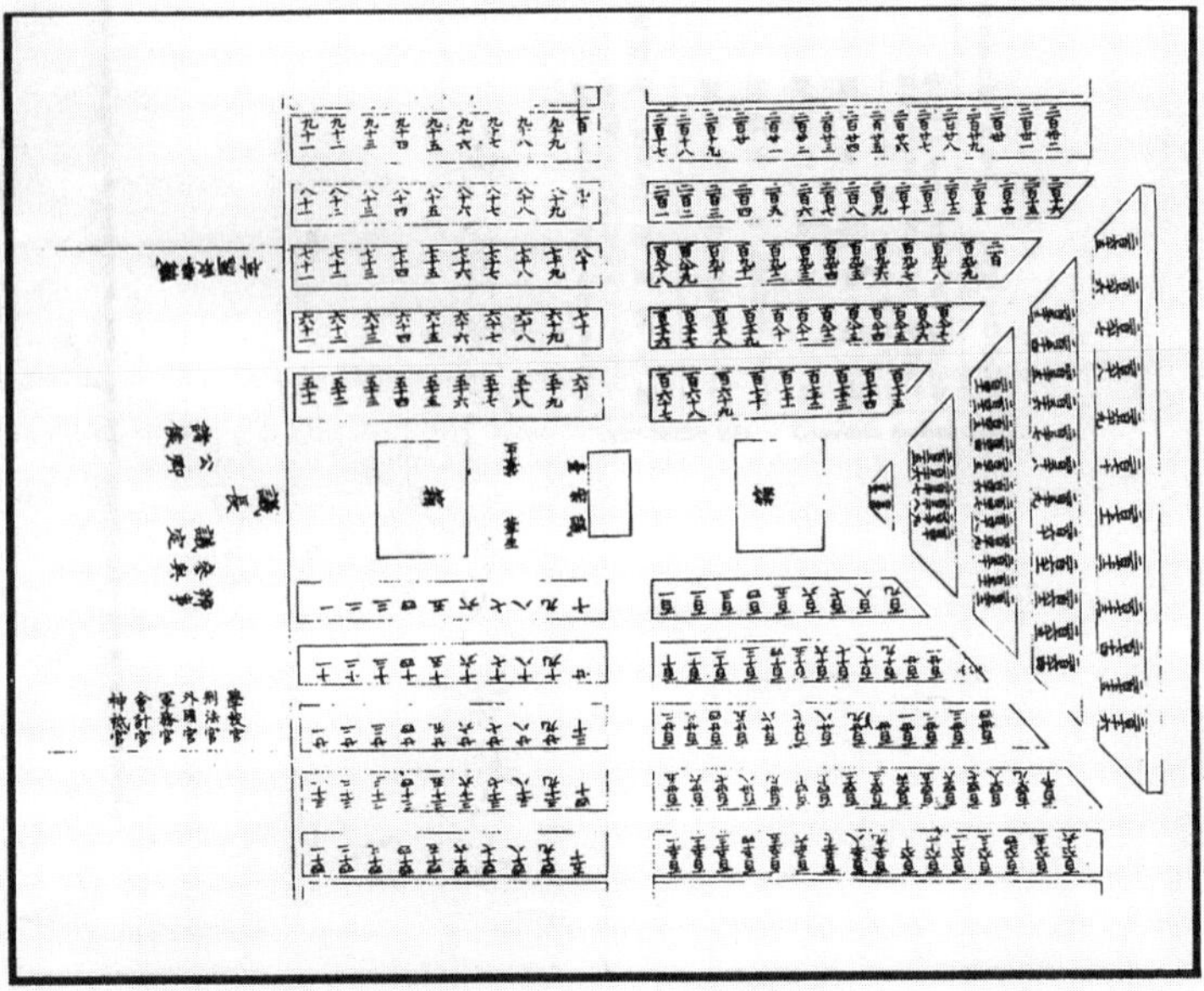

図 38　公議所の座席図（『公議所日誌』一）

上され、大名家が解散したあと、自分たちの処遇はどうなるのか、ということであった。なお、これまでの研究では、この点への着眼が欠けていたと思える。

主にこの問題を審議するため、公議所で封《ほう》建《けん》・郡県《ぐんけん》論が討議された。公議所は旧議政官下局をもとに改定した立法機関で、諸藩公議人（執政または参政から選任）から構成され、前年一二月に設置されていた。開局式が行なわれたのは、明治二年（一八六九）三月七日。議長秋月種樹《あきづきたねたつ》（日向高鍋藩世子）以下、諸藩公議人二二七名が参集、冒頭に、「心を公平に存し、議を精確に期し」、法案を審議し、奏上せよ、「朕、親しくこれを裁決せん」との詔書が読み上げられ、一同平伏して拝聴した（『公議所日誌』一）。

版籍返上に関する議論は、制度取調べにあたっていた森有礼（薩摩出身）が、三月一二日、「御国体の儀に付き問題四条」と称する提案を行なったことに始まる。それは、現在のわが国の体裁は封建・郡県相半ばするものとしたうえで、将来的にこれを統一するとすれば、封建に帰するか（大名および家臣団存続）、それとも郡県（大名・家臣団とも廃止）にするかを審議すべき、というものであった。

これを受けて諸藩公議人は五月四日、各藩の見解を、大別して五つのグループに分類した形で答申《とうしん》を行なった。答申としてのタイトルと賛成した藩の数は、すなわち、「御国制改正の議」四〇藩および昌平校、「郡県議」六一藩、「封建議」四五藩、「御国体封建議」一一藩、「国体論節略」三六藩、総計二〇三藩である（『公議所日誌』一二）。前者二案が郡県論、後者三案が封建論にあたる。ただし、これ以外にも少数意見の藩があるので答申した藩の総数は二二〇藩程度である。なお、多数決による結論採択という考え方は、まだ普及していないので、複数見解の回答という形式になる。

問題は、これらの見解が、版籍返上後の制度実態を、どのように考えていたかである。文字どおりの実質的な郡県制（完全な中央集権）を構想していたのは、「御国制改正の議」四〇藩で、のちの廃藩まで展望していたと見てよいが、それ以外は、たとえ形式上は郡県論を唱えても実態は封建論に近い。また、「御国制改正の議」でさえも、「中大夫以下、諸藩士迄を上士下士と二等に定むべき事」、「皇族・上士下士の俸禄は各五等づつに定むべき事」という項目を含んでいるから、旧家臣団の完全な解消までは考えていない。つまり、諸藩側の最大公約数的な見解は、旧大名を知藩事に任じ、旧家臣団については、主君とのあいだの制度的な主従関係を廃止するが、士分として「俸禄《ほうろく》」を支給するというものなのである。

知藩事任命と諸務変革

このような「公議」を経たうえ、明治二年（一八六九）六月一七日、天皇は、版籍奉還の上表に勅許を下し、二六二藩主がそれぞれ知藩事《ちはんじ》に任ぜられた（最終的には二七四藩）。知藩事を世襲《せしゅう》とするかどうかは、政府内でも最後までもめたが、発令寸前に非世襲と確定した。ここにおいて大名家は廃止され、地方制度として藩が設置され、旧大名は地方官となったのである。また、公卿・諸侯の名称を廃して、双方を合わせて「華族《かぞく》」と称することが定められた。なお、藩名は藩庁所在地の地名を冠して、山口藩・鹿児島藩・高知藩のように呼ばれる。

ついで六月二五日、政府は知藩事に「諸務変革《しょむへんかく》」という一一ヵ条の指令を達し、来《きた》る一〇月までに結果を報告すべきことを命じた。すなわち、「従来支配地」の総生産高ならびに年貢収納高（現石）、藩政府一年間の費用、藩の職制および職員、藩士・兵卒員数および給禄・扶持《ふち》米の高、支配地総絵図、支配地人口・戸数などの各項目について取り調べること、さらに、現石一〇分の一をもって知藩事家禄とすべきこと、一門以下平士に至るまですべて「士族《しぞく》」と称し、合わせて給禄を適宜改革すべきことである（『太政官日誌』明治二年、六十八）。

この改革指令によって政府は、各藩の内政について、制度的に介入できる手がかりをつかんだ。ちなみに、この諸務変革に基づく報告は、各藩から実際に提出され、「藩制一覧表」としてまとめられた。のち昭和一四年（一九三九）に日本史籍協会から『藩制一覧』と題して刊行されている（東京大学出版会、一九六七年復刻）。この「藩制一覧表」第八は、各藩の大参事・少参事（旧執政・参政）の氏名および兵員人数を書き上げたものだが、鹿児島藩の分が収録されていない。のちに見るように、鹿児島藩は政府に対し、非協力的な姿勢を貫いていたから、報告を提出しなかったものと思われる。

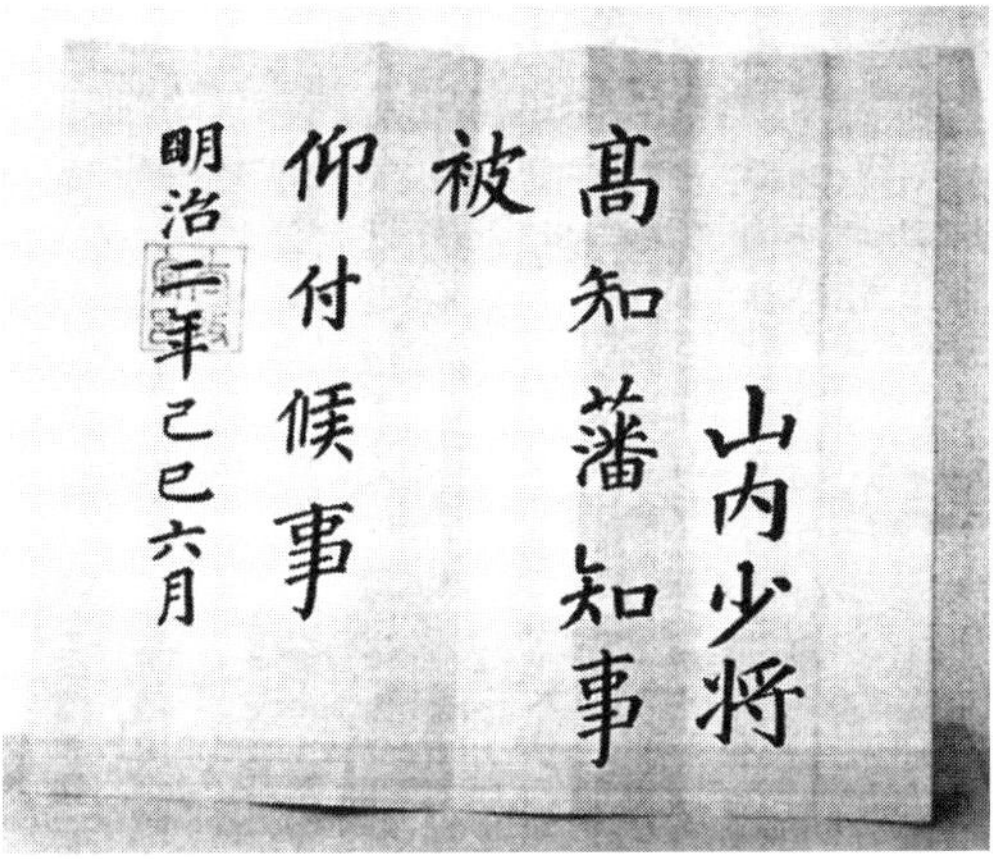

図 39　高知藩知事任命の辞令

　ともあれ、この知藩事任命と諸務変革の指令とが、いわゆる版籍奉還の実態である。それまでの大名家臣は、「士族」という族籍呼称を与えられ、「家禄《かろく》」と呼ばれる生活資源を現米で給付されることになった。原則論からいえば、旧家臣は旧主君との主従関係を解消され、御恩と奉公の関係も消滅したのだから、知行（領地）または俸禄も廃止されて当然だが、先の公議所の議論からもうかがえるように、それらを一挙に廃止することは、士族側の反応から見て、とてもできなかった。将来的にはともあれ、当面は、家禄が給付される結果になったのである。

　こうして成立した藩という地方制度は、府藩県三治一致という原則からいえば矛盾を抱えた存在である。長官として知藩事が任命されたとはいえ、彼らは昨日までの「殿様」であり、大参事以下の職員にしても、旧家臣から選任（政府への届出が義務づけられた）されていた。外見上は、かつての大名家と大差ない。その反面、多くの非職の士族を養わねばならず、その財政負担が重くのしかかっていたから、家禄削減を目的とした禄制改革が避けられなかった。その藩が、府県と共通する統一的な施政を行なうのは不可能であろう。

ついで政府は七月八日、職員令《しきいんれい》を発して、前年閏四月以来の政体書に基づく官制を大幅に改定し、神祇《じんぎ》・太政《だじょう》二官のもとに、民部・大蔵・兵部《ひょうぶ》・刑部《ぎょうぶ》・宮内・外務の六省を設置した。いわゆる二官六省制である。特徴的なのは、まず神祇官が独立して、太政官の上位に置かれたことだが、それは版籍奉還と関連して、天皇が最高統治権者であることを官制上で明確にする意味を持った。つまり、その正統性は、天照大神《あまてらすおおみかみ》以来の皇統に基づくのだから、その祭祀《さいし》を司《つかさど》る機関を官制の最上位に置いたのである。

この職員令制定と同時に、古代律令制以来の左右大臣・内大臣・大中納言・参議以下、国守などの「百官」ならびに位階が廃止された。政体書では、有名無実の「百官」が並存して残されていたが、この措置によって、ようやく太政官構成員に、天皇の補佐を職掌とする「左右大臣」以下、「大納言・参議」の職名を用いることができるようになった（旧輔相・議定・参与）。各省の長官を、「卿《きょう》」とすることも同様である（旧知事）。また、位階についても新制度が定められ、正従一位から正従九位までの一八階に、大初位《だいそい》・少初位《しょうそい》を加えて計二〇階となった。これらの措置は、旧公家勢力を、華族藩屛として天皇の周囲に抱え込む反面、彼らを実務にあたる官員層から排除し、武家出身者が官僚として政府運営の実権を握るうえで大きな意味を持った。なお、公議所は役目を終えて解散し、各府藩県の大参事を議員とする集議院《しゅうぎいん》に改組された。

知藩事任命を中心とする施策は、おおむね以上のようであり、中央政府の官制や、その政府と地方制度との関係を含め、慶応三年冬以来の流動的なあり方を、ひととおり清算する意味を持った。なお、職員令に基づく人事は、多少の混乱を経て、八月中には決着し、右大臣に三条実美（左大臣は欠員）、大納言に岩倉具視・徳大寺実則《とくだいじさねのり》・鍋島直正（閑叟《かんそう》）、参議に副島種臣（佐賀）・前原一誠《まえばらいっせい》（山口）・大久保利通（鹿児島）・広沢真臣（山口）が就任、各省の大輔《たゆう》（次官）には、民部兼大蔵に大隈重信（佐賀）、兵部に大村益次郎（山口）、刑部に佐佐木高行《ささきたかゆき》（高知）、外務に寺島宗則（鹿児島）など、宮内省は例外として、実務的手腕を持つ薩長土肥出身の藩士層が就いて、各省の実権を掌握した。

府藩県三治制の矛盾

設置された藩と、政府直轄地である府県とは、三治一致がめざされ、政府としても、この体制は、当面のところ続けるべきものと考えていた。その体制の下、民部・大蔵省を中心にして、鉄道・電信の敷設《ふせつ》や戸籍編成などに向けた開化政策が積極的に進められた。この両省は大輔（大隈重信）・少輔（伊藤博文）以下の主要官員が兼任となり、事実上、大蔵省が民部省を吸収合併する形で、財政や租税徴収に関する幅広い権限を掌握した。伊藤は言うまでもなく、大隈も、もともと「何事も西洋の義を主張し、木戸（孝允）を押し立て、真に木戸の書記の如く」（『佐佐木高行日記』四）と評されたくらいで、急進開化論を代表する人物の一人である。

その民部・大蔵省は、府藩県を問わず、地方支配を強化し、財政収入を確保する見地から租税増徴を図った。しかし、あいにくと明治二年（一八六九）は東北地方を中心に大凶作であり、負担に苦しむ農民から怨嗟《えんさ》の声が上がるとともに、同年末から四年初めにかけ、新政に反対する一揆が各地に広がった。とくに大規模なものとして、二年末の甲斐国《かいのくに》（現山梨県）や、三年末の胆沢《いさわ》県（現岩手県の一部）や日田《ひた》県（現大分県の一部）、四年二月福島県信夫《しのぶ》・伊達《だて》両郡の騒擾《そうじょう》などが知られている。これらに対しても、民部・大蔵省は強権的な姿勢で臨み、実情を踏まえて上申される地方官からの訴えにも耳を貸そうとしなかった。

政府内部でも、民部・大蔵省の強権振りに対する反発は強く、大輔《たゆう》大隈を排斥《はいせき》し、民部・大蔵省を分離しようとする動きになって現われた。批判勢力の中心は、参議《さんぎ》大久保利通と同広沢真臣らであり、言い換えれば、太政官の参議が行政担当省を抑制できないという制度上の矛盾をついたものである。しかし、大隈を擁護《ようご》する立場にある木戸孝允は、むしろ大隈を参議に昇格させ、それによって、太政官の民部・大蔵省に対する規制力を強めようとする方策をとった。結局、民蔵分離《みんぞうぶんり》は翌三年（一八七〇）七月に実現し、大隈・伊藤は大蔵省専任となったが、九月早々、大隈は参議に昇格した。

大隈は、これを契機に、府藩県三治制の矛盾を根本的に解消するため、主に財政の権限を各藩から政府が接収し、集中管理すべきとする意見書を提出した。いわゆる「大隈参議全国一致の論議」である。そこでは、各藩の管轄《かんかつ》する藩兵を一致して兵部省に所属させること、庶務百事を民部省に所属させること、財政会計を一致して大蔵省に所属させること、さらに「無用不急の秩禄を削り」非職の人員をなからしめること、などが提案されていた(『大隈文書』一)。同じ頃、大納言《だいなごん》岩倉具視も、「建国策」を策定し、大隈提案と同様に、華士族の家禄制の改革、士族の就業、藩を改めて州(一〇万石以上)、郡(一万石以上)とすべきこと、藩兵を改めて兵部省総轄とすべきこと、などを唱え、中央集権制の実現を構想していた(『岩倉公実記』中巻)。参議広沢真臣の言う、「真成郡県」をめざす動きの一環である。

これに先立つ三年五月、政府は藩に対する規制を、さらに強化するため、「藩制《はんせい》」と呼ぶ規約の作成を具体化していた。先の諸務変革指令(前年六月)に基づく「藩制一覧表」を踏まえ、前年一〇月以降、作成作業が進められていたものである。藩制の政府原案は一四ヵ条にまとめられ、五月末に集議院の下問に付された。集議院は、旧公議所の系譜を引く審議機関で、府藩県大参事から構成される。その審議は六月から七月にかけ、一三回にわたって行なわれたが、はたして鹿児島・山口・高知などの有力藩から、強い反対が出された。

反対の焦点となったのは、とくに第四条である。そこでは、藩の現石高《げんこくだか》の一〇%を知藩事家禄、残り九〇%のうち一八%を海陸軍費にあて、その半分の海軍費九%を政府に上納、残り七二%をもって藩政府の運営費や士族の家禄にあてるべし、としていた(『集議院日誌』一〜五)。鹿児島藩などの言い分は、それでは藩財政が保てない、また海軍も各藩で保有すべしというものである。同藩大参事伊地《いぢ》知《ち》正治《まさはる》は、会議を途中でボイコットし、また、藩士横山正太郎安武《やすたけ》（森有礼の実兄）は七月二六日夜、時弊十条を集議院の門前に掲げて政府を批判し、自刃《じじん》した。彼らのあいだでは、事実上の大名領主の制度を維持しようとする考えが根強かったのである。

その反面で、中小藩には、この機会に全面的な郡県制を実施しようという意見も多く見られた。なかには、財政負担に耐えかね、すでに自主的廃藩を申し出る盛岡藩のような例も数件、現われていた（三年七月、藩知事辞任、盛岡県設置）。

結局のところ、藩制は、三年九月一〇日に公布された。審議の過程で、海陸軍費は九％に削られ、そのうち四・五％を海軍費として政府に上納、四・五％は陸軍費として藩が消費するとされた。この措置によって、藩政府の運営費や家禄財源にあてられる額は、藩収入全体の八一％に規制された。

この状況下、有力藩のなかでも鹿児島藩は、政府批判の態度をあからさまにした。九月は、皇居警備の常備兵の交代時期だったが、鹿児島藩はそれまで提供していた二大隊一〇〇〇人の兵力を藩地に引き上げ、代わりの部隊を送らなかった。藩の内情は複雑である。大久保利通はじめ、吉井《よしい》友実《ともざね》・黒《くろ》田《だ》清隆《きよたか》・西郷従道《さいごうつぐみち》・松方正義《まつかたまさよし》・寺島宗則・森有礼らは、開化論の立場で政府内にあるが、彼らは少数派である。大多数の士族に圧倒的な声望を持つ西郷隆盛《さいごうたかもり》は、明治元年末以降、政府に出仕せず、参政（のち大参事）として藩政改革に携《たずさ》わり、士族の抑《おさ》えに専心していた。守旧勢力の中心は島津《しまづ》久光《ひさみつ》で、洋風を模《も》した改革政策に強い不満を洩らしていた。この鹿児島藩を政府内に取り込めるかどうかが、改革政策の成否を分けるカギとなった。

知藩事の一斉免官

大久保・木戸らは、鹿児島藩の取り込みに向けて、政府内部の結束を強化するとともに、久光と西郷を慰撫《いぶ》し、その上京を促すため、勅使の派遣を決定した。三年一二月、勅使として鹿児島に赴いた岩倉具視と大久保は、久光に、政府への協力を要請する勅書を伝達した。さすがに久光も態度を和《やわ》らげ、大参事西郷を上京させ、自分は来春に上京する旨を答えた。西郷は岩倉・大久保の帰京に同行して鹿児島を発ち、翌四年正月には山口に寄って、毛利敬親・木戸孝允らと会談、さらに高知で大参事板垣退助らとも会談し、鹿児島・山口・高知三藩の協力体制を築く足がかりが得られた。

明治四年（一八七一）春、三藩からの「親兵《しんぺい》」取立てが決定した。三藩から常備兵の一部を提供させ、皇居守衛の「親兵」として兵部省の指揮下に置くのである。このとき兵部少輔山縣有朋《やまがたありとも》（山口）は、西郷に向かい、「薩州より出《いで》し兵と雖《いえど》も、一朝事《こと》あるの秋《とき》には、薩摩守に向かいて弓を彎《ひ》くの決心あるを要す」と念を押したという（山縣有朋「徴兵制度及自治制度確立の沿革」）。こうして二月から六月にかけ、鹿児島・高知・山口の三藩から「親兵」、総計八〇〇〇が東京に集結した。この時点で「廃藩置県」、すなわち知藩事の一斉免官と政府による県令の任命という荒療治を実行した場合、予想されるのは諸藩側の反発だが、それを軍事力で抑え込むため、最も困難と思われた条件が整ったのである。

そのいっぽう、大久保が中心となって進めようとした政府の強化策は紛糾していたが、六月二五日、西郷と木戸が参議に就任（それまでの参議は副島種臣を除いて免官）することで、鹿児島・山口両藩に依拠《いきょ》する姿勢が明確になった。その背景には、高知・徳島・熊本・米沢・和歌山など、他の有力藩が、鹿児島・山口両藩などより、はるかに徹底した藩政改革を実施し、郡県制施行に向かう動きを先取りしていたことに対し、これらに先を越されまいとする大久保・木戸らの思惑《おもわく》があった。

その状況下、七月に入ると、兵部省の少壮官僚のあいだで、廃藩を断行すべしとする意見が急速に具体化してきた。山口藩出身の野村靖《のむらやすし》・鳥尾小弥太《とりおこやた》らの動きがそれである。兵部少輔山縣有朋は、すでに木戸に宛て「暴断暴行」の必要を主張していたくらいだから、彼らの主張にすぐ賛同し、民部少輔井上馨・新参議西郷らを説得する手はずを整えた。

井上は、財政上の観点から廃藩を構想していたため、まったく異議はなく、さらに七月六日、山縣から話を持ちかけられた西郷も、予想に反して、あっさりと同意した。西郷も大局的な立場で、藩が存続することの限界を悟っていたのである。八日から九日にかけ、西郷・大久保・木戸・山縣・井上ら首脳部が密談し、「廃藩論の順序」などが論じられた。なお、熊本・米沢などとの結託が疑われた高知藩は、疎外《そがい》されている。一二日、細部の詰めが終わった時点で、計画は右大臣三条実美・大納言岩倉具視に告げられた。廃藩計画は、鹿児島・山口両藩出身の政府首脳のあいだだけで秘密裏に決定されたのである。

七月一四日、東京にいた五六人の藩知事は、急きょ皇居大広間に呼び出された。彼らに対し、右大臣三条実美が次のような詔書を、おごそかに読み聞かせた（『太政官日誌』明治四年、四五）。二六一藩の知藩事は、全員が免官されたのである。

朕、さきに諸藩、版籍奉還の議を聴納《ちょうのう》し、新《あらた》に知藩事を命じ、各《おのおの》その職を奉ぜしむ。然《しか》るに、数百年因襲の久しき、或はその名《な》ありて、その実挙《じつあが》らざるものあり。何を以て億兆《おくちょう》を保安し、万国と対峙《たいじ》するを得んや。朕、深くこれを慨《がい》す。仍て今更に藩を廃し、県と為す。

翌一五日、事後措置について、政府首脳の会議が開かれた。議論が紛糾しかかるなかで、西郷は、

このうえ、もし各藩にて異議等起こり候《そうら》わば、兵を以て撃ち潰《つぶ》しますの外ありません

と一喝した（『佐佐木高行日記』五）。薩長首脳部の断固たる決意を示されて、一座はたちまち鎮まったと言う。

廃藩の実施は、各方面から驚きをもって迎えられたが、組織立った反抗は生じなかった。鹿児島では、島津久光が邸の前に広がる錦江湾《きんこう》に船を浮かべ、盛大に花火を打ち上げさせて、わずかに鬱憤《うつぷん》を晴らした。とくに、東京へ行く前に、廃藩に向かう動きに加担しないよう、釘を刺しておいたはずの「新参議」西郷に、久光の憤りは向けられていた。裏切られた、との思いが強かったのであろう。

五　近代化政策の進展と反動

1　岩倉使節団と征韓論政変

太政官三院制と人事

明治四年（一八七一）七月一四日、知藩事の一斉免官ののち、旧知藩事には、改めて東京移住が命ぜられた。彼らは武家出身の華族として、公家出身華族とともに、天皇の藩屏《はんぺい》という新たな特権身分に位置づけられたのである。彼らの後任にあたる県令《けんれい》（のちの県知事）には、わずかな例外を除き、旧藩と利害関係を持たない他府県の出身者が任命された。それまで、各府藩県の職員を務めるなど、行政経験者が多いが、なかにはまったく系統の異なる者もいた。初代山口県権令中野梧一《ごんのれいなかのごいち》が、榎本武揚《えのもとたけあき》率いる函館脱走部隊の一人の旧幕臣であったことは、その象徴的な事例である。これに応じて、県の役人も、やがて入れ替えが進められてゆく。

こうして見ると、いわゆる廃藩置県の基本的な性格は、人事措置であるといってよい。明治元年（一八六八）一〇月、藩治職制《はんちしょくせい》の布達以来、藩を地方制度化する措置は、大名家解散（版籍奉還《はんせきほうかん》）と諸務《しょむ》変革《へんかく》（二年六月）指令、藩制（三年九月）公布を経て、段階的に進められていたが、四年七月までには、ひととおり達成され、その地域を県に改めることは、人員の入れ替えだけで可能な程度にまで至っていた。知藩事一斉免官を、急きょ断行することが出来たのは、そのためである。

こうして全国を政府の完全な直轄下に置き、府県制を施行した以上、中央政府の官制も、それに見合う形で整備されねばならない。その動きは、先に触れた、西郷隆盛《さいごうたかもり》・木戸《きど》孝允《たかよし》の参議任官に代表されるように、六月時点から現われていたが、七月二九日には、それまでの神祇《じんぎ》・太政《だじょう》二官制が廃止され、正院《せいいん》・左院《さいん》・右院《ういん》を柱とする太政官三院制《だじょうかんさんいんせい》が設けられた。正院は、「天皇を補翼し、庶政を総判」する太政大臣以下、その補佐にあたる納言《なごん》（八月一〇日に廃止、左右大臣設置）・参議《さんぎ》若干名が置かれ、最高執行部に位置づけられた。左院は議長と議員（のち議官）からなる立法府、右院は各省の卿《きょう》・大輔《たゆう》（長官・次官）から構成される行政府である。右院の下に、大蔵・外務・兵部・司法・文部・工部・宮内の七省が置かれた。この改定の過程で、神祇《じんぎ》官はまもなく神祇省に格下げとなり、やがてさらに教部省（翌五年三月）と改められる。政務のなかで神道祭祀の果たす役割が、慶応四年（一八六八）時点から見て、次第に低下してゆく様子が見てとれる。

図 40 「制度沿革便覧」 太政官制度の解説書．明治六年五月刊．

この制度の下、太政大臣に三条実美《さんじょうさねとみ》、右大臣に岩《いわ》倉具視《くらともみ》が就任（一〇月八日付け。左大臣は欠員）、参議には木戸・西郷に加え、板垣退助《いたがきたいすけ》（高知）・大隈重信《おおくましげのぶ》（佐賀）が登用された。このほか、九月までに、左院副議長に江藤新平《えとうしんぺい》（佐賀。議長欠員だったが、九月から後藤象二郎《ごとうしょうじろう》）、外務卿に岩倉具視（一一月から佐賀の副島種臣《そえじまたねおみ》）、外務大輔《だゆう》に寺島宗則《てらしまむねのり》（鹿児島）、大蔵卿に大久保利通《おおくぼとしみち》（六月二七日付け、鹿児島）、兵部大輔に山縣有朋《やまがたありとも》（山口。卿は欠員）、司法大輔に佐佐木高行《ささきたかゆき》（七月九日付け、高知。卿は欠員）、工部大輔に伊藤《いとう》博文《ひろぶみ》（九月二〇日付け、山口。卿は欠員）などが任ぜられ、いわゆる薩長土肥四藩出身者が政府の中枢部分を独占する政治体制が確立した。

なかでも板垣の参議登用は、旧高知藩の政府への取り込みを図ったものだが、それと並んで重要なのは、さきに鹿児島・山口などに先んじて、高知藩を中心に藩政改革を進めていた有力藩から、改革の中心だったメンバーを、中央省庁の幹部クラスへ引き抜く人事を行なったことである。たとえば、高知藩少参事の谷干城《たにたてき》を兵部権大丞《ごんのだいじょう》（四月一九日付け）、和歌山藩大参事だった津田出《つだいずる》を大蔵少輔、彦根藩大参事谷鉄臣《たにてつおみ》および熊本藩大参事安場保和《やすばやすかず》を大蔵大丞、熊本藩権大参事の米田虎雄《こめだとらお》を宮内省侍従《じじゅう》、鳥取藩大参事の沖守固《おきもりかた》を大蔵省七等出仕（九月）、米沢藩士の宮島誠一郎《みやじませいいちろう》および徳島藩大参事の小室信《こむろしの》夫《ぶ》を左院議員に任じた。

さらにいえば、県を全国に設置したことで、緊急の政策課題となるのは地方制度の整備であり、その担当省庁は大蔵省だが、その方面で最も豊富な蓄積を持つのは、ほかならぬ旧幕徳川家の勘定所系の役人だった。彼らの大蔵省への登用はすでに明治二年（一八六九）六月以降、進められていた。坂《さか》本政均《もとまさひら》・郷純造《ごうじゅんぞう》・渋沢栄一《しぶさわえいいち》・前島密《まえじまひそか》・杉浦譲《すぎうらゆずる》といった人びとの名前が挙げられる。同様に外務省では、外国奉行所出身の田辺太一《たなべたいち》・川路寛堂《かわじかんどう》らが実務の面で、キャリアを発揮した。

さかのぼって知藩事一斉免官を発令する二日前、首謀者の一人、大久保利通は日記の一二日条に、

今日のままにして瓦解《がかい》せんよりは、寧《むし》ろ大英断に出て瓦解いたしたらんに如《し》かず

と記していた（『大久保利通日記』二）。このままでは「瓦解」するのは、政府全体でもなければ、明治国家でもない。危機に見舞われていたのは、あくまでも薩長指導部が築き上げてきた政治構想であり、彼らが保持し続けてきた主導権である。それが、政府内では岩倉具視と結びついた高知藩ほかの有力藩に奪われかねない事態になっていた。その意味での「瓦解」を避けるために、知藩事一斉免官とともに、有力藩中心メンバーを中央へ引き抜き、政府強化の実を挙げるとともに、藩側の不満をそらせたのである。強引であると同時に、巧みな対策であった。さきに廃藩置県を人事措置と述べたゆえんも、ここにある。

なお、当初二六一を数えた新県は、旧来の府県との整理統合が進められ、同年十一月には東京・京都・大阪の三府をはじめ、七二県となった。

廃藩置県と士族

今見たような知藩事一斉免官をはじめとする人事・制度の改革で、旧藩の士族は、どのような立場に置かれたのだろうか。繰り返すまでもなく、版籍奉還《はんせきほうかん》（二年六月）によって、大名家臣団は解散した。ただ、その居住地は以前と変わらず、旧主君である知藩事と

のあいだの情誼的《じょうぎてき》な関係も、当然ながら色濃く残っていた。彼らには「士族」という属籍呼称が与えられ、藩から家禄《かろく》が給付されたが、それは何らかの義務に対する反対給付ではない。東京の政府役人や、府藩県の職員に任用された者には、家禄とは別個に官禄（俸給）が支給されるが、そのような意味で再雇用された者は、藩庁冗員の整理も手伝って、ごく一部にすぎない。大部分の士族は非職（無役）となり、いわゆる無為徒食《むいとしょく》の身になったのであった。

したがって、家禄が給付されるといっても、その額が、かつての家臣時代の俸禄と比べ、大幅に削減されるのは当然であった。そうでなければ、藩としても財政が成り立たない。そのため、どの藩でも禄制改革が進められた。

もともと大名家臣団は、近世初頭以来の成り立ちに従って、複雑な構成をとっていた。門閥家老を頂点とし、十数段階に分かれるピラミッド型構成を持つのだが、それをおおむね五等級程度に単純化し、それぞれの等級において、均一化された家禄を、現石《げんこく》（現物の米）で給付するのである。原則的には、上級家臣ほど削減率が大きい。下級家臣は、もともと給せられていた俸禄が少ないので、最低限の生活を保障するためには、削減の余地がないからである。いっぽう上級家臣が抱えていた、自分の家臣（いわゆる陪臣《ばいしん》）は、ほとんどの場合、召し放たれたと見られる。

徹底した禄制改革で他藩に先んじた高知藩の場合を例に見ると、禄券法《ろっけんほう》の採用がある。高知藩では家禄等級を単純化したうえ、明治三年（一八七〇）一二月、「士民一般平均の理」に基づき、家禄給付を改めて禄券を交付することを布告した。禄券は、つまり、藩が発行した債券であり、固有の家産とされ、売買も認められる。最終的には、藩が買い上げて解消することがめざされた。同時に、士族が自由に職業に就くことも許されている（落合弘樹『秩禄処分』）。のちに実現する政府の金禄公債発行（明治九年八月）による秩禄処分を先取りするような方法であり、他藩でも導入が試みられたが、廃藩置県にともなって、全国の禄制を統一する必要から、いったん停止された。

このように各藩でまちまちであった家禄給付は、廃藩後にすべて大蔵省の統一管理下に置かれて引き継がれた。それ以前、財政破綻《はたん》状態にある藩では、額面どおりの給付が行なわれていない場合もあったが、その士族に満額給付が回復された例もあるという。

こうして見ると、版籍奉還から廃藩置県に至る過程は、士族（旧大名家臣）にとって、あながち不利益ばかりをもたらすとは限らなかった。同時代人の観測でも、大名家にとって財政逼迫《ひっぱく》の状態は共通し、領主が農民から取り立てた現物年貢を収入とするという体制自体が、すでに成り立たない状態に達していたのだから、大名領主を廃止し、全国を政府の直轄下に置くのは、当然のなりゆきという見方も決して珍しくない。

それにまた、新時代に向けた能力を持つと自負する者にとって、大名の家臣であることはもとより、藩所属の士族という束縛から解き放たれることは、みずからの能力を開花させ、新たな進路を切り開くうえで歓迎すべき事態であった。「門閥は親の敵《かたき》」という有名な言葉を残した福澤諭吉《ふくざわゆきち》（出身は豊前《ぶぜん》中津奥平家の下級家臣）はいうまでもなく、明治四年（一八七一）一一月、フランス留学に向かう中江兆民（旧高知藩五等士族）などは、その典型的な例であろう。

そのいっぽう、経済的な困窮だけでなく、無為徒食の立場に置かれることでアイデンティティを喪《そう》失《しっ》し、政府の施策に不満を募らせる不平士族が多く生まれたことも事実である。彼らへの対策は、現実の政府財政における家禄支出の解消策とともに、その後の政府にとって、最大の政策課題となった。

なお、近世以来、ほぼすべての大名家では、三都の豪商などからの借金で赤字財政を補塡《ほてん》していたが、明治三年（一八七〇）九月の「藩制《はんせい》」によって、累積債務の整理償還が命じられ、藩による新規の借り入れはできなくなっていた。廃藩後、未償還の藩債も、政府が引き継いだ。外国債については、外交問題に発展することを配慮して、基本的に現金で償還されたが、内国債は最終的に明治六年（一八七三）三月までに、約八〇％が切り捨てられたという（中村哲『明治維新』）。このため、とくに大阪の豪商には破綻したものが多く現われた。住友や鴻池《こうのいけ》などは数少ない例外である。この点にしぼって見れば、廃藩置県《はいはんちけん》は、地方制度としての藩（旧大名家）における累積赤字の解消という、全国レベルの財政整理策でもあったのである。

岩倉使節団

廃藩置県が実施される明治四年（一八七一）七月の前後、政府はヨーロッパの制度にならった開化政策を矢継ぎ早に実施しつつあった。戸籍法《こせきほう》の公布（四月）、散髪・脱刀の自由化、華士族と平民間の婚姻の自由化、賤称（「穢多非人」の称）廃止（ともに八月）、土地の永代売《えいだいばい》買《ばい》の許可（翌年二月）などである。

このうち、最も重要な政策は戸籍法である。施行されるのは明治五年（一八七二）二月で、その年の干支《えと》にちなんで、壬申戸籍《じんしんこせき》と呼ばれる。内容的には、それまでの宗門人別帳や武士の分限帳《ぶげんちょう》（家臣団名簿）などを廃止し、身分別に編成されていた全国住民を、居住地別に編成し、個々に政府が把握しようとしたのである。士農工商の身分を解消し、「四民平等」を実現させようという意図に立つものであるが、のちに実現するように、成人男性に兵役を課し、さらには個人を徴税単位とするための前提となる措置でもあった。

政府が、このような急進的とも見える政策を打ち出す背景には、条約改正に向けた国内制度の整備という側面があった。これまで見てきたように、明治元年（一八六八）末から四年七月にかけ、大名領主の最終的な解消が進んだが、その過程で、最も犠牲を強いられたのは士族の大多数であった。彼らを納得させ、不満を鎮めるためには、その犠牲のうえにこそ、「万国対峙《ばんこくたいじ》」が、すなわち欧米諸国と並び立つという国家としての目標が達成できるのだということを、証明して見せねばならなかった。

その目的に沿って、政府首脳による欧米への使節派遣が計画され、正使に右大臣岩倉具視、副使には参議木戸孝允・大蔵卿大久保利通・工部大輔伊藤博文・外務少輔山口尚芳《やまぐちますか》の四名が任じられた。各省の代表である理事官、それに随行する留学生を含めれば総勢一〇〇名を超える大使節団である。一般には、岩倉使節団と呼ばれている。

当時の横浜の図

使節の目的は、翌年五月（一八七二年七月）が安政通商条約の改定交渉を開始できる期限にあたるため、その予備交渉を行なうこと、さらに各国の制度・文物の調査などであった。一行は、明治四年（一八七一）一一月一二日、横浜港を出港していった。その直後の一七日、かねて懸案の大嘗祭《だいじょうさい》（即位後、初の公式新嘗祭《にいなめさい》）を東京で執行して即位儀礼を完了させ、国家元首に当たる天皇の地位を確定しておくことも、彼らの政府は忘れていない。

しかし、条約改正の予備交渉といっても、いわゆる不平等条約が、実態的にどのような内容を持ち、改正とは、それをどのように改めることか、といった具体的な課題が、政府内でも完全に確認されていたとはいえない。さかのぼって言えば、現行条約が、日本にとって国権を侵害するものであり、改定が必要だという漠然たる認識は、文久年間（一八六一〜六三）の破約攘夷論以来のそれである。かつての攘夷論は、東アジア的な華夷秩序の観念を踏まえた面が強かったが、岩倉使節団の段階で、その認識のベースは、ヨーロッパ・モデルに置き換えられつつある。つまり、日本

図41　明治四年

が欧米先進諸国の仲間入りをすることによって、海外万国との並立という課題を達成しようとしているのだった。一〇年間の歳月と、その間の政治抗争を経て、日本側では、以上のような認識ベースの置き換えが進んだのである。

最初の訪問国アメリカのサンフランシスコに着いたとき、その歓迎会の席上、副使の伊藤は得意の英語を駆使して、日本国旗の日の丸は、かつて日本を封印していた封蠟《ふうろう》のようであったが、それはいまや昇る朝日の徽章《きしょう》に変じた、とスピーチした。いわゆる日の丸演説であり、近代化にかける使節団の熱意がうかがえる。

しかし、国際社会の現実は、それほど甘くなかった。アメリカでの盛大な歓迎振りに気をよくした使節団は、このまま条約改正の交渉に移れるのでは、との期待を持った。ところが、交渉に必要な全権委任状を持たないことをアメリカ国務長官から指摘され、明治五年（一八七二）二月に、大久保と伊藤が、それを取りにいったん帰国するという事態になった。二人が六月にワシントンに戻ったときには、残っていた岩倉と木戸は、改正交渉が所詮は不可能なことに気づかされていた。不平等条約は、外国側から見れば、自国に有利な貿易取引を実現させるための大事な砦《とりで》なのであり、そうやすやすと改正に応じるはずもなかったのである。

条約改正をあきらめた使節団は、それからあとは、各国の制度や産業などの実態を見聞することに徹した。明治五年七月、ロンドンに渡った彼らは、イギリス・フランス・プロシャなどヨーロッパ諸国を回覧し、都市の繁栄ぶりや、機械工場の盛大さに驚きの声をあげながら、二年間近い期間を経て、六年（一八七三）九月に帰国する。

留守政府の政策

岩倉使節団が出発したあとの、いわゆる留守政府の中心は、筆頭参議西郷隆盛以下、参議大隈重信・大蔵大輔井上馨《いのうえかおる》らであった。西郷は、士族のあいだに圧倒的な声望を持ち、その方面の抑えとして政府の重鎮だったが、実務の中心は大隈・井上である。開明派をもって自他ともに任じる彼らは、強大な権限を持つ大蔵省を基盤に、積極的な近代化政策を進めた。もともと使節団出発に際し、留守を預かる政府とのあいだに、新規の制度改革は行なわないという約定が結ばれていたが、これは、条約改正に有利に働く国内制度の整備を優先し、それに直結しないものは後回しにするという点が主眼であり、新規の政策を全体として禁じたものではない。

政府では、その急進振りから「アラビア馬」のあだ名で呼ばれた井上馨を先頭として、積極政策を進めた。その中心の一つは、家禄処分であった。明治五年（一八七二）時点で、戸籍調査に基づく全国の人口は約三三〇〇万人、士族人口はその五％であったから、家族を含めれば約一六五万人だが、家禄給付額は、政府財政支出の三七％に達したという。極めて大きな負担だったから、その解消は緊急の課題だった。

この点を踏まえ、井上は家禄処分の方策を立てた。華士族の家禄を、全体の二五～三三％にまで削減した上、士族については六年分を一割利付け債券として一時に支給し、給付を打ち切る、という厳しい内容である。この案は、西郷らの賛成を得て正院《せいいん》の審議で内決された。

この債券は政府が適宜買い上げるものとされたが、そのためには政府側に原資が必要である。それを調達するため、七分利付け外国公債一五〇〇万～三〇〇〇万円の募集が計画され、井上の部下の大蔵少輔吉田清成《よしだきよなり》がアメリカに派遣された。出発は明治五年二月で、滞米中の岩倉使節団とのタイアップを狙ったものである。アメリカに渡った吉田は、駐在する少弁務使《しょうべんむし》（現在の駐米公使）森有礼《もりありのり》から、家禄は私有財産であり、これを奪おうとするのは不当という批判を受け、両者のあいだで激しい論争が行なわれた（深谷博治『新訂　華士族秩禄処分の研究』）。吉田と森は、ともに鹿児島出身で同郷の知人だが、その二人でも、家禄に対する考え方に相当の差があったことが分かる。ちなみに大使の岩倉や副使の木戸も、時期尚早のうえ、過酷にすぎるとして、この計画に反対だった。

森の反対のためばかりではないが、吉田のアメリカでの外債募集は、銀行筋とのあいだで金利面の折り合いがつかず、結局のところ不調に終わった。吉田は、さらにロンドンに渡り、オリエンタル・バンクと契約を成立させ、一〇〇〇万円以上の資金を得たが、そのあいだに本国政府の方針が変更されたため、当初の家禄処分計画に、この資金が用いられることはなかった。家禄処分は、資金と士族の反発の両面から見て、容易には実現しがたいことだったのである。

ここに、その一端がうかがえるように、明治五年当時の政府財政には、厳しいものがあった。先に触れたように、廃藩置県は財政整理の側面を持ったが、それは当然ながら、通貨の収縮と金融の逼迫《ひっぱく》を招き、物価の下落を生じさせていた。いわば、井上デフレである。特に米価下落は、時価換算の石代納《こくだいのう》（現物貢租を換金して収納）を採用していた関係から、政府の貢租収入を直撃した。その状態の下で、新たな政策を実施しようとするのは矛盾である。

明治五年後半は、全国の直轄地化を受けて、初めて政府の予算（明治六年）が立てられるときでもある。大蔵省を握る井上は、緊縮予算を編成しようとして、各省からの予算要求に大ナタを振るった。要求額は、陸軍省（明治五年二月、兵部省が陸・海軍省に分離）一〇〇〇万円、文部省二二五万円、司法省九六万円、工部省三六〇万円などだったが、井上による査定は、陸軍省八〇〇万円、文部省一〇〇万円、司法省四五万円、工部省二九〇万円と大幅な減額で、陸軍省を除く各省からの反発を買った。

司法改革と徴兵令の制定

大蔵省の強権ぶりは、司法省とのあいだでも大きな軋轢《あつれき》を生み出した。司法省は弾正台《だんじょうだい》と刑部省《ぎょうぶ》を引き継いで設置され、卿は欠員で司法大輔《しほうだゆう》佐佐木高行が事実上の長官だったが、彼が岩倉使節団に参加して米欧回覧に出発した五ヵ月後、明治五年（一八七二）四月に江藤新平（佐賀）が司法卿に就任して以来、積極的な司法改革に乗り出した。具体的には、それまで地方の裁判権は大蔵省管轄下の地方官が握っていた。近世以来の代官業務を引き継ぐような形である。江藤は、司法と行政の分離を確立する観点から、地方官の持つ裁判権を司法省の管轄下に移管させることを主張し、八月には司法職務定制《しほうしょくむていせい》が定められ、主要府県に府県裁判所が設置されていった。近代的裁判制度の急速な導入だが、この措置は、大蔵省から見れば権限の大幅な縮小にあたり、井上の不満を招いた。

いっぽう、留守政府の抱える大きな課題に、兵制改革があった。この問題は、直接には政府直轄軍を、どのように確立するかということだったが、大きな観点から見れば士族対策でもある。すなわち、廃藩の措置によって、藩兵も解散し、士族は最終的に遊民と化した。その士族に給付される家禄は、財政逼迫の最大の要因であったが、打ち切るためには、新たな国軍を生み出す必要がある。

すなわち、士族は、「軍事は士族の常職」という言葉を唱えていた。つまり、普段は、たとえ遊民であっても、国家に非常事態が生じたとき、軍事を担うのはわれら士族である、という自負を表すもので、家禄給付を最終的に合理化する理屈でもあった。軍事を担う国軍を創設しなければ、この理屈を解消できない。

国軍創設については、かつて明治二年（一八六九）以来、兵部大輔大村益次郎《おおむらますじろう》が、農民を対象とする徴兵制を計画していたが、そのため士族の反発を買って暗殺されていた（一一月死亡）。大村に代わって、その事業を受け継いだのは、明治三年八月、ヨーロッパでの兵制調査から帰国し、兵部少輔に任官していた山縣有朋である（翌年七月、兵部大輔昇任）。山縣はプロシャの兵制を参考に、常備役《じょうびえき》と後備役《こうびえき》（常備役を終えた後に召集される兵役）を柱とする構想を立案した。

図42 「徴兵免役心得」

こうして明治五年（一八七二）一一月に、「全国募兵の詔」と太政官「告諭」が発せられた。とくに「告諭」は、

双刀を帯び、武士と称し、抗顔坐食《こうがんざしょく》し、甚だしきに至りては人を殺し、官、その罪を問わざる者

と、かつての武士を厳しく非難していた。働かずに衣食し、農民や町人を無礼討ちにすることさえあった、というのである。さらに、かつての四民（士農工商）は、いまや平等の権を得たのだから、こぞって国のために尽くすべきであり、「全国四民、男児二十歳に至る者は悉《ことごと》く兵籍に編入し」、非常の事態に備えるべしと、国民皆兵をうたっていた。明けて明治六年（一八七三）一月、徴兵令が告示された。

陸軍を例にとると、兵役《へいえき》は常備役・第一後備役・第二後備役の三種からなる。常備役は、いわゆる現役兵で、検査の合格者から抽選で選ばれ、三年間の兵役に服して訓練を受ける。後備役は、常備兵役を終えた除隊者が、その後も召集に応ずる義務を負う制度で、第一後備役は二年間、一年に一度、召集されて訓練を受け、第二後備役は、さらにその後、二年間、召集があれば応じなければならない。

このようにすれば、有事《ゆうじ》の際に、すでに訓練を受けた即戦力の兵士を、一時に大量動員できる。かつて、大村益次郎が、「兵は縦に養って横に使う」と評した制度の具体化である。

しかし、この徴兵令には、戸主《こしゅ》とその相続人や、代人料二七〇円を納める者など、広範な免役《めんえき》規定が設けられていた。そのうえ、一般民衆にとっては、新たな負担と受け止められていたから、形式的に養子に行って戸主となる者など、徴兵逃れが流行し、免役該当者は徴兵対象者の八〇%以上に及んだ。「国民皆兵」は名ばかりであったが、こうして約三万五〇〇〇人の日本国軍が誕生する。これらの兵士は、東京・仙台・名古屋・大阪・広島・熊本の六ヶ所に設置された鎮台《ちんだい》（のちの師団にあたる）に分屯した。

このような徴兵制に対し、士族の多くは反対した。鹿児島士族の代表、陸軍少将桐野《きりの》利秋《としあき》（旧名・中村半次郎）が山縣に向かって、「土百姓等を衆《あつ》めて人形を作る、果たして何の益あらんや」と言い放った話は、よく知られている。しかし、徴兵制による国軍創設は、すでに触れたように、一面では士族特権の剝奪《はくだつ》を狙ったものなのだから、桐野の反論は筋違いなのである。

征韓論の沸騰

いま見たように留守政府内部では、大蔵省の強権と、それに対する各省からの反発、徴兵制をめぐる紛糾などが続いた。また、文明化政策としては、文部省の「学制」公布（明治五年八月）により、フランスのそれにならった学区制に基づく小学校の設立（計画では約五万四〇〇〇校）などが進められた。太陽暦が採用されたのもこの時期で、すなわち明治五年一二月三日が六年一月一日（一八七三年一月一日）となった。岩倉使節団が外遊中の国内は、近代化に向けた政策が進められるいっぽう、それまでの生活環境の急変に反発して、新政反対を掲げる農民一揆が頻発《ひんぱつ》するなど、政治的にも、社会的にも、不穏な状況に揺れ動いていたのである。

その状況の下、征韓論《せいかんろん》が沸き起こった。もともと、朝鮮李《イ》王朝との国交樹立は、明治元年（一八六八）当時から懸案の課題だった。新政府は朝鮮に対し、近世以来、李王朝との交渉を担うことを家役《かやく》としていた対馬藩（宗家《そうけ》）を通じ、「王政復古」を通告していたが（明治元年一二月）、朝鮮は、その書面に「皇」「勅」の文言があることを理由に受理を拒み、交渉は暗礁に乗り上げていた。李王朝は、清朝皇帝の藩王であり、「勅」などは皇帝からの文書のみに使用されるべき言葉だった。それが、当時までの東アジア世界を律する秩序であり、日本側の行動は、その秩序に反するものだったのである。

このため、日本と朝鮮は国交断絶状態にあったのだが、木戸孝允をはじめとして、この機会に、士族の憤懣のはけ口として朝鮮に兵を出そうという、いわゆる征韓論が早くから唱えられていた。

明治五年（一八七二）五月、政府は、朝鮮との交渉権を外務省に移管し、八月に外務大丞《だいじょう》花房義質《はなぶさよしもと》を朝鮮に派遣して、事態を打開しようとしたが、進展はなかった。翌六年五月、釜山《プサン》の草梁《チョヤン》公館に、公認されていた対馬商人以外の商人が入り込んでいることが発覚すると、朝鮮は「潜商禁止令」を発し、日本を「無道の国」と非難する書面を公館に掲げた。この事件が伝えられると、日本では、朝鮮の態度を無礼とし、これを討つべしとする征韓論が一気に燃え盛った。

征韓に熱狂したのは、むろん士族である。これまでの研究では、軽視されていたように思うが、このタイミングで征韓論が沸騰するのは、半年前に徴兵令が公布されていたことが引き金になっている。徴兵制が完成すれば、士族は、最終的にその存在意義を失うだろう。士族にとって、外征は、たとえその対象が朝鮮であれ、他地域であれ、みずからの存在意義をアピールする最後の機会であり、また一時的にせよ、従軍できれば、まとまった収入を手にできる就業のチャンスでもあったのである。

いっぽう政府内部では、筆頭参議西郷隆盛が征韓論を唱えるようになった。

太政官制の「潤飾」

これに先立ち、政府では、先に見たような大蔵省と各省との対立に苦しんでいた。太政官三院制の成立当初から危ぶまれていたことだが、正院《せいいん》（太政大臣と参議）の権限が弱く、実務を担う各省を十分に統制できない、という構造的な弱点が露呈した形になっていたのである。

これを克服するため、明治六年四月、左院議長後藤象二郎・文部卿大木《おおき》喬任《たかとう》・司法卿江藤新平が参議に昇任していた。左院議長以下の後任は、欠員のままだったから、この措置は、左院・文部省・司法省に後藤以下の統制力を残して、正院の権限を実質的に強化するという策である。五月二日には「内閣」が設置され、太政大臣と参議が、その議官として国政の最終的決定権を握った。これらは、一面では、井上馨率いる大蔵省権限の抑制を狙ったものでもある。

さらに、こうした一連の措置は、新規の制度改革を控えるという岩倉使節団との約定に明白に違反するものであった。そのため、政府はこれを太政官制の「潤飾《じゅんしょく》」と呼んで、実質を糊塗《こと》した。大蔵大輔井上は、持ち前の癇癪玉《かんしゃくだま》を破裂させ、部下の渋沢栄一とともに辞任してしまい、その結果、大蔵省の省務は、参議大隈重信が責任者となった。

これらの混乱は、本来であれば、太政大臣三条実美が統率して収拾すべき事態であったが、その力量を持たない三条は、一月以来、パリ滞在中の大久保利通に帰国を要請していた。大久保は、これに応じて五月二六日に帰国したが、現職大蔵卿の地位にありながら、省務は大隈に握られ、井上らは辞任していて、手の打ちようがなかった。見方を変えれば留守政府は、参議西郷を除けば、肥前《ひぜん》・土佐閥に占領されてしまっていたのである。大久保は、その首謀者として江藤新平をマークしたようである。大久保は休暇を申請し、関西に湯治に行くと称して東京を離れ、使節団本隊の帰国を待った。

その間に、政府内では、西郷主導による朝鮮への使節派遣計画が具体化した。西郷のもくろみは、自分が使節となって朝鮮に赴《おもむ》けば、そこで殺されることもあろうから、それを名分として出兵すべし、というものである。西郷が、この時点で、どこまで真剣に、この計画を考えていたのかは明らかでない。使節の西郷を朝鮮側が殺害するという可能性は、現実には考えにくい。西郷が、士族の立場で、その救済策を考えていたことは間違いないが、旧主君島津久光《しまづひさみつ》の守旧的な政府批判の言動に悩まされていた事情もある。いっぽうで西郷は、大久保らの開明政策をも理念的には十分に理解できていたから、板ばさみの立場に立たされた窮余《きゅうよ》の策として、みずからの使節派遣を主張したのではなかろうか。それで事態の根本的な解決が図れるわけもないが、西郷個人としては死に場所を得られるかもしれない。使節派遣は、八月一七日の閣議で内決され、正式決定は、岩倉以下の帰国を待って行なわれることになった。

天皇の裁断

岩倉一行は九月一三日、横浜に着いた。九月二一日、東京に戻った大久保に対して、三条と岩倉は参議への就任を要請した。しかし、大久保はためらった。大久保・岩倉は、もとより征韓出兵自体に反対である。いま自分が参議に就任すれば、盟友西郷との対立は避けがたいものとなる。しかし、大久保は熟慮の結果、一〇月八日、要請を承諾した(就任は一二日)。

一〇月一四日、西郷の要請で閣議が開かれた。出席者は、太政大臣三条実美・右大臣岩倉具視・参議の西郷・大久保・大隈重信・板垣退助・副島種臣・江藤新平・後藤象二郎・大木喬任の一〇名(参議木戸は病気欠席)。態度が曖昧《あいまい》な三条は別として、西郷遣使に明確に反対するのは岩倉・大久保・大隈、明確に賛成なのは西郷・板垣・副島・江藤である。ただし、閣議では、遣使中止ではなく、「延期」すべきことが論じられる形をとった。西郷は、断固派遣を主張して譲らず、この日は散会となった。

翌一五日、再度、閣議が開かれたが、西郷は欠席して、意見が変わらないとの意思を表示した。これ

図43　明治天皇写真

を見て動揺した三条は、態度を変えて西郷の意見に賛成、その方針をとることが決定された。これを受けて、大久保・大隈、それに木戸は参議辞任の意向を示し、三条の慰留《いりゅう》にも応じようとしなかった。さらに、岩倉までも右大臣辞任を申し出るに及んで、三条はストレスに耐え切れず、とうとう一八日早朝、精神錯乱状態に陥《おちい》って卒倒した。

大久保は、これを好機と見て、岩倉に太政大臣代行の命が降《くだ》るよう、宮中工作に全力を挙げた。その結果、天皇みずからが二〇日、岩倉邸を訪問、太政大臣代行を命ずるとともに、昼食をともにして懇談した。天皇はこのとき、すでに満二一歳であり、事態の経過と問題のありかを十分に理解したものと思われる（佐々木克『岩倉具視』）。

二二日、岩倉と西郷・板垣・江藤・副島の四参議とのあいだの会談で、事実上の決着がついた。西郷らも、天皇自身の反対の意向を察したのであろう。翌二三日、西郷は参議の辞表を呈し、他の三人および後藤象二郎もこれにならった。二四日には、公式に天皇から使節派遣を認めずという意味の勅語が降された。明治天皇が、重要な政務について、みずから裁断を下し、混乱を収束させた最初の例といってよいだろう。

これが、征韓論政変あるいは明治六年政変といわれる事件の経過である。西郷の遣使は、事実上中止され、西郷・板垣・江藤ら征韓出兵を主張した参議は、板垣を除き、永久に政府に戻ることはなかった。

2 大久保政権と西南戦争

内務省創設と民撰議院設立建白

天皇の裁断によって、朝鮮へ西郷隆盛を使節として派遣する計画は中止され、征韓出兵は回避された。同時に、西郷はじめ板垣・江藤ら、士族擁護の立場に立つ参議も、政府から退く結果になった。これに応じて、陸軍少将桐野《きりの》利秋《としあき》・同篠原《しのはら》国幹《くにもと》ら近衛兵の幹部をはじめ、宮内少丞《くないしょうじょう》村田新八など、西郷直系の鹿児島出身者の多くが政府を去って帰県した。

西郷らの下野《げや》は岩倉・大久保・大隈らにとって、予想どおりではあったが、一面では危険な事態を招く恐れがあった。すなわち、明治六年（一八七三）に入って、政府批判の態度をますます強めつつある不平士族の信望を、彼らの存在によって、かろうじて政府につなぎとめていたのだから、その下野は、いわば虎を野に放つようなものだったのである。

せめてもの救いは、反政府士族の一方の中心である島津《しまづ》久光《ひさみつ》が、政府の懇請に従って四月末に上京して以来、懐柔策に応じる姿勢を見せており、西郷一党と呼応する可能性だけは考えられなかったことである。久光は五月三日、天皇に拝謁し、まもなく麝香間祗候《じゃこうのましこう》に任じられて名誉職的な待遇ながら、政府の一員に加わっていた（一二月、内閣顧問）。西郷の参議辞任は、久光にとっては、一応満足すべき出来事であった。

参議大久保利通は、久光に疎《うと》まれていた点では西郷と同様だったが、ひるむ姿勢を見せなかった。大久保は米欧回覧の成果を踏まえ、統治制度の整備と殖産興業とを最優先の政策課題に掲げ、その実現に着手した。

第一には、正院《せいいん》の強化であり、具体的には参議・省卿の兼任制である。先に明治五年（一八七二）〜翌年前半の状況で見たように、大臣・参議から成る正院は、各省卿を制御《せいぎょ》できず、各省間の対立を抑止する力を持たなかった。大久保は三院（正院・左院・右院）制の創設当時から、この問題点に気づいていて、参議・省卿兼任制を主張していたが、それでは、参議兼省卿の権力が強大化しすぎるという木戸孝允らの反対で見送られていた経緯《けいい》があった。大久保は一〇月二二日、西郷らの参議辞任を見越して、早くもこの案を閣議に提起し、二五日には実現された。なお、西郷以下の後任として、新参議に工部卿伊藤博文・海軍卿勝安芳《かつやすよし》（海舟《かいしゅう》）・外務卿寺島宗則《てらしまむねのり》が任ぜられた。

第二には、内務省の創設である。内務省創設案は、大蔵省の持つ地方行政権限を分割委譲させる狙いで、留守政府によって、すでに構想されていた（勝田政治『政事家大久保利通』）。大久保はそれに加え、米欧回覧での調査を踏まえ、殖産興業をも内務省の職掌に盛り込んだ。一一月二九日、大久保は参議兼内務卿に就任し、こうして、大久保を中心に、参議兼大蔵卿大隈重信、参議兼工部卿伊藤博文を両翼とする体制が成立する。いわゆる大久保政権である。しかし、この政権が安定するのは、もう少し先であった。

内務省が実際の機構を整え始めた明治七年（一八七四）一月一七日、下野《げや》参議の板垣・後藤・江藤・副島《そえじま》らは愛国公党という団体を結び、民撰議院設立建白書を政府の左院に提出した。実際の文言作成には、イギリス留学帰りの古沢迂《ふるさわう》郎《ろう》（滋《しげる》）が中心になってあたったという。これに、同じくイギリス帰りの小室信夫《こむろしのぶ》、元財務官僚の由利公正《ゆりきみまさ》・岡本健三郎《おかもとけんざぶろう》が加わり、署名者は計八名である。

建白書は、政府の現状について、現在、政権の帰する所を察するに、「上《かみ》帝室に在らず、下《しも》人民に在らず」と述べ、政権を一部の政治家が握り、政令は朝出暮改、言路が閉塞《へいそく》したありさまと非難して、これを救うには「天下の公議」を拡張するほかないが、そのためには「民撰議院」を立てることが急務であると主張した。また、政府に対して租税を払う義務を持つ者は、すなわちその政府の事を「予知可否する」権利を持つとも言う（『自由党史』上）。納税者は政策決定に参加する権利を持つ、とする、いわゆる租税協議権思想に基づく主張である。

図44　板垣退助生家の門

「天下の公議」拡張については、第四章で見た明治二年（一八六九）前半の公議所、版籍奉還後の集議院と、藩が存在した時点でこそ、それなりの制度があって、役割を果たしたが、廃藩後には消滅していた。

その再生復活を主張するのは、一般にも受け入れやすい理屈であろう。後半の租税協議権の主張は、ヨーロッパ・モデルに依拠した新思想である。この建白書は、政府の准広報誌『日新真事《にっしんしんじ》誌《し》』に掲載され、大きな反響を呼び、議院の早期開設の是非をめぐる論争を生んだ。少なくとも当初は、大久保を直接のターゲットに置いた政府批判の言論活動は、その後、高知での板垣の活動などによって、やがて裾野を広げ、自由民権運動として発展することになる。

岩倉襲撃と佐賀士族の騒動

民撰議院設立建白書が提出される三日前の一月一四日、右大臣岩倉具視が、退庁の途中、赤坂食違見附《くいちがいみつけ》で、征韓論者の高知県士族武市《たけち》熊吉《くまきち》らに襲撃された。西郷の征韓論を覆《くつがえ》した岩倉を「大奸」と見たものである。岩倉は傍らの溝に転がり落ちて、危うく難を逃れたが、精神的なショックは大きく、しばらく政務から遠ざかるほどだった。武市らと愛国公党とのあいだに連携はなかったが、板垣らに対する政府側の警戒が厳しくなるのは当然である。板垣や江藤はそれぞれ高知・佐賀に帰郷し、愛国公党も鳴りを潜めた。

いっぽう、前参議江《え》藤新平《とうしんぺい》の出身地、佐賀では士族の不穏な動きが表面化した。佐賀県の内情は、鹿児島県と共通するところがあり、出身者のなかでも大隈重信・大木《おおき》喬任《たかとう》はじめ、政府中枢にあって開化政策の先頭に立つ者がいる反面、地元ではこれに反発し、反欧化・反開化を唱える士族も多かった。彼らは元侍従島義勇《しまよしたけ》を首領に仰いで、憂国党《ゆうこくとう》に結集した。また、江藤の影響下にあるメンバーは、征韓即行を主張する征韓党《せいかんとう》として気勢を上げ、佐賀県権令《ごんのれい》岩村通俊《いわむらみちとし》（高知県出身）を排除して県庁を掌握するまでになった。

江藤の帰郷を迎えて征韓党は勢いを増し、また憂国党は、家禄の遅配をきっかけに、県の公金を管理していた民間金融機関に押しかけるという騒動を起こした。これらの動きは挙兵といったものではないが、佐賀士族の動向に神経を尖らせていた政府は、鎮圧のため迅速《じんそく》に動く。二月一日、騒動発生の知らせを得た政府は、四日に熊本鎮台に出動を命じ、七日には大久保内務卿がみずから佐賀へ出張することを願い出た。

二月一〇日に大久保は、臨時に軍事および裁判について全権（臨機処分権）を委任するとの命を受け、博多に向けて出立した。その前後の模様について、参議兼文部卿木戸孝允は日記の八日条に、大久保は、内務卿としての立場で急いで佐賀に向かおうとし、政府決定が遅れることを憂慮していたが、不在中の省務について、木戸が内務卿兼勤を引き受けたところ、「大いに歓喜」したと書いている（『木戸孝允日記』二）。発生時点で事件は「内務」の問題と見なされていた。

直後の二月一六日、征韓・憂国両党は、熊本鎮台からの派遣部隊が詰めていた佐賀県庁を襲撃し、戦闘が始まった。掲げる大義名分は、征韓断行である。一九日、「佐賀県暴徒征討令」が発せられ、二〇日までに、大阪鎮台・東京鎮台から増援部隊を加えた政府軍は、二三日の戦闘で佐賀士族軍を撃破し、戦いに決着をつけた。江藤は鹿児島に逃亡、西郷隆盛に援助を求めたが、拒絶され、高知県まで逃亡したところで捕縛された。

佐賀に送還された江藤は四月一三日、臨時裁判所の即決裁判で、島義勇《しまよしたけ》とともに「梟首《きょうしゅ》」の判決を受け、即日執行された。裁判長は、つい先日まで江藤の部下だった司法大丞河野敏鎌《こうのとがま》である。このとき大久保が一〇〇〇円を河野に贈り、極刑を申し渡すようにさせたとの噂が、のちに広まった。俗に言う「千両の首切り料」である（長沼熊太郎遺稿『征韓論分裂始末』）。事実ではないにせよ、大久保と江藤の対立関係が広く知られていたことをうかがわせる。江藤の墓には、地元の民衆が群れをなして参詣し、彼の亡霊が県庁で執務するとの流言《るげん》が広まった。文久年間（一八六一～六三）から、しばしば見られた、残念さん信仰のパターンであろう。

この佐賀の騒動は、半年前には参議として政府中枢にあった人物が首謀者となり、公然と政府に敵対した最初の例である。士族の蜂起とはいえ、具体的な計画や展望があったわけではなく、むしろ、鎮撫のための派兵という政府側の対応が士族側を刺激して、戦闘状態を引き起こした、という面もある。江藤にしても、巻き込まれたという観が強く、時間をかけて計画を練ったとは、とても考えられない。それに加え、政府が迅速に対応して各地への波及を防いだため、戦闘は政府軍優勢のうちに短期間で収束した。

政府にとっては、電信の活用や軍艦による兵員輸送など、徴兵制軍隊を有効に活用するうえで、戦術的な実地演習の意味を持った。首謀者に対する過酷な処分とあいまって、政府は、不平士族を実力で抑え込むことに大いに自信を深める結果になったのである。

台湾出兵と日清紛争

国内の混乱を鎮めるいっぽうで、政府にとって、朝鮮問題と並ぶ対外的な懸案の課題は、台湾問題であった。問題の発端は、明治四年（一八七一）十月、琉球列島宮古島《みやこじま》の島民が台湾に漂着し、五〇名余りが原住民に殺害されたことである。琉球中山王《ちゅうざんおう》朝《ちょう》は、近世には薩摩島津家の事実上の支配下にあり、また清朝《しんちょう》とも宗属《そうぞく》関係（宗主国と朝貢国）を結んでいて、日清両属のような立場にあった。その島民殺害について、鹿児島県参事大山綱良《おおやまつなよし》らは報復のため、台湾への征討出兵を提案した。一面では、不平士族の憤懣《ふんまん》のはけ口を外征に求めようとしたものである。外務卿副島種臣《そえじまたねおみ》も、この計画に乗り気であった。事態の進展と符節を合わせるように、日本政府は明治五年（一八七二）十月、琉球王尚泰《しょうたい》を藩王に封《ほう》じて、琉球藩を置いた。

六年四月、日清修好条規《にっしんしゅうこうじょうき》（四年七月調印）の批准書を交換するため、天津・北京に赴いた副島は、清朝側と交渉し、台湾は清朝の教化の及ばない土地で、住民は「化外《けがい》の民《たみ》」であるとの言質《げんち》を得た。副島は、この言をもって、台湾は近代的な意味で清国の領土にあたらず、日本の出兵も正当化されると解釈した。このため、台湾への出兵が具体化しかかったが、ちょうどその頃、西郷の朝鮮遣使論《けんしろん》が持ち上がり、一〇月には副島も参議兼外務卿を辞任したため（後任は寺島宗則）、台湾問題は先送りになっていた。そこへさらに、佐賀の騒動が重なったのである。

大久保は佐賀へ出立する以前、七年二月六日に、参議兼大蔵卿大隈重信とともに、「台湾蕃地処分要略」を閣議に提出、了承を得ていた。そこでは出兵を、蕃地征討に限定し、日清開戦を避けることが基本とされていた。ただし、殺害された琉球島民を日本国民と見なし、これに対する報復措置であるから、必然的に、琉球を日本領土として、清朝に認めさせる意図を含んでいる。この琉球領有権をめぐる日清間の抗争という点が、先の朝鮮への西郷遣使計画とは、はっきり性格が異なるところである。のちにも触れるが、この時点で、東アジア地域内での日本の外征出兵は、清朝が中心となっていた中華世界の華夷《かい》秩序を、国境の確定を含めて、ヨーロッパ・モデルの外交体制に再編するという側面を帯びる。

ところが、大久保が佐賀へ出張しているあいだの四月二日、先の「処分要略」の方針は、大隈および陸軍中将西郷従道《さいごうつぐみち》（隆盛の実弟）らによって転換され、台湾領有化までが方針のうちに盛り込まれた。木戸孝允は、この方針転換に反対し、五月一三日付けで参議兼文部卿を辞任した（家近良樹「『台湾出兵』方針の転換と長州派の反対運動」）。

台湾蕃地事務都督《じむととく》に任じられた西郷従道は、鎮台兵と鹿児島士族の応募兵、合わせて三六〇〇名を率い、軍艦で長崎に向かったが、事態が日清間の紛争に発展し、アジア貿易が混乱することを恐れたアメリカ公使ビンガム、イギリス公使パークスが干渉してきた。結局、政府は四月一九日、出兵中止を決め、それを伝えるため、帰京したばかりの大久保が長崎に急行したが、到着前日、すでに西郷は独断で一部部隊を先発させていた。単なる行き違いというより、強力な統率者を欠いていた政府の混乱ぶりを示すものである。

それを象徴するかのように、四月二七日付けで島津久光が、長らく空席だった左大臣に任じられた。佐賀の騒動が鎮圧され、台湾出兵が実行されようという状況下で、全国の不平士族にとって、希望の星は久光だった。その久光を太政大臣に次ぐ政府高官に据えて、彼ら士族に対する人心収攬を図ったのである。久光は、さっそく礼服洋装化や徴兵制などに反対し、復古を求める意見書を呈するが、政府内では一蹴《いっしゅう》されている。

台湾出兵について、政府はやむを得ず、西郷従道の措置を追認し、出兵はなし崩し的に実行された。現地での戦いそのものは、短期間で終結したが、日本軍はその後も駐兵を続け、清朝からは六月四日、主権の侵害に抗議し、撤兵を要求する公文書が外務省に届いた。ここにおいて、台湾問題は日清間の国際紛争に発展したのである。

北京交渉

七月八日、閣議は、日清開戦を覚悟するとの決定を降した。最強硬論を主張したのは、これまでの経過から見て当然ながら、参議大隈重信であったが、緻密《ちみつ》な判断に基づいたものとはいえない。大久保は、みずから北京に赴き、清朝政府と直接交渉にあたることを申し出て裁可された。八月一日、全権弁理大臣に任じられた大久保は、六日横浜出港、九月一〇日北京に着いた。出発に際し、大久保は開戦に備える用意を唱えていたが、交渉の基本方針はあくまで避戦《ひせん》である。

交渉は九月一四日から始まった。大久保は、台湾原住民の居住地は「無主の地」であり、日本の出兵は正当なものであると主張した。ヨーロッパ・モデルの国際法の論理である。その論理がアジアはじめ、世界中に浸透した二〇世紀以降なら、妥当なものかもしれない。しかし、清朝側は、台湾は版《はん》図《と》に含まれると主張した。「版図」は、東アジア地域内において、グレーゾーンを含め、中華皇帝の支配下にある地域を指し、明確なラインで仕切られた内側を意味するのではない。つまり、対立点は、日本側の言う「領土」概念と、清朝側の言う「版図」概念の差異にあるのであり、異文化の衝突ともいえる。前者のヨーロッパ産の異文化を、日本が率先《そっせん》して東アジアに持ち込んだのであった。

交渉は難航した。もともと立脚点が異なる交渉なのだから、折り合うはずがない。こうして一〇月下旬に至り、交渉は決裂し、日清開戦が現実化しかかったとき、仲裁が入った。駐清イギリス公使ウェードが、アジア貿易の混乱を回避するため、調停を申し出たのである。ウェードの提案は、清朝は、日本の出兵を「義挙」と認め、賠償金五〇万両《テール》を出すかわりに、日本軍は台湾から撤兵し、領有の意図がないことを明らかにする、というものである。交渉に行き詰まっていた日清双方は、この提案を受け入れた。清朝は実質をとり、日本は面目を立てたのである。妥結協定が調印されたのは、一〇月三一日であった。ただし、これで琉球の領有権問題までが解決したわけではなく、それは最終的に、ちょうど二〇年後の日清戦争まで持ち越されるのである。

一一月一日、北京を発し、帰国の途についた大久保は、その日の日記に、次のように感慨を記した（『大久保利通日記』二）。

滞在およそ五十日、予、実に重難《じゅうなん》の任を受け、困苦言うべからず、幸いに、こと成局に至り、北京を発し、おのずから心中、快を覚ゆ、嗚呼《ああ》、此《かく》のごとき大事に際す、古今稀有《こきんけう》の事にして、生涯また無き所なり（中略）往時を思い、将来を考え、ひそかに心事の期するあり

言葉に尽くせないほどの困難を乗り越え、妥結に導いた北京交渉の結果は、大久保にとって満足すべきものであった。一一月二七日、横浜港に上陸した大久保は、

岸上に見物の貴賤《きせん》、内外人民、群れを成す（中略）当港の景況、戸毎《ここと》に国旗を翻《ひるがえ》し、種々の飾り物を拵《こしら》え、人民歓喜の体、誠に意外の有様なり

と日記に書き残している。この年四月、佐賀騒動の鎮圧に引き続き、台湾出兵の後始末という難題を、大久保は解決した。先に参議を辞任していた木戸も、大久保に手紙を送り、交渉の成立を祝し、その「御殊功」を讃えている。大久保の信望が、政府内外において最終的に定まり、大久保政権として確立するのは、ようやくこの時である。

なお、それから三ヵ月後の八年二月には、一二年間にわたって横浜居留地防衛のため駐留していた英仏軍部隊が、国内の治安回復を認めて撤退した。下関戦争賠償金の最終回支払いを受け、東アジアにおける秩序ある国家として、日本の国際的な地位が認められた、ともいえよう。国内に向けては、国権侵害の象徴が、誰の目にも見えるかたちで取り払われたのであった。

民権政社の結成

台湾出兵を成功裡《り》に収束させ、政権が確立したとはいえ、それで完全に国内の不安定要素が解消されたわけではない。出番を失って、不満を募らせる士族の動向

は、依然として、政府にとって警戒の的であった。

士族対策は、具体的には家禄の整理と解消に集約される。これらに関わる政策は、征韓論をめぐる政府分裂があった明治六年（一八七三）一〇月以降、大蔵卿大隈重信を中心に具体化されつつあり、すでに同年一二月には、家禄に対して税を課すること、さらに任意による家禄奉還制が定められた。前者は事実上の家禄カットである。後者では、奉還に応じた者に、家禄四～六ヵ年分が一時支給される（半分は現金、半分は八％利付け公債）、就業の便宜も図られた。これには士族戸数の約三分の一が応じたとされるが、奉還者の就業実績も思わしくなかったことから、八年（一八七五）七月には中止される。なお、八年九月に、家禄はそれまでの現米渡しから、金禄（現金給付）へと改定される。

政府側の政策が、このような進展を見せつつあるなかで、士族側にも新たな動きが生じた。その発端は、高知に帰っていた板垣退助の動向である。先に明治七年（一八七四）一月、民撰議院設立建白に名を連ね、「有司専制」批判の口火を切った板垣は、同四月には高知で士族を結集した立志社《りっししゃ》を結成した。その趣意書で板垣は、現在のわが国は大変革を経験したばかりで、ややもすれば人心の動揺が激しいが、

我が輩、誠に発奮《はっぷん》し、天下の元気を振るわんと欲す。すなわち、よろしくまずみずから修め、治むるよりして始め、しこうして人民の権利を保有し、以って自主独立の人民となり、欧米各国の人民と比交《ひこう》し得《う》るを務《つと》めずんばあるべからず

と主張していた（『自由党史』上）。「人民」の権利を確立することが、国権の確立につながる、というのである。

これに呼応して、小室信夫も阿波《あわ》で自助社《じじょしゃ》を起こした。その後、各地で同様に、民権を唱える地方政社が続々と結成されてゆく。彼らの活動は、政府に対し、士族の位置づけを明確にするよう求めたものであり、のちの豪農層や一般民衆をも巻き込んだ国会開設運動（いわゆる自由民権運動）としての性格を、まだ備えてはいないが、政府にとっては見過ごせない動きである。

折から台湾出兵が行なわれようとする時であり、やがて大久保による北京での交渉が難航するなかで、板垣らは全国組織の設立をめざした。その結果、翌八年二月には大阪に、加賀（石川県）・筑前（福岡県）・肥後（熊本県）・因幡《いなば》（鳥取県）・安芸（広島県）・伊予（愛媛県）・讃岐（香川県）・阿波（徳島県）などから有志数十名が集まった。

図 45　立志社跡碑

彼らは新たに全国組織を結成し、「愛国社」と名づけ、東京に本部を置くことを決定し、さらに「合議書」を発表した。それによると、各社の代表三名を東京に派遣し、「一般人民の利益を謀る等のこと」を定期的に協議討論すること、毎年二回の定期大会を開催すること、などを定めている。

これら民権政社側の動きは、佐賀騒動を鎮圧し、台湾出兵を収束させた大久保利通ら政府側にとっても、それまでとは異なる新たな対応を要請する事態だった。また、民権政社と直接に連携はしないが、山口に帰郷していた木戸孝允の動向も、気がかりであった。木戸は開化論者であり、西郷や板垣とは立場が異なるが、士族対策について、政府による家禄処分に関する限り、急進的で過酷に過ぎるとして、これに不満を持っていた。

大阪会議と太政官制の改革

そのため、大久保は木戸・板垣を政府に復帰させ、反政府的な士族側の運動拠点を切り崩すことを図った。反政府的な団体の運動といっても、当時の政治感覚では、制度的なあり方に沿った活動というより、人的な結合が大きな意味を持つから、結合の焦点になる人物の去就《きょしゅう》が、運動の成否を左右するのである。

大久保は、伊藤博文や井上馨《いのうえかおる》といった長州出身者を通じて、木戸さらに板垣と接触を図った。伊藤は、かつて木戸の配下にあり、今では参議兼工部卿として大久保の右腕とも言うべき立場だったが、井上は明治六年（一八七三）五月、大蔵大輔辞任以来、民間にあって協同会社の経営などにあたっていた。

明治八年（一八七五）一月から二月にかけ、愛国社結成大会が開かれているさなか、大阪の料亭加賀屋伊助方などで、大久保と会談した木戸・板垣は、将来的な議会の開設を条件に、ともに政府復帰・参議への就任を承諾した。いわゆる大阪会議であり、当時の落首にも「大普請《おおぶしん》、まず板垣と木戸が出来《でき》」とうたわれた。人事面での大改革という印象が強かったのであろう。会談の成功を喜んだ木戸は、会場の料亭加賀伊に「花外楼《かがいろう》」の名を与えた。いっぽうの板垣は、愛国社結成との関連を考えると、態度に一貫性を欠くように見える。当然ながら、社内にも反発は強く、このため愛国社は事実上、分裂解散状態に陥った。

図46　三橋楼　会談はここでも開かれた．元治元年頃の様子を描く．

木戸・板垣は、三月に参議に就任し、四月一四日には天皇の詔が発せられ、立法機関として元老院、司法機関として大審院を設置し、さらに地方官を招集して会議を開くこと、最終的には、順序を追って「国家、立憲の政体」を立てることが宣言された。つまり、この時点で、やがては憲法を制定し、議会を開設することが、国家の基本方針としておおやけにされたのである。同時に左院・右院が廃止され、元老院を上院に擬し、地方官会同を下院に位置づけることがめざされている。なお、元老院の副議長には、後藤象二郎が任ぜられた（議長は欠員）。選挙制に基づく議会制ではないが、上下両院制を模した制度が成立したといえよう。ヨーロッパ・モデルの採用は、対外関係だけではなく、国内体制の整備の面でも、明確化されたのである。

こうして大久保政権は、左大臣島津久光、参議木戸孝允・同板垣退助を内部に取り込み、反政府士族の動向をコントロールできる梃子《てこ》を手に入れた。振り返ってみれば、征韓論や台湾出兵をめぐって下野した参議六人のうち、後藤を含めて三人が復帰し（江藤新平は刑死）、いまだ在野で勢力を保持しているのは西郷隆盛ただ一人であった。

地租改正

先に触れたように明治四年（一八七一）七月の廃藩は、全国レベルの財政整理策でもあった。すなわち、旧大名家以来、積み重なっていた負債のほとんどを切り捨てる形で整理したのである。そのうえで、新たな税制を設けなければ、国家の財政が成り立たないのは当然である。また、その基本的な方策が、生産者農民の土地に対する私有権を認め、その土地を対象に課税するというあり方をとることも、明治初年になれば、政府財政の担当者にとっては大前提であった。

このような方策を早くから建議した例として、明治三年（一八七〇）六月、神田孝平《かんだたかひら》の「田租改革建議」が知られている。神田の建議は、土地の売買を許可したうえ、その代価に一定の比率で課税するという案である。これを受けて、廃藩直後の四年九月には、大蔵卿大久保利通・大蔵大輔井上馨から正院に対し、同様な内容の案とあわせ、それぞれの所持地について「沽券《こけん》」を発行すべきことが提議された。翌五年に、その案は留守政府のもとで実行に移され、すでに事実上は広汎に行なわれていた土地の永代売買が解禁されるとともに、全国の土地に地券が発行されることになった。この地券は、

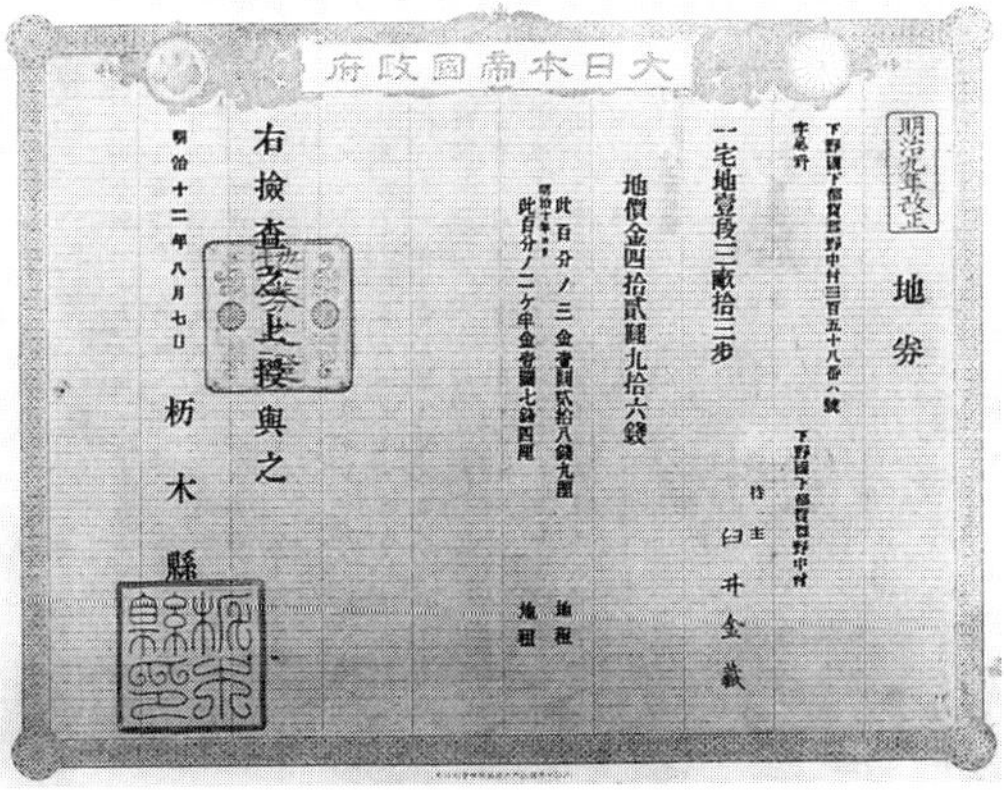

図 47 「地　券」

その年の干支《えと》にちなんで「壬申《じんしん》地券」と呼ばれ、のちの改正地券と区別される。

しかし、この壬申地券制度は、実勢価格を地価とする点で、農村では旧来の年貢制度とのあいだに大きな矛盾を抱えていた。つまり、収穫量が多くても高い年貢のかけられていた土地は、売買価格が安くなるが、その安い価格を基準として地租を課せば、年貢が低く、相対的に売買価格の高い土地と比べて、租税負担のうえで不公平が生ずるのである。

このような問題を踏まえて、新たな税制を生み出す議論は急速に進み、明治六年（一八七三）四月、地方官会同での審議を経て、地租改正法として七月二八日に公布された。改正法は、勅諭・太政官布告・地租改正条例などで構成される新税法の総称である。その主な内容は、旧来の年貢制度を全面廃止し、改めて耕地ひとつひとつについて、土地面積・収穫量・必要経費などの調査を行ない、地価を決定したうえ、所有者を確定して地券を交付する。そして、所有者から、地価の三％を地租として徴収する、というものである。

この地租改正は、近代的な土地私有を公認し、その所有者が納税義務を負うとする点で、画期的な意義を持つ政策であった。

年貢納入は、もともと近世の領主制のもとで、村請制《むらうけせい》と呼ばれるシステムをとっていた。つまり、年貢は村を単位とし、村高を基準に賦課《ふか》され、毎年の領主側からの年貢割符《わっぷ》（請求書）と皆済目録《かいさいもくろく》（領収証）は、村を宛て先として発給される。村内部での農民個々人の負担のあり方にまで領主側は介入しない。村内部での、農民（本百姓）に対する年貢負担の割り付けと徴収は、村役人の仕事である。

しかし、地租改正によって、地租納入義務を負うのは、地券を交付された個人となった。ほぼ同時期に制定される戸籍制度（明治五年施行）・徴兵制度（六年施行）と並んで、身分制を解消し、個人を徴税単位とし、それまでの住民を、日本国民として性格づけるために決定的な意味を担った政策である。また、政府側から見れば、いったん確定した地価を基準に確実な金納地租を収入とすることができる。

国民化と民衆

このような意味を持つ地租改正に、農民は基本的に賛成した。自分の保有する田畑の所有権を公認されることに反対する農民はいない。ただ、問題は新たに賦課される地租が、旧来の年貢額を上回り、実質的な負担増を招くことである。このため、農民側と、改正事業を担当する府県側とでは、つねに地価算定が紛糾の種となった。地価検査例に定められた算定原則は、収穫高（米価）を基準に、種肥代などの必要経費や地租・地方税を控除して得られた額を収益とし、これを利子率で除して資本還元した数値を地価とするというものだが、労賃部分が控除分に含まれず、利子率も一般慣行より低いなどの問題点を含んでいた。これでは、地価は実際より高く算定される。そのうえ、改正法施行の前後から、政府は征韓論や佐賀の騒動、台湾出兵などの対応に追われたため、改正事業は進捗《しんちょく》しなかった。

政府が改正事業の本格的な推進に着手するのは、大阪会議と官制改革を経て、安定期を迎えた明治八年（一八七五）以降である。その三月、事業を統一的に進めるため、地租改正事務局が設置され、総裁に内務卿大久保・副総裁に大蔵卿大隈重信が就任した。事業推進にかける、政府の強力な意思がうかがえる。彼らは七月に地租改正条例細目を制定し、事実上、予定地価を押しつける方策をとった。いわゆる「押し付け反米」（収穫米価を相場より高く算定）である。政府は、財政収入確保の見地から、地租が旧来の貢租額を下回らないことを基本方針としていた。

その結果、改正事業に反発する農民側の抵抗運動が続発した。いわゆる「地租改正反対一揆」だが、正確には押しつけ地価に抵抗する騒擾《そうじょう》である。この類の騒擾は、明治七年（一八七四）二件、八年一〇件、九年一九件と、八年秋の収穫期を境に激増した（青木虹二『百姓一揆総合年表』）。とくに九年一二月には、三重・愛知・岐阜・堺の四県に広がる最大規模の騒擾事件が起きた。「伊勢暴動」と通称されるが、三重県下などでは、一三〇年以上を経た現代でも、いまだに伝承が残るほどの騒動であった。一揆勢は県庁や旧村役人宅などを焼き討ちし、関係帳簿類を焼却した。驚愕《きょうがく》した県側は、鎮台兵・旧藩士族などを動員して武力鎮圧にあたり、結局、処分者は五万六〇〇〇名（その内、処刑者は六〇余名）に上ったという。参加者は、その数倍に達したであろう（茂木陽一「新政反対一揆と地租改正反対一揆」）。

これらの騒擾は、近世の一揆とは性格が異なる。近世の一揆は、基本的に年貢減免のための訴願行動であり、都市窮民による米騒動などを例外として、暴動形態をとらない。ところが、明治二年（一八六九）以降、廃藩にともなう旧知事引止め一揆、徴兵令反対一揆など、いわゆる新政反対一揆は、県庁などを目標にした暴動であった。民衆にとって、新政府の政策が、生活上の利害に直結する形でみずからの身に及んできたとき、彼らは強烈な反発を起こした。それらは総体として、強権的に進められる国民化に対抗し、それまでの生活文化を守ろうとする民衆側の反応であった。明治の国家は、その反応に、一面では徹底的な弾圧をもって臨むとともに、可能な限りは妥協点を探った。明治一〇年（一八七七）一月、天皇の詔をもって、地租を地価の三%から二・五%に減じたことは、その現われである。結果として改正事業は、明治一四年（一八八一）までに、全国で完了する。

江華島事件と日朝修好条規

国内の社会情勢が地租改正事業の実施をめぐって揺れ動くなかで、朝鮮との関係を軸とする東アジア地域内での国際関係の確定も、大久保政権にとって懸案の課題であった。北方についても、ロシアとのあいだに国境画定問題があったが、この件については、明治八年（一八七五）五月、駐在全権公使として派遣されていた榎本武揚《えのもとたけあき》が、千島樺太《ちしまからふと》交換条約を結んで解決した。安政和親条約（一八五五）以来、両国民雑居地とされていた樺太を全島ロシア領とし、代わりに千島列島すべてを日本領としたのである。

そのころ、朝鮮国内では二年前（一八七三年一二月）に起きた癸酉《きゆう》政変で、国王の実父大院君《テウオングン》が退き、閔妃《ミンビ》一派に政権が移って以来、強固な排外主義にも軟化の兆しが現われていた。そこへ、タイミングを計ったように、八年（一八七五）九月、江華島事件《カンファドじけん》が起きた。江華島は、ソウルの海からの玄関口に当たる海防上の要地で、古くから砲台が設けられていたが、日本海軍の軍艦雲揚《うんよう》は、その付近で挑発行動をとり、反撃してきた砲台と交戦した。

この事件は、かつては日本政府の謀略と見られていたが、最近の研究によれば、意図的な部分があったとしても艦長井上良馨《いのうえよしか》と海軍大輔川村純義《かわむらすみよし》との黙契《もっけい》程度であり、政府として陰謀を計画したものではないとされる。しかし、いずれにせよ、朝鮮とのあいだには、何らかの機会を捉えて、国交開始交渉が行なわれるべき状況には違いなかった。

図48　江華島の砲台

この事件の報が伝えられると、日本国内では、二年前と同様に征韓論が沸騰《ふっとう》した。ただし、士族の動向との関連で見れば、大きく様変わりしていた点がある。すなわち、全国の士族三〇万人のうち、三分の一は、政府や府県の官員をはじめ、教員・軍人・警察官など何らかの職に就き（家禄と俸給の二重支給）、また三分の一は、明治六年末～八年七月に行なわれた任意の家禄奉還制度に応じ、一時金を支給されて就業の途を開いていた。そのため、家禄に頼る非職の不平士族は、ひところに比べ、大幅に減少していたことである。さらに旧武士意識の強い不平士族は、出身地の旧藩ごとに固まる傾向が強く、全国横断的な組織力を持たなかったから、彼らが政府の存続を脅かすほどの敵対勢力を形成する危険性は、ほとんどなくなっていた。

その状況下、一〇月末に大久保は、左大臣島津久光と参議板垣退助を閣外に放逐《ほうちく》した。不平士族への対応策として、彼らの求心力に頼る必要は、すでにないと見極めをつけたのである。平和交渉方針を採ることを決定した政府は、翌九年（一八七六）一月、全権弁理大臣に参議・陸軍中将黒田清隆《くろだきよたか》を、副大臣に井上馨（直前に元老院議官に任）を宛て、六隻の艦隊を連ねて（軍艦三隻・輸送船三隻、兵員二六〇名）、江華島に派遣した。ちなみに参議木戸孝允は、みずから使節となることを希望したが、病気のため断念し、しばらくのちの三月には、参議を辞して名誉職的な内閣顧問に退いている。

黒田・井上による開戦の威嚇《いかく》を散らつかせながらの交渉は、二月一一日「紀元節」の祝砲を名目とした日本軍艦の砲声とともに開始された。二三年前のペリー来航の模倣を思わせるが、台湾出兵時の経験を踏まえ、日本政府は事前に、イギリス・アメリカ公使および清朝に、日朝間の条約締結について打診し、干渉しないとの内諾を得ていた。その点で、二年前の教訓は生かされていたのである。

こうして、日本側から見て周到な準備のもと、二月二六日、日朝修好条規《にっちょうしゅうこうじょうき》が調印された。そこでは冒頭に、「朝鮮国は自主の邦にして日本国と平等の権を保有せり」とうたわれた。朝鮮李王朝に対する清朝皇帝の宗主権を否定しようとしたものである。ただし、その認識は、あくまでも日本側のそれであり、朝鮮側はそうは捉えていない。冊封《さくほう》体制のもとにあっても、宗主国に対する朝貢国の内政的な「自主」は保たれているから、条約に、その文言が記されたからといって、ただちに清朝を中心とする東アジア的な華夷秩序から、朝鮮が離脱したことを意味するわけではない。このような背景を持つ、日本・朝鮮・清朝との関係は、日清戦争（一八九四〜九五）はもとより、朝鮮半島に基地を置き、「満洲」を舞台に戦われた日露戦争（一九〇四〜〇五）を経て、韓国併合（一九一〇）から、その後の一五年戦争（一九三一〜四五）に至るまで、継続した課題として存在し続けるのである。

ともあれ、こうして釜山《プサン》ほか二港開港をはじめとする通商条約が締結された。日本側にのみ領事裁判権を認めるなど、よく知られているように、日本側が優位に立つ不平等条約である。ヨーロッパ・モデルの通商条約システムを、日本はここでも東アジアに持ち込んだのであった。

家禄の廃止

日朝修好条規の締結は、日本国内で歓迎された。懸案であり続けた「征韓」は、戦わずして達成されたのである。士族にとっても、外征出兵の機会は失われた。事実、こののち、「征韓」は政府攻撃の名分から姿を消す。その成功を確信した政府は、士族特権の最終的剝《はく》奪《だつ》に向けた政策を一挙に加速させた。廃刀令《はいとうれい》が布告されるのは、実に日朝修好条規批准の六日後、明治九年（一八七六）三月二八日である。

近世にあっては、武士は外出の際に両刀を帯びねばならない。それは身分表象《ひょうしょう》であり、武士の誇りでもあった。この廃刀令は、五年前の脱刀令（帯刀しなくてもよい）とは異なり、軍人・警官など職掌に関わるケースを除き、日常の帯刀を禁止するものであった。旧武士意識を脱却しきれない不平士族にとっては、最後の誇りさえ奪われるに等しかった。

これと時期を同じくして、大蔵卿大隈重信は、三月二〇日付け「家禄・賞典禄処分の儀に付き伺い」を太政大臣三条実美に提出した。満を持して、禄制（賞典禄は、戊辰戦争の戦功などに対する個人への褒賞）の全面廃止に踏み切ったのである。

家禄廃止に関する政府内の協議は順調に進み、天皇の奥羽巡幸（六月初め～七月末）にともなう中断を経て、八月五日、金禄公債証書発行条例が公布された。この間に、これを過酷にすぎるとして反対したのは、内閣顧問木戸孝允ただ一人である。

この条例の基本は、金禄（現金給付形態の家禄）受給者、華士族約三一万人に対し、その五～一四年分にあたる金額を公債証書の形で与え、これをもって家禄給付を打ち切るというものである。つまり、いきなり完全に給付を打ち切るわけにはいかないので、それを華士族に対する政府の負債（借金）とみなし、一〇年分ほどの額を、まとめて返済したうえで打ち切るのだが、現金で一括返済できるだけの財政的な余裕はないので、長期ローンに組み、年月をかけて各人に返済するという仕組みである。

公債証書額の基準は、金禄の元高である。永世禄（世襲）の場合、三〇等級にランクづけされ、最高級の七万円以上受給者には、その五ヵ年分が、最低級の二五円未満受給者には、一四ヵ年分の金額とされた。債務返済だから利子がつく。上位の一一等級（元高一〇〇〇円以上、七ヵ年半分）までは五％、中位の十二〜二十四等級（元高一〇〇〇円未満、七ヵ年七分五厘〜一〇〇円以上、一一ヵ年分）には六％、下位の二十五〜三十等級（元高一〇〇円未満、一一ヵ年半〜二五円未満、一四ヵ年分）には七％である。公債の償還（元金を政府から各人に返済する）は、五年間据え置き、六年後から抽選で開始され、最長三〇ヵ年以内に終了する。証書の交付は、翌年から実施される予定であったが、実際には遅れて二年後からになる（深谷博司『新訂　華士族秩禄処分の研究』）。

この仕組みは、負債の切捨てという意味からは、棄捐令《きえんれい》の一種ともいえる。対象者のうち、五％利付け公債を交付された者は、旧公家や大名クラスで、全体の〇・二％の五一九人にすぎないが、彼らはその利子収入だけで、上層の生活を維持できた。八〇％以上を占めるのは、七％利付け公債を交付された下位の等級者で、約二六万人だが、平均利子収入は二九円五〇銭に過ぎず、下層民の一人あたり年間生活費二五円をわずかに上回る程度の額であった（中村哲『明治維新』）。

ただし、彼らのうちには、すでに何らかの職に就いていた者も含まれるので、この数値から、ただちに士族の窮乏を連想するのは誤りである。これまでの研究では、この点に気づいていないものが多い。固定観念のなせる業であろう。いわゆる「士族の商法」で悲惨な目にあったのは、明治七〜八年（一八七四〜七五）当時の任意家禄奉還制度に応じて家禄を奉還し、一時金を受け取って起業し、失敗したというケースである。補足すれば、公債の償還が終わり次第、利子収入も消滅するが、その時期は各人によって異なる。公債は売買が認められていたから、売却して一時に現金化もできた。

西南戦争

明治九年（一八七六）八月、金禄公債証書発行条例の公布によって、家禄廃止、すなわち士族の社会階層としての消滅は、確定した。先に版籍奉還によって統治者としての立場を解消され、ついで徴兵制によって、軍事を担う者としての自負を否定され、さらに経済的な特権である家禄についても廃止が確定したのである。ここにおいて、士族の最後の反抗が相ついだ。

それは具体的な政策に対する批判というより、みずからの存在の証しを求める魂の叫びといったほうがよいだろう。したがって、彼らの蜂起に、組織立った計画性が見られないことや、具体的な目標が明確でないことを指摘するのは、意味がない。一八五〇年代以来、およそ二十数年間、「国家の干城《かんじょう》」（前原一誠《まえばらいっせい》）を自負し、命がけで活動してきた武士たちが最後に行き着いた精神の境地を、行動で示したものであった。

九年一〇月二四日、熊本敬神党《けいしんとう》約二〇〇人が突如、蜂起し、県庁と熊本鎮台司令部を襲撃した。太田黒伴雄《おおたぐろともお》を首領とする彼らは、林桜園《はやしおうえん》の門下で、独特の神道思想を持ち、欧化の風潮に猛反対を唱えていた。その思想は、現代人にとって理解しがたい面が強い。彼らは刀槍のみを携えて蜂起したが、鎮台兵の反撃の前に、当然のように敗退した（渡辺京二『神風連とその時代』）。連鎖反応のように、同二七日、福岡県旧秋月藩士族が小倉の分営を襲撃、二八日、山口県萩で元参議前原一誠率いる旧山口藩士族三〇〇人が決起したが、いずれもあっけなく鎮圧された。

ここに至って、反政府士族最後の拠点は、いうまでもなく鹿児島であった。鹿児島士族は、全国士族人口の一三%以上を占めたという。彼らが盟主と仰ぐ西郷隆盛は、明治六年（一八七三）一〇月、下野して以来、一貫して国許にあり、みずからを慕う士族らを、いわゆる私学校に収容して、その統制を図り、軽挙暴発を戒めていた。

しかし、明治一〇年（一八七七）一月二九日、私学校党の一部は、政府軍が撤収しようとしていた草牟田《そうむた》弾薬庫を襲撃し、武器弾薬を奪った。西郷の威令も、もはや彼らの行動を抑止できなかった。

図49　西南役熊本城攻防戦

二月七日、西郷は県令大山綱良《おおやまつなよし》宛て、「今般、政府へ尋問の筋これ有り（中略）旧兵隊の者共、随行、多数出立いたし候」と、出兵の意思を通知した。これらの報を得た内務卿大久保利通は、

> 朝廷、不幸の幸いと、ひそかに心中には笑みを生じ候くらいにこれ有り候（中略）他の一揆暴徒とは同日の論にあらず、一機を誤り候《そうら》えば、言うも忌々《いまいま》しく候《そうら》えども、皇国の安危存亡に関わるべきは必然と存じ候

と不敵な心境を語りながらも、断固たる鎮圧の姿勢を明らかにしていた（二月七日付け伊藤博文

宛て書簡)。大久保から見ても、西郷一党の蜂起は、別格の重みを感じさせたのである。

二月一五日から一七日にかけ、西郷・篠原国幹・桐野利秋・別府晋介《べつぷしんすけ》らに率いられた部隊は、鹿児島を発って熊本鎮台攻略をめざした。その数、一万六〇〇〇名という。熊本城攻防をめぐる戦いは激烈であったが、西郷軍はこれを陥落させることはできなかった。政府軍の増援部隊を食い止めていた熊本郊外の田原坂《たばるざか》が、四月初めに突破され、戦局の帰趨《きすう》は定まった。もともと、海上輸送能力と電信による通信能力を独占する政府軍の戦略的な優位は、圧倒的であった。

西郷は少数の部下とともに九月一日、鹿児島に帰り着き、城山に立て籠もった。二四日朝、山縣有朋率いる政府軍は、完全包囲を終え、総攻撃を開始した。敗走中に銃弾を受けた西郷は、かたわらの別府晋介に、「晋どん、もうここらでよか」と声をかけた。享年五〇であった。

その四ヵ月前の五月二六日、京都別邸で病気療養中だった木戸孝允が病死していた。最後の言葉は、「西郷モー大抵ニセンカ」であった(『東京日日新聞』明治一〇年六月四日付け)。

維新の語り――エピローグ

大久保の死をめぐって

明治一一年（一八七八）五月一四日朝、参議兼内務卿大久保利通《おおくぼとしみち》は、赤坂仮御所《あかさかかりごしょ》に置かれていた太政官に馬車で出勤する途中、紀尾井町《きおいちょう》清水谷で、石川県士族島田一良《しまだいちろう》、同じく長連豪《ちょうつらひで》ら六人に襲撃され、殺害された。自首した島田らが提出した「斬姦状《ざんかんじょう》」には、現在の政治は、大久保ら数人の高官が専断で行なっているもので、「公議」を閉ざし、「民権」を抑圧し、対外的には国権をも失墜させていると記されていた。のちに「維新三傑《いしんさんけつ》」と称される、木《き》戸《ど》孝允《たかよし》・西郷隆盛《さいごうたかもり》・大久保の三人は、こうして明治一〇年五月から、ちょうど一年のあいだに、まるで手を引き合うように、あいついで世を去ったのである。それは、ひとつの時代を画するに足る出来事であった。

振り返れば大久保は、文久二年（一八六二）四月、島津久光《しまづひさみつ》の率兵上京《そつぺいじょうきょう》以来、つねに政局の中心にあった。盟友西郷隆盛のように失脚することもなく、木戸孝允のように政治に意欲を失う様子も見せなかった。慶応三年（一八六七）末の政変前後や、明治六年（一八七三）の征韓論をめぐる紛糾の際には、政治生命の危機に見舞われたこともあったが、それらをすべて乗り越え、ことに明治七年（一八七四）一〇月、台湾出兵の事後処理として清朝との北京交渉に成功してからは、名実ともに政府の第一人者として、政界に君臨《くんりん》してきたのだった。その大久保も、ついに非業《ひごう》の死を遂げた。創業から一〇年、明治国家の運命を双肩に担う覚悟を固めていた矢先の死は、彼にとって、文字どおり、志半ばという言葉が、あてはまるだろう。

図 50　大久保公哀悼碑

その実力者の突然の死は、同時代の人びとのあいだでも大きな衝撃を以って受け止められた。そのため、大久保の死をめぐって、さまざまなエピソードが伝えられる。そのうち二件を紹介してみよう。彼の死が、歴史のうえで持った意味を垣間《かいま》見ることができる。

一つは、江《え》藤新平《とうしんぺい》との確執《かくしつ》をめぐる話である。大久保と江藤の対立は、江藤が佐賀の騒動で刑死する以前から、広く知られていた。江藤には、実弟源作《げんさく》がいた。源作は連累《れんるい》を免《まぬが》れ、貿易事業家として成功していたが、明治一一年の春、所用で佐賀から東京に出た際、「兄の仇」の顔を一目見ておこうと、ある朝、その出勤を紀の国坂で待ち受けた。馬車のなかから源作を認めた大久保は、さっと顔色を変え、身を震わせたという。源作は、新平と三歳しか違わず、顔立ちや背格好もよく似ていた。新平の亡霊を見たかと思ったのであろう。その有様を源作は、佐賀に帰ってから、長女の富貴《ふうき》に繰り返

（ご注意）

・この用紙は、機械で処理しますので、金額を記入する際は、枠内にはっきりと記入してください。また、本票を汚したり、折り曲げたりしないでください。

・この用紙は、ゆうちょ銀行又は郵便局の払込機能付きＡＴＭでもご利用いただけます。

・この払込書を、ゆうちょ銀行又は郵便局の渉外員にお預けになるときは、引換えに預り証を必ずお受け取りください。

・ご依頼人様からご提出いただきました払込書に記載されたおところ、おなまえ等は、加入者様に通知されます。

・この受領証は、払込みの証拠となるものですから大切に保管してください。

収入印紙
課税相当額以上
貼　　付

印

この用紙で「本郷」年間購読のお申し込みができます。

◆この申込票に必要事項をご記入の上、記載金額を添えて郵便局でお払込み下さい。

◆「本郷」のご送金は、４年分までとさせて頂きます。

※お客様のご都合で解約される場合は、ご返金いたしかねます。ご了承下さい。

この用紙で書籍のご注文ができます。

◆この申込票の通信欄にご注文の書籍をご記入の上、書籍代金（本体価格＋消費税）に荷造送料を加えた金額をお払込み下さい。

◆荷造送料は、ご注文１回の配送につき420円です。

◆入金確認まで約７日かかります。ご諒承下さい。

振替払込料は弊社が負担いたしますから無料です。

※領収証は改めてお送りいたしませんので、予めご諒承下さい。

お問い合わせ　〒113-0033・東京都文京区本郷７―２―８
吉川弘文館　営業部
電話03-3813-9151　FAX03-3812-3544

この場所には、何も記載しないでください。

払込取扱票

02 東京

通常払込料金加入者負担

口座記号番号	金額
00100-5-244	千 百 十 万 千 百 十 円 ※

加入者名	料金	備考
株式会社 吉川弘文館		

各票の※印欄は、ご依頼人において記載してください。

ご依頼人・通信欄

フリガナ

※お名前

郵便番号　電話

※ご住所

※

◆「本郷」購読を希望します

購読開始　　号より

1年 1000円（6冊）　3年 2800円（18冊）

2年 2000円（12冊）　4年 3600円（24冊）

（ご希望の購読期間に○印をお付け下さい）

日附印

裏面の注意事項をお読みください。（ゆうちょ銀行）（承認番号東第53889号）

これより下部には何も記入しないでください。

切り取らないでお出しください。

記載事項を訂正した場合は、その箇所に訂正印を押してください。

振替払込請求書兼受領証

口座記号番号	00100-5-244	通常払込料金加入者負担
加入者名	株式会社 吉川弘文館	
金額	千 百 十 万 千 百 十 円 ※	
ご依頼人	おなまえ ※　　様	
料金		日附印
備考		

この受領証は、大切に保管してください。

郵便はがき

料金受取人払郵便

本郷局承認

3864

差出有効期間
2022年7月
31日まで

113-8790

東京都文京区本郷7丁目2番8号

吉川弘文館 行

愛読者カード

本書をお買い上げいただきまして、まことにありがとうございました。このハガキを、小社へのご意見またはご注文にご利用下さい。

お買上**書名**

＊本書に関するご感想、ご批判をお聞かせ下さい。

＊出版を希望するテーマ・執筆者名をお聞かせ下さい。

お買上
書店名　　区市町　　書店

◆新刊情報はホームページで　http://www.yoshikawa-k.co.jp/

◆ご注文、ご意見については　E-mail:sales@yoshikawa-k.co.jp

ふりがな ご氏名	年齢　　歳　男・女
〒 □□□-□□□□ ご住所	電話
ご職業	所属学会等
ご購読 新聞名	ご購読 雑誌名

今後、吉川弘文館の「新刊案内」等をお送りいたします(年に数回を予定)。
ご承諾いただける方は右の□の中に✓をご記入ください。　□

注 文 書

月　　日

書　　名	定　価	部　数
	円	部
	円	部
	円	部
	円	部
	円	部

配本は、○印を付けた方法にして下さい。

イ. 下記書店へ配本して下さい。
(直接書店にお渡し下さい)

(書店・取次帖合印)

書店様へ＝書店帖合印を捺印下さい。

ロ. 直接送本して下さい。

代金(書籍代＋送料・代引手数料)は、お届けの際に現品と引換えにお支払下さい。送料・代引手数料は、1回のお届けごとに500円です(いずれも税込)。

＊お急ぎのご注文には電話、FAXをご利用ください。
電話 03－3813－9151(代)
FAX 03－3812－3544

し、語って聞かせた。その後、大久保は、登庁の道筋を外堀通りから、わざわざ寂しい脇道の清水谷を通るように変え、島田らに襲われたのだという。以上は、富貴の姪で、源作の孫にあたる鈴木鶴子が書き残している（鈴木鶴子『江藤新平と明治維新』）。

もう一つは、旧幕臣成島柳北《なるしまりゅうほく》が主宰する『朝野新聞《ちょうやしんぶん》』の記事である。同紙は翌一五日付けの紙面で、大久保襲撃の模様を詳細に報じた。

午前八時二〇分頃、内務卿正三位大久保利通君は太政官に出頭せんとて馬車を馳《は》せ、紀尾井町一番地西裏の方、清水谷へ掛《かか》らるる折しも、左の桑畑と右の草むらに、かねて潜伏し居りたる六人の賊、躍《おど》り出て、白刃を揮《ふる》って……

柳北は、六人の姓名・年齢・出身（一人だけ島根県士族）を正確に掲げたうえ、事件を聞いて「下々まで誰ひとり驚かぬ者とては無く、旧幕の昔し、井伊元老の桜田の事など思い出《い》でて、哀れに覚え」と記事を結んだ。さらに柳北は、事件当日に届くよう、あらかじめ各新聞社に送られていた「斬姦状」の内容までを掲載した。これらのため、『朝野新聞』は即日、内務省から発行停止（十日間）の処分を受けた。

この二つの話題からうかがえるのは、大久保に対抗した側への、そこはかとない共感と同情である。それは世の中が急激に移り変わるなかで、過去の時代に対する郷愁と重なり合う。その移り変わりを人格として象徴的に体現する存在が、まさしく大久保に違いなかった。

その大久保は、理不尽な暴力によって命を絶たれた。さかのぼって、そのような暴力を、政治の場に持ち込んだのは、一八年前の桜田門外の変であり、間違いなく大久保自身が背後で関与したものであった。すなわち、非合法の暴力によって局面が変化するという政治の構造は、桜田門外に始まり、紀尾井町に終わった。近世は、その混沌《こんとん》を経過することによって、近代という新たな秩序と価値の体系に到達したのだった。

近代から振り返った「開国」

木戸・西郷・大久保は、おおむね一八三〇年前後に生まれた、その世代が、近世から近代への移行を文字どおり、中心になって担った世代である。木戸以下にせよ、かつては毛利家、島津家の家来であり、武士身分だった。彼らの有力部分が構成する政府は、明治二年（一八六九）には、公議を踏まえながら、大名家を解散させて武士身分を解消し、明治四年には、所属していた藩も廃止した。さらに明治五年には戸籍法を施行し、身分という職能集団に編成されていた百姓・町人を、居住地別に編成した「平民」とすることで均質的な国民化を進め、明治六年には徴兵制を布《し》き、地租改正法を公布して、国民に徴兵と納税の義務を課した。

その点に焦点を絞れば、近代とは、それまで列島領域に住んでいた住民を、国民に作り替え、その容《い》れ物として、日本という国家を作り出す歴史的段階である。それは一九世紀の世界史的状況に即応した動きであり、また同時に列島領域において、内発的に十分に蓄積されていた経済的・文化的条件をも踏まえたものであった。日本はペリーやハリスのおかげで、近代の夜明けを迎えたわけではない。

こうして生み出された国民は、やがて明治一三年（一八八〇）、全国十余万名の請願署名とともに国会期成同盟に結集し、天皇を頂点とする政府に対し、みずからの意思を構造的に組み込む制度として、国会の開設と、憲法の発布とを、要求するようになるのであった。その到達点は、政治体制として、近代の確立を意味するであろう。

大日本帝国憲法発布を二年後に控えた明治二十年（一八八七）一一月、内務大臣伯爵山縣《やまがた》有朋《ありとも》は、旧幕出身の系譜に立つ島田《しまだ》三郎《さぶろう》が著した『開国始末―井伊掃部頭直弼伝』（翌年三月刊、輿論社）に序文を寄せた。この書物は、大きな戦争を経ることなく、国土を少しも削られずに、「外交」を開いたと、直弼の功績を讃え、当時の大勢を説き、「開国の事跡」を直弼の伝につなげる理由を述べたものである。山縣は言う（原漢文）。

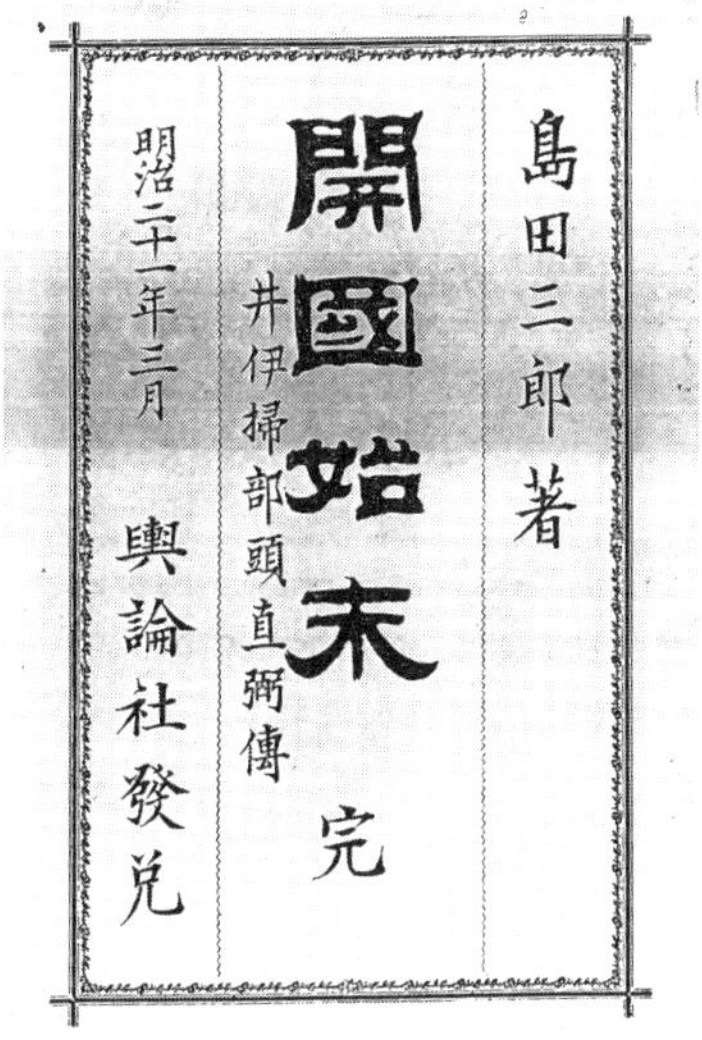

図 51 『開国始末』表紙

> 徳川氏の将軍たる、恬熈《てんき》為治《いち》、航海を厳禁し、僅《わず》かに清蘭二国を容《い》れ、通商す、而《しこう》して其《そ》の弊《へい》たるや、人、二国の外、更に許多彊大《あまたきょうだい》の国、有《あ》るを知らず、文明日新の運び、ふさがりて通ぜず、諸侯牧伯《しょこうぼくはく》、昌平《しょうへい》に忸《じく》とし、帰馬櫜弓《きばこうきゅう》、宴安《えんあん》耽溺《たんでき》、幕府に朝覲《ちょうきん》し、其の歓心を得るを以て大事と為す、華麗豪奢相尚《かれいごうしゃあいひさ》し、嘉永（六年）癸丑《きちゅう》

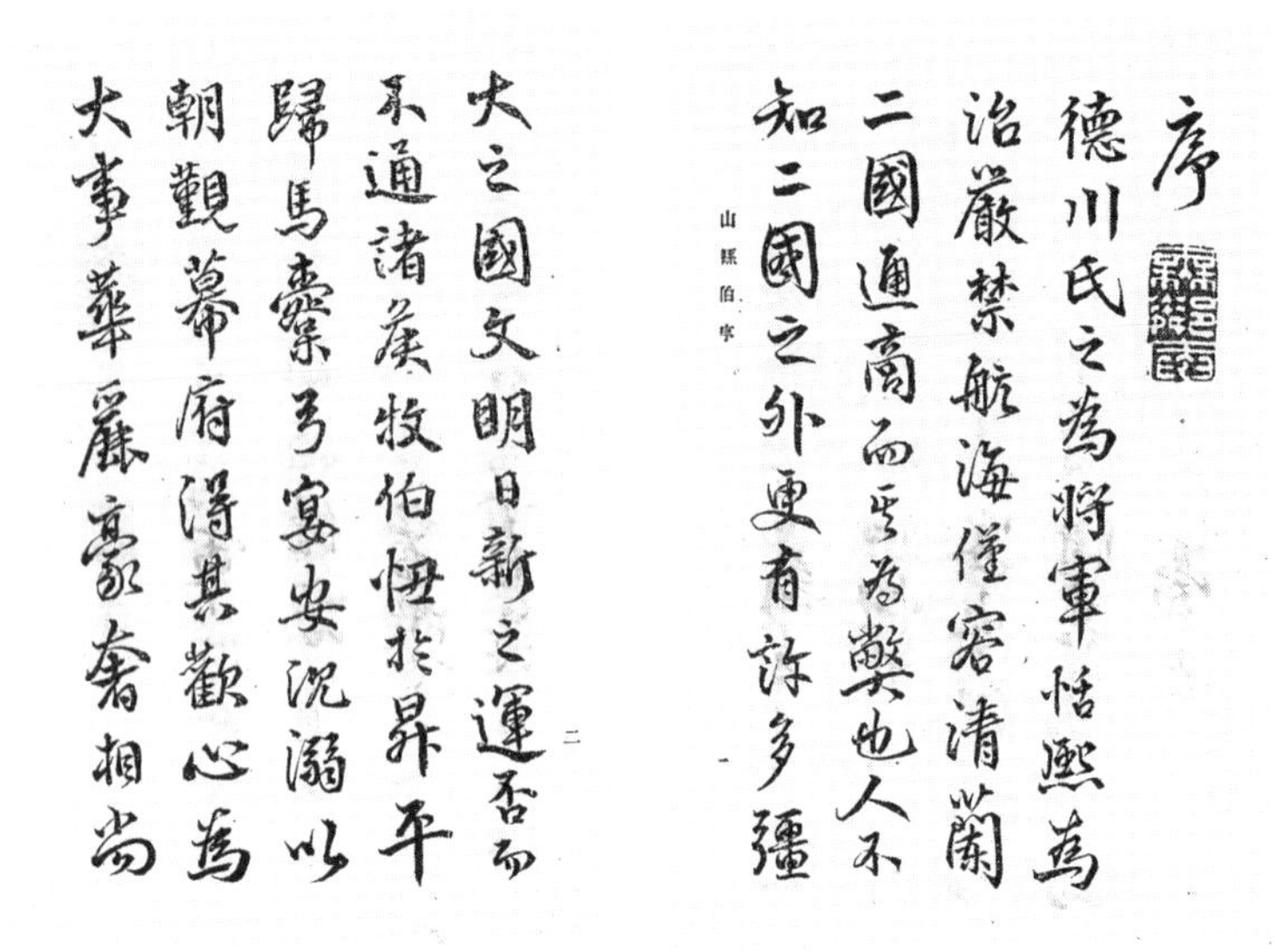
序
德川氏之為將軍恬熙為
治厳禁舩海僅容清蘭
二國通商而亦為弊也人不
知二國之外更有許多疆
山縣伯序
大之國文明日新之運否而
不通諸侯牧伯恬於昇平
歸馬橐弓宴安沈溺以
朝覲幕府得其歡心為
大事華靡豪奢相尚

山縣有朋序文（部分）

歳に至り、外交にわかに其の端を啓き、鎖国攘夷の説、大いに起こる、慷慨《こうがい》憂国の士に至り、身を捐《すて》て顧みず、幕府の勢、始めて危うし、それ鎖攘《さじょう》の説たるや、固《もと》より行うべからずと為すの事、今にして之を思えば、余輩また忸怩《じくじ》たる無き能わず、然れども当時、外交の絶えて已《すで》に久しく、井蛙疑海《せいあぎかい》、夜郎自大《やろうじだい》、時論の勢力有るも、また深く怪しむに足らず、況《いわん》や勤王の議と並び行わるに於いてをや、是《この》時《とき》にあたり、井伊氏独り、天下の重任を負い、紛糾の衝に当たり、衆議を排斥、断行して疑わず、自信の篤《あつ》きに非《あら》ずんば、いずくんぞ能《よ》く是《かく》の如きあらんや、唯その所為《しょい》、公開誘導の方によらず、雄藩と親戚、互いに相敵視す、之を終わるに身、奇禍《きか》に罹《かか》りて謗《そし》りを当世に取る、誠に哀れむべきなり、然りと雖《いえど》も我が

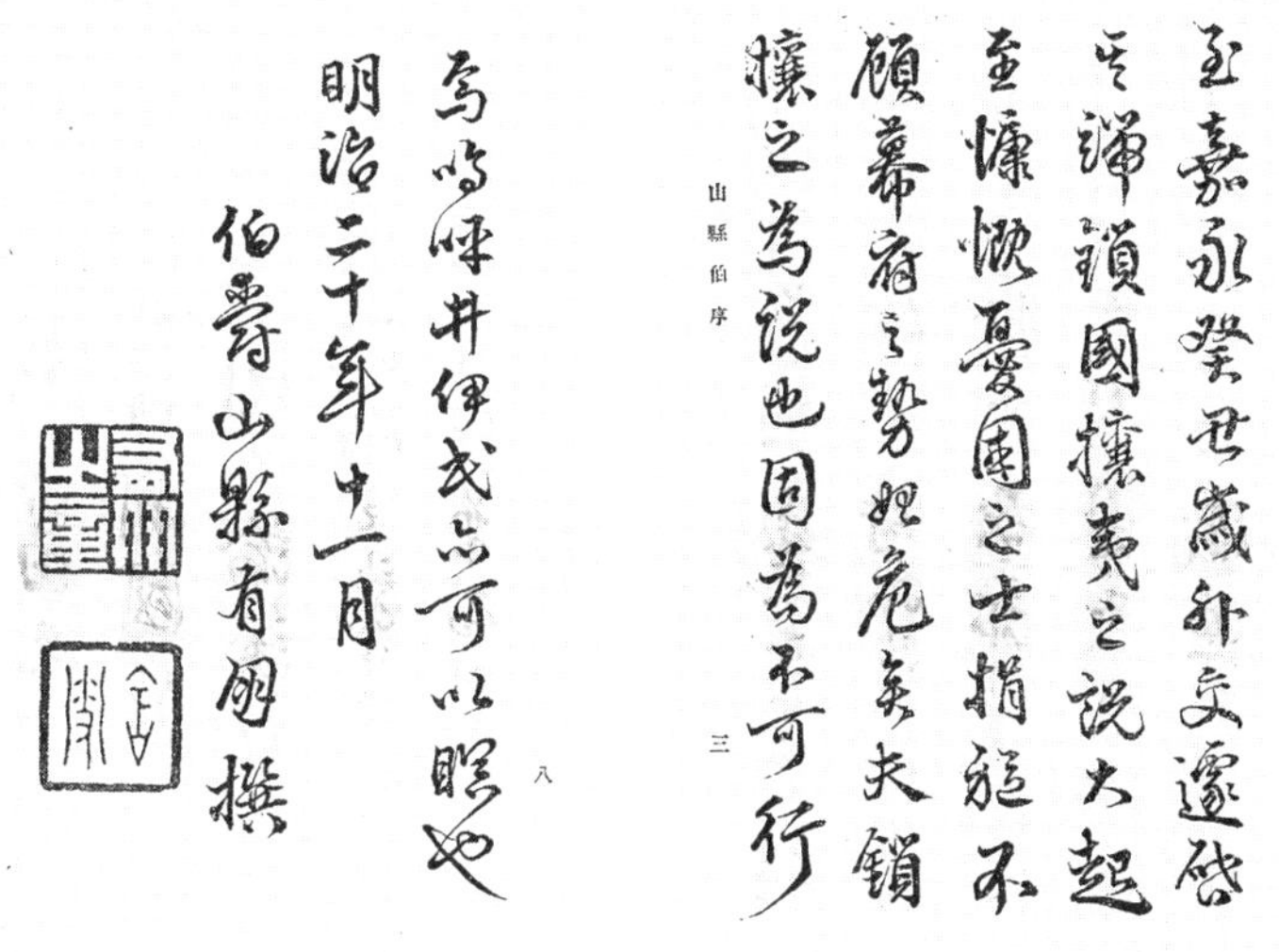
至嘉永癸丑歳外交遂啓而鎖國攘夷之説大起當時慷慨憂國之士皆能不顧幕府之勢既危矣夫鎖攘之為説也固為不可行

山縣伯序　三

嗚呼井伊氏亦可以瞑矣

八

明治二十年十一月

伯爵山縣有朋撰

図51　『開国始末』

邦、咸豊《かんぽう》の轍《てつ》を践《ふ》まずして、能《よ》く開明に進むを得るは、いずくんぞ井伊氏権宜《けんぎ》の策に非ざる無きを知らんや……

徳川氏が将軍であった頃、泰平の世に泥《なず》んで、外国との通商は清・オランダの二国に限られ、そのため人びとは二国の外にも強大の国があることや、文明が日進の有様であることを知らず、諸侯は、ただ幕府に媚びへつらうだけであった。嘉永六年以来、にわかに外交の発端が開かれると、鎖国攘夷の説が盛んになった。その鎖国攘夷の説は、今から思えば、とても実行できないもので、みずから顧みて恥ずかしい思いがするが、勤王《きんのう》論と並行して叫ばれたこともあって、当時としてはやむをえないものであった。そのとき、井伊直弼は断固として通商条約に調印し、動じなかった。ただ、その方法が専断にすぎたため、暗殺される結果を招いたのは哀れである。しかし、それにしても、わが国が咸豊帝（当時の清朝皇帝）の轍《てつ》を踏まず、開明に進みえたのは、井伊直弼の変則ながら、臨機応変の策のおかげである……

山県は、このように述べ、井伊の専断による通商条約調印を評して、明治国家が開明の道に進む端緒を開いたものと是認し、鎖国攘夷の説を反省したのであった。折から、外務大臣井上馨《いのうえかおる》の主導した鹿鳴館《ろくめいかん》外交が、すでに行き詰まりを見せていたなかで、「開国」は、向かうべき価値の体系として、改めて大きな意味を持ち始めていた。

私たちが、維新の歴史的な意味を考えるとき、その時点、時点で姿を変えて語り継がれる、このような維新の語りに束縛されてはなるまい。その語りは、やがて昭和戦前期（昭和一〇年代）において、国家的な事業として、『大日本維新史料稿本』四二〇〇冊の編纂を踏まえ、維新史料編纂会編『維新史』全六巻として完成するのである。

参考文献

青山忠正『明治維新と国家形成』吉川弘文館、二〇〇〇年
青山忠正『明治維新の言語と史料』清文堂、二〇〇六年
青山忠正『高杉晋作と奇兵隊』吉川弘文館、二〇〇七年
青山忠正『明治維新史という冒険』思文閣出版、二〇〇八年
浅井　清『明治維新と郡県思想』巌南堂、一九三九年
家近良樹『幕末の朝廷』中央公論新社、二〇〇七年
家近良樹『西郷隆盛と幕末維新の政局』ミネルヴァ書房、二〇一一年
石井寛治ほか編『日本経済史1　幕末維新期』東京大学出版会、二〇〇〇年
石塚裕道『明治維新と横浜居留地』吉川弘文館、二〇一一年
井上　勲編『日本の時代史20　開国と幕末の動乱』吉川弘文館、二〇〇四年
鵜飼政志『幕末維新期の外交と貿易』校倉書房、二〇〇二年
奥田晴樹『日本の近代的土地所有』弘文堂、二〇〇一年
落合弘樹『秩禄処分』中央公論新社、一九九九年
落合弘樹『西郷隆盛と士族』吉川弘文館、二〇〇五年
勝田政治『廃藩置県』講談社、二〇〇〇年
勝田政治『〈政事家〉大久保利通』講談社、二〇〇三年
久住真也『幕末の将軍』講談社、二〇〇九年

坂本多加雄『日本の近代2　明治国家の建設』中央公論新社、一九九九年
佐々木　克『幕末政治と薩摩藩』吉川弘文館、二〇〇四年
佐々木　克『岩倉具視』吉川弘文館、二〇〇六年
佐々木　克『坂本龍馬とその時代』河出書房新社、二〇〇九年
佐々木寛司『地租改正』中央公論社、一九八九年
鈴木鶴子『江藤新平と明治維新』朝日新聞社、一九八九年
仙波ひとみ「幕末における関白―『両役』と天皇」『日本史研究』四七三号、二〇〇二年
仙波ひとみ「『国事御用掛』考」『日本史研究』五二〇号、二〇〇五年
高橋秀直『幕末維新の政治と天皇』吉川弘文館、二〇〇七年
田中正弘『近代日本と幕末外交文書編纂の研究』思文閣出版、一九九八年
中村　哲『日本の歴史⑯　明治維新』集英社、一九九二年
奈良勝司『明治維新と世界認識体系』有志舎、二〇一〇年
野島寿三郎編『日本歴西暦月日対照表』日外アソシエーツ、一九八七年
羽賀祥二『明治維新と宗教』筑摩書房、一九九四年
羽賀祥二『史蹟論』名古屋大学出版会、一九九八年
深谷博治『新訂　華士族秩禄処分の研究』吉川弘文館、一九七三年
保谷　徹『幕末日本と対外戦争の危機』吉川弘文館、二〇一〇年
松尾正人『維新政権』吉川弘文館、一九九五年
松尾正人『廃藩置県の研究』吉川弘文館、二〇〇一年
松尾正人『木戸孝允』吉川弘文館、二〇〇七年

松尾正人編『日本の時代史21　明治維新と文明開化』吉川弘文館、二〇〇四年
三谷　博『明治維新とナショナリズム』山川出版社、一九九七年
三谷　博『ペリー来航』吉川弘文館、二〇〇三年
三谷　博『明治維新を考える』有志舎、二〇〇六年
三谷博・山口輝臣『19世紀日本の歴史』放送大学教育振興会、二〇〇〇年
三宅紹宣「薩長盟約の歴史的意義」『日本歴史』六四七、二〇〇二年
宮地正人『幕末維新期の社会的政治史研究』岩波書店、一九九九年
宮地正人『通史の方法』名著刊行会、二〇一〇年
明治維新史学会編『講座　明治維新』一〜三、有志舎、二〇一〇〜二〇一一年
茂木陽一「新政反対一揆と地租改正反対一揆」坂野潤治ほか編『日本近現代史1　維新変革と近代日本』岩波書店、一九九三年
茂木敏夫『変容する近代東アジアの国際秩序』山川出版社、一九九七年
母利美和『井伊直弼』吉川弘文館、二〇〇六年
渡辺京二『神風連とその時代』洋泉社、二〇〇六年
渡辺　浩『東アジアの王権と思想』東京大学出版会、一九九七年

史　料

『池田慶徳公御伝記』全六巻（鳥取県立博物館編・刊）一九八七〜一九九二年
『伊藤博文伝』全三巻、統正社、一九四〇年
『岩倉具視関係文書』全八巻、東京大学出版会、一九八三年復刻再刊

『岩倉公実記』全三巻（多田好問編）原書房、一九六八年復刻
『大久保利通関係文書』全五巻（立教大学日本史研究室編）吉川弘文館、一九六五〜一九七一年
『大久保利通日記』全二巻、東京大学出版会、一九八三年復刻再刊
『大久保利通文書』全一〇巻、東京大学出版会、一九八三年復刻再刊
『木戸孝允関係文書』第四巻まで、東京大学出版会、二〇〇五年〜刊行中
『木戸孝允日記』全三巻、東京大学出版会、一九八五年復刻再刊
『木戸孝允文書』全八巻、東京大学出版会、一九八五〜一九八六年復刻再刊
『近世朝廷人名要覧』（朝幕研究会編）学習院大学人文科学研究所、二〇〇五年
『九条家国事記録』全二巻、東京大学出版会、一九八六年復刻再刊
『九条尚忠文書』全四巻、東京大学出版会、一九八七年復刻再刊
『藝藩史』全二六巻（橋本素助・川合鱗三編）文献出版、一九七七年
『皇国形勢聞書』（梶田明宏監修）新人物往来社、一九九四年
『孝明天皇紀』全五巻（平安神宮）吉川弘文館、一九六七〜一九六九年復刻
『公用方秘録』（佐々木克編）彦根城博物館、二〇〇七年
『保古飛呂比　佐佐木高行日記』全一二巻、東京大学出版会、一九七〇〜一九七九年
『自由党史』全三巻（遠山茂樹校訂）岩波書店、一九五七年復刻
『周布政之助伝』（周布公平監修）全二巻、東京大学出版会、一九七七年
『続再夢紀事』全六巻、東京大学出版会、一九七四年復刻
『大西郷全集』（大西郷全集刊行会編）全三巻、平凡社、一九七七年復刻
『大日本維新史料（編年之部）』全一九巻、東京大学出版会、一九八四〜一九八五年復刻

『大日本維新史料　類纂之部　井伊家史料』第二六巻まで、東京大学出版会、一九五九年～刊行中
『大日本古文書　幕末外国関係文書』第五九巻まで、東京大学出版会、一九一〇年～刊行中
『太政官日誌』一～八（石井良助編）東京堂出版、一九八〇～一九八五年
『太政官日誌　別巻』四（朝倉治彦編、「公議所日誌」一～十を所収）東京堂出版、一九八五年（「公議所日誌」明治二年一～一九、及び前篇上下、ならびに「集議院日誌」明治二年一～七、明治三年一～五は、『明治文化全集』四、日本評論社、一九二八年、に所収）
『玉里島津家史料』全一〇巻、鹿児島県、一九九二年～二〇〇一年
「徴兵制度及自治制度確立の沿革」山縣有朋談、『明治憲政経済史論』（国家学会編・刊）一九一九年
『寺村左膳道成日記』全三巻（横田達男編）高知県立青山文庫後援会、一九七八～一九八〇年
『徳川慶喜公伝』全四巻（渋沢栄一著）平凡社、一九六八年復刻
『長井雅楽詳伝』（中原邦平編述）マツノ書店、一九七九年
『中山忠能履歴資料』全一〇巻、東京大学出版会、一九七五年復刻
『改訂　肥後藩国事史料』全一〇巻（細川家編纂所編）国書刊行会、一九七三年復刻
『復古記』全一五冊、東京大学出版会、一九七四年復刻
『ペリー艦隊日本遠征記』全三巻（オフィス宮崎翻訳・構成）栄光教育文化研究所、一九九七年
『修訂　防長回天史』全一二巻（末松謙澄著）マツノ書店、二〇〇九年復刻
『松平春嶽全集』全四巻、原書房、一九七三年復刻
『水戸藩史料』全五巻、吉川弘文館、一九七〇年復刻
『明治天皇紀』（宮内庁編）第一～第四、吉川弘文館、一九六八～一九七〇年
『山内家史料　幕末維新』全一五巻、山内神社宝物資料館、一九八三～一九九〇年

略年表

西暦	和暦	事項
一八四二	天保一三	7・24 徳川公儀、文政八年（一八二五）の異国船打払令を薪水給与令に改める。【国外・西暦】清とイギリス、アヘン戦争（一八四〇〜）終結、8・29 南京条約締結。
一八四四	一五（12・2 弘化改元）	7・2 オランダ、通商開始を打診する国王書翰を呈す。【国外】7・3 清とアメリカ、望厦条約締結。10・24 清とフランス、黄埔条約締結。
一八五三	嘉永 六	6・3夕刻 ペリー、軍艦4隻を率いて浦賀沖に来航。大統領親書の受理を要求。6・5 ペリーへの対応について徳川公儀内部で評議。6・6 アメリカ軍艦ミシシッピ、江戸湾内に侵入。6・7 国書受理の方針が浦賀奉行戸田氏栄に伝えられる。6・9 ペリー、久里浜に上陸、アメリカ大統領フィルモアの親書を呈す。6・10 ミシシッピ、川崎付近まで遡行。6・12 ペリー、浦賀を去る。6・14 国書、江戸に届く。6・15 京都所司代、武家伝奏にアメリカ船の浦賀来航を伝える。6月末〜7月初 公儀、諸大名・旗本にアメリカ国書を公開し、対応策を諮問。6・22 将軍家慶死去。7・18 ロシア使節プチャーチン、長崎に入港。翌日、国書受理を要求。9・15 ロシア国書、江戸に届く。10・8 応接掛として大目付格筒井政憲・勘定奉行川路聖謨らを任命し、長崎に派遣。10・23 徳川家祥（家定）に将軍宣下。11・1 将軍家定、諸大名に向け、ペリー再来に備えた政策方針を宣言し、万一の開戦に備えて防備体制を固める。12・20〜28 ロシアと国境や和親通商について長崎で協議。【国外】10月 ロシア・トルコ間で、クリミア戦争勃発（翌年三月に英仏も対露参戦）。
一八五四	七（11・27	1・8 プチャーチン、長崎を退去。1・16 ペリー、江戸湾内小柴沖に来航。江戸での交渉を希望。2・1 浦賀奉行所与力香山栄左衛門と参謀長アダムズ、横浜での応接に合意。公儀、

	安政改元）	江戸湾警衛の諸大名に、ペリーと横浜で応接する旨を通達。2・10 ペリー、横浜で応接掛林韑らと交渉開始。2・19 第二回交渉。2・25 第三回交渉。2・30 第四回交渉。3・3 日米和親条約（神奈川条約）に調印、下田・箱館への寄港許可、必需物資の供給を約す。4・9 将軍家定、諸大名に向け、和親条約調印の事実を公表。5・22 下田で日米和親条約附録一三ヵ条に調印。8・23 日英協約（日英和親条約）に調印、長崎・箱館への寄港許可。9・18プチャーチン、大坂に来航。公儀の要求に応じて下田へ回航。12・21 日露和親条約に調印。
一八五五	安政 二	6月 オランダより献上された蒸気船スムビングを訓練船として、海軍伝習所を長崎に開設。9・18 将軍家定、和親条約締結を孝明天皇に報告。10・9 堀田正睦、老中再任。阿部正弘から老中首座を交代。12・23 日蘭和親条約に長崎で調印。
一八五六	三	7・10 長崎オランダ商館長クルティウス、長崎奉行にイギリス使節が来航することを告げる。7・21 アメリカ駐日総領事ハリス、下田に赴任。10・17 将軍、老中堀田正睦に外国事務取扱を命じ、海防月番を専任とする。 【国外】10月 第二次アヘン（アロー）戦争勃発。五八年六月（安政五年五月）天津条約締結。
一八五七	四	5・26 下田奉行とハリス、下田協約に調印、下田・箱館での米国民の居留権などを認める。6・17 阿部正弘病死。8・29 オランダとの追加条約に調印。9・7 ロシアとの追加条約に調印し、長崎・箱館での通商を許可。10・21 アメリカ総領事ハリス、江戸登城。将軍家定に謁見、アメリカ大統領親書を提出。10・26 ハリス、老中堀田正睦に通商開始の必要性を説く。11・1 大統領親書およびハリスの口上書を諸大名に示す。12・11 全権井上清直・岩瀬忠震、ハリスと日米通商条約の締結交渉を開始。12・13 将軍、日米通商条約を締結すべき旨を天皇に報告。12・29 将軍、諸大名を召集し、通商開始の方針を説明。
一八五八	五	1・8 将軍、勅許奏請のため老中堀田正睦に上京を命ず。1・21 老中堀田、江戸を発す、2・9 堀田、参内して事情説明。3・12 外交を幕府に委任するとの勅答案に対し、多数の公家が改変を要求。3・20 条約調印は三家以下諸大名の意見を徴した後、再び勅裁を請うべ

西暦	和暦	事項
一八五八	安政　五	しとの勅を堀田に降す。4・20 堀田、江戸帰着。4・23 彦根城主井伊直弼、大老就任。4・25 幕府、諸大名に条約締結に関する勅書を示し、再び意見を徴す。6・13〜14 アメリカ軍艦ミシシッピとポーハタンが下田に入港、圧力を加える。6・19 全権井上・岩瀬、江戸湾上でハリスと日米修好通商条約に調印。6・21 日米条約調印の事実を堀田正睦ら老中五名連署の伝奏宛て書簡によって、天皇に報告。6・23 将軍、老中堀田正睦・松平忠固を罷免し、太田資始・間部詮勝・松平乗全を新任。6・24 水戸斉昭ら、江戸城中で条約無勅許調印に関し、大老井伊直弼を難詰。6・25 日米条約調印の事実を諸大名に公表。7・5大老井伊、水戸斉昭を謹慎、尾張慶恕・松平慶永を隠居・謹慎処分。7・6 将軍家定死去。7・8 幕府、外国奉行を新設。7・10〜18 蘭露英との通商条約に調印。7・16 島津斉彬死去。8・8 天皇、無勅許調印・大名処分を難詰する勅を水戸藩に降す（戊午の密勅）。8・10 幕府にも同様の勅を降す。8・17 密勅、江戸に到着。9・3 日仏通商条約に調印。9・7 安政の大獄始まる。9・17 老中間部詮勝上京。10・24 老中間部、所司代酒井忠義と参内、条約調印に至った事情釈明。10・25 徳川家茂に将軍宣下。12・1 江戸で将軍宣下儀式行なう。12・30 老中間部、参内。条約調印の了解と鎖国引戻し猶予の勅諚を受ける。
一八五九	六	1・10 幕府の圧力により、左大臣近衛忠煕・右大臣鷹司輔煕は辞官・落飾を、前関白鷹司政通・前内大臣三条実万は落飾を天皇に請う。2・17 朝廷、青蓮院宮尊融親王・内大臣一条忠香らを謹慎に処する。4・22 天皇、鷹司政通らの落飾を認め、謹慎に処する。4・26 幕府、水戸の家老安島帯刀・同家臣茅根伊予之介らを拘禁。5・28 幕府、六月から神奈川・長崎・箱館三港で米蘭露英仏との自由貿易を許可することを布告。8・27 幕府、水戸斉昭に国許永蟄居、一橋慶喜に隠居・謹慎、水戸慶篤に差控を命じ、また岩瀬忠震・永井尚志・川路聖謨らを処罰。安島帯刀を切腹、茅根伊予之介・鵜飼吉左衛門を死罪、鵜飼幸吉を獄門に処する。10・7 橋本左内・頼三樹三郎らを死罪に処する。10・11 土佐山内家隠居の容堂（豊信）に

		謹慎を命じる。10・27 吉田松陰を死罪に処する。12・7 朝廷、青蓮院宮に隠居・永蟄居を命じる。12・16 幕府、水戸慶篤に勅書返納の朝旨を伝達。12・24 間部詮勝、老中を辞任。
一八六〇	七 (3・18 万延改元)	3・3 大老井伊直弼、桜田門外で水戸浪士などに暗殺される（桜田門外の変）。5・11 所司代酒井忠義、皇妹和宮の降嫁を勅許されるよう関白九条尚忠に請願。8・18 天皇、十年以内の蛮夷拒絶を条件に、幕府に勅許内達。10・18 和宮降嫁勅許。11・1 和宮降嫁を公表。
一八六一	万延 二 (2・19 文久改元)	4・19 和宮に内親王宣下、「親子」の名を賜る。5・12 長井雅楽、航海遠略策を議奏正親町三条実愛に陳述。10・20 和宮、京都を出立。11・13 毛利慶親、江戸に到着、老中久世広周・安藤信正らに対面し、将軍家茂の承認も得て、公武周旋が公式に依頼される。
一八六二	文久 二	1・15 老中安藤信正、水戸浪士に襲撃されて、負傷（坂下門外の変）。2・11 将軍家茂と和宮親子内親王との婚儀、江戸城にて挙行。3・16 島津久光、大兵を率いて鹿児島を出発。4・11 安藤信正、老中を辞任。4・16 久光入京、近衛邸で国政改革に関する意見書を提出、浪士鎮撫に関する内勅を受ける。4・23 伏見寺田屋に集結した島津家臣の有馬新七ら、久光の命を受けた同家臣に斬殺される（寺田屋事件）。4・25 一橋慶喜・尾張慶勝・松平春嶽・山内容堂らの謹慎処分解除。五月には政務参与を命じる。4・29 毛利家世子定広が入京。浪士鎮静の内勅が降る。5・22 朝廷、島津久光の建議を受け、勅使大原重徳を江戸に下向させる。久光、兵を率い勅使に従う。5月 朝廷、青蓮院宮・鷹司輔熙らの復飾を求め、これが認められる。6・2 久世広周、老中を辞任。6・5 毛利敬親、長井雅楽を免職、帰国謹慎を命じる。翌年二月、切腹を命じる。6・7 大原重徳ら勅使一行、江戸に到着。6・10 勅使大原重徳、将軍家茂に勅旨を伝達。6・27 九条尚忠を罷め、近衛忠熙を関白とする。7・6 一橋慶喜を将軍後見職に、7・9 松平春嶽を政事総裁職に任命。長州藩、航海遠略策から破約攘夷論に転換。7・16 毛利慶親、攘夷の貫徹などを命じた勅書を受ける。8・19 毛利定広、勅命を携え、江戸に到着。8・20 朝廷、岩倉具視らを蟄居処分とし、辞官・落飾させる。8・21 久光と勅使大原、江戸を出発。イギリス商人ら四人、横浜郊外の生麦で久光の家臣に

西暦	和暦	事項
一八六二	文久 二	斬られる（生麦事件）。閏8・1　幕府、会津藩主松平容保を京都守護職に任命。閏8・7　島津久光入京。閏8・22　幕府、参勤交代の緩和を発令。島津久光、朝廷に一二ヵ条の建白書を呈出、その後、帰国。9・8　朝廷、将軍に対し、攘夷実行を督促する勅使の派遣を内決。9・28　三条実美、勅使に任ぜられる。10・1　毛利慶親、参内して天皇の謁見を受ける。10・5　山内家当主の豊範、参内謁見、国事周旋の沙汰を受ける。10・7　三条実美、議奏に就任。10・12　勅使三条、京都発。10・14　朝廷、勅使の江戸派遣を告げ、報国尽忠に励むべき事を命じた内勅を有力諸藩に降す。10・27勅使三条、江戸着。11・27　勅使三条実美・副使姉小路公知、攘夷督促の勅書を将軍家茂に伝達。12・5　将軍家茂、勅使に奉答書を呈す。
一八六三	三	1・5　将軍後見職一橋慶喜入京。1・23　近衛忠熙を罷め、鷹司輔熙を関白とする。2・11　長州の久坂玄瑞・寺島忠三郎、関白鷹司邸を訪ね、攘夷期限の決定を申し入れる。2・18　朝廷、在京諸侯を禁裏に召集し、攘夷決行の旨を申し渡す。3・4　将軍徳川家茂上洛。3・7　将軍家茂、参内。3・11　天皇、賀茂社に行幸して攘夷を祈願。将軍・在京大名ら供奉。3・21　政事総裁職松平春嶽、家茂に将軍辞職を勧める意見書を呈した後、独断で帰国。4・20　将軍家茂、攘夷期限を五月一〇日とする旨を天皇に奏上。4・21　天皇・将軍から、それぞれ諸藩に対し、攘夷実行を発令。5・9　老中格小笠原長行、生麦事件の賠償金をイギリスに支払う。5・10　長州藩、下関海峡通過のアメリカ商船を砲撃。5・12　長州の井上馨・伊藤博文ら五人、横浜から密出国、イギリス留学。5・22～25　長州藩、フランス軍艦・オランダ軍艦を砲撃。5・30　小笠原長行、上京を計画、兵を率いて大坂港に上陸。将軍、その入京を阻止。6・1～5　アメリカ軍艦、フランス軍艦、下関砲台を報復攻撃。長州側大損害をこうむる。7・2　薩摩藩、鹿児島湾に侵入したイギリス艦隊と交戦（薩英戦争）。8・13　攘夷祈願・親征軍議のため大和行幸の詔を発す。8・17　土佐浪士吉村寅太郎ら元侍従中山忠光を擁して、大和国五條代官所を襲撃（天誅組の挙兵）。8・18　天皇・中川宮ら、会津・薩摩両藩

の支援を得て、三条実美ら宮中の過激攘夷論者を排斥（八月一八日の政変）。8・19　大和行幸は中止され、三条実美ら公卿七名、長州へ脱走（七卿落ち）。8・24　三条実美、議奏を罷免。8・27　中川宮尊融親王が元服、「朝彦」の名を賜り、弾正尹に任官。10・12　筑前浪士平野国臣ら沢宣嘉を擁して但馬国生野代官所を襲撃（生野の変）。12・23　鷹司輔熙を罷め、二条斉敬を関白とする。12・29　横浜鎖港交渉使節池田長発、フランス軍艦で欧州へ出発。

一八六四　四（2・20 元治改元）

12・30　朝廷、一橋慶喜・会津容保・松平春嶽・山内容堂・伊達宗城に朝議参予を命じる。1・13　島津久光を従四位下左近衛権少将に叙任、朝議参予を命じる。1・15　将軍徳川家茂、再度上洛。1・21～29　将軍家茂、右大臣昇任、従一位に昇叙。2・19　将軍、横浜鎖港方針を進める自筆奉答書を呈す。2・21　将軍、会津容保を軍事総裁に任じ、京都守護職には松平春嶽を任命。3・9　一橋慶喜ら参予を辞し、参予会議解体。3・22　フランス公使ロッシュ着任。3・27　水戸の藤田小四郎ら、筑波山で挙兵（天狗党の挙兵）。3・23　一橋慶喜は将軍後見職を辞し、禁裏守衛総督兼摂海防禦指揮に就任。4・7　会津容保が京都守護職に復帰。4・11　桑名定敬が京都所司代に就任。4・20　朝廷、幕府へ一切委任の勅を降し、横浜鎖港・長州処分などを進めるべきを命ずる。5・7　将軍家茂、京都発。5・17　鎖港交渉使節池田長発、パリで交渉を断念。5・20　将軍家茂、江戸に帰着。6・3　政事総裁職松平直克、老中板倉勝静の罷免を家茂に要求。6・5　新選組、京都の池田屋に集会した長州系の浪士らと乱闘（池田屋事件）。6・20　将軍家茂、筑波勢の鎮圧を決定。7・19　長州兵、内裏へ突入をはかり、会津・薩摩両藩兵などに敗退（禁門の変）。7・22　鎖港交渉使節池田長発、帰国。7・24　幕府、征長の勅命をうけ、西南二一藩に出兵を命じる（第一次征長）。8・5～7　英仏蘭米四ヵ国連合艦隊、下関を砲撃（下関戦争）。8・14　長州藩、四ヵ国連合艦隊と講和条約に調印。8・22　天皇、従四位上参議左近衛権中将大江慶親・従四位下左近衛権少将大江定広の位階官職を停止。8・23　幕府、外国公使に横浜鎖港方針の撤回を通達。老中阿部正外が上京、関白二条斉敬に横浜鎖港方針の行き詰まりを告げる。11・10　松前崇広、老中就

西暦	和暦	事項
一八六四	元治 元	任。11・16 尾張慶勝ら、広島に到着し、本営を置く（征長総督府）。11・19 総督慶勝、長州藩に服罪書の提出、山口城の破却、三条実美ら脱走公卿の差出を命じる。12・16 長州の高杉晋作ら下関新地会所を襲撃。12・27 征長総督、従軍諸藩に解兵を命じる。
一八六五	二（4・7慶応改元）	1・6〜16 山縣狂輔指揮下の奇兵隊など諸隊、毛利家の正規家臣団と武力衝突。4・7〜17 東照宮（家康）二五〇回忌法会、日光山で行なわれる。4・19 幕府、長州再征のため将軍が進発することを触れ出す。5・16 将軍家茂、江戸を進発。閏5・16 イギリス公使パークス着任。閏5・22 将軍、上洛参内、長州再征を奏上。閏5・23 将軍、大坂城入り。長州征討の本拠とする。6・5 毛利敬親、領内に徹底抗戦を令する。8月末 幕府、岩国領主吉川監物・徳山毛利家当主元蕃の上坂を命ずるが、吉川ら拒否。9・16 英仏蘭米四ヵ国公使、条約勅許・兵庫先期開港要求のため、連合艦隊九隻を率いて兵庫沖に来航。9・21 将軍家茂、長州再征の勅許を受ける。9・26 在坂老中が兵庫先期開港を独断で承認したとの通知、京都に着。9・29 朝廷の国事評議で老中阿部正外・松前崇広の官位停止・国許蟄居の処分決定。10・1 尾張玄同、家茂の将軍辞表を携えて大坂城を出立。同日午後、老中阿部・松前の官位停止の報が大坂城に届く。家茂、二人を免職。10・3 家茂、江戸に戻るため、大坂城を出立。10・4 一橋慶喜・会津容保ら、朝彦親王・関白二条斉敬らと条約勅許・兵庫開港について審議。10・5 天皇、条約勅許、兵庫開港不許可の勅書を降す。家茂、将軍辞表を撤回。
一八六六	慶応 二	1・20〜22 京都において、薩摩の西郷吉之助（隆盛）は長州の木戸寛治（孝允）に対し、長州の復権（当主父子の官位復旧）に向け、周旋尽力するとの行動方針を公開し、実行を確約。1・22 幕府、毛利家の領地一〇万石削封・当主毛利敬親の蟄居隠居・世子広封の永蟄居などの処分案を上奏、勅許を得る。2月 幕府、毛利家に処分を伝達するが、受諾を拒否され、開戦が決定。6・7 幕府軍艦、長州領の周防大島を砲撃、第二次征長戦争（四境戦争）開始。7・20 将軍家茂、大坂城で病死。8月 松平春嶽、慶喜に対し、政権奉還などを勧告。8・

一八六七	三	20　幕府、家茂の喪を発し、徳川慶喜の宗家相続を公表。8・22　征長戦争停戦の勅書、降る。10・16　徳川慶喜、除服参内を実現させる。12・5　徳川慶喜、正二位権大納言に昇叙任され、征夷大将軍に任ぜられる。12・25　孝明天皇病没。 1・9　睦仁親王践祚。関白二条斉敬を摂政とする。3・29　正親町三条実愛・中御門経之・大原重徳ら二四卿、大赦。岩倉具視らの入京も許される。4～5月　松平春嶽・山内容堂・伊達宗城・島津久光の四侯、京都に参集。時局対策の会合および将軍慶喜との折衝を行なう（四侯会議）。5・23　将軍慶喜、参内して兵庫開港・長州寛大処分の勅許を奏請。翌日、両件とも勅許される。5・25　薩摩京都邸指導部、兵力を背景にした政変を計画、長州に働きかけを決定。6・22～7・2　土佐の後藤象二郎ら、薩摩の小松帯刀・西郷吉之助・大久保一蔵（利通）と会談、王政復古と上下両院制、政権奉還の共同建白などを骨子とした政体構想について合意（薩土盟約）。後藤、いったん帰国。9・2　後藤、高知から着坂、すぐ上京、薩摩・芸州側と会談するが、兵力を同行しなかったため、薩摩・芸州は共同建白の計画を撤回。9・19　薩摩の大久保、山口で長州・芸州と京都への出兵協定を結ぶ。10・3　後藤象二郎ら、「松平容堂」名義の政権奉還建白書を慶喜に提出。10・6　芸州浅野家の当主茂長、政権奉還建白書を提出。10・8～11　薩摩の大久保一蔵・長州の広沢真臣・芸州の植田乙次郎ら、政変の手順などを協議。10・14　将軍慶喜、政権奉還の上表を朝廷に提出。中山忠能・正親町三条実愛ら、薩摩・長州に宛て、徳川慶喜抹殺の指令を発す。10・15　天皇、慶喜の政権奉還を聴許。10・24　慶喜、将軍職辞表を呈するが、受理を保留される。11・13　薩摩の当主島津茂久、率兵上京のため鹿児島を出発。11・29　長州兵、摂津国打出浜に上陸、一二月九日に許可を得て上京。12・7　兵庫（神戸）開港・大坂開市、実施される。12・8　国事評議で長州復権など確定。12・9天皇、「王政復古」を発令、摂関幕府等の廃絶を宣言。総裁有栖川宮熾仁親王以下、議定・参与から成る新政府樹立。12・12　慶喜、京都二条城を退去し、大坂城に移転。12・16　慶喜、大坂城で英仏蘭米伊普六ヵ国公使を謁見、外交権保持を宣言。

西暦	和暦	事項
一八六八	慶応　四 （9・8 明治改元）	1・3　鳥羽・伏見の戦い（戊辰戦争始まる）。1・4　仁和寺宮嘉彰親王が征討大将軍に任ぜられる。1・6　徳川慶喜、大坂城を脱出。1・7　新政府、慶喜追討令を発する。慶喜、軍艦に搭乗、江戸に逃げ帰る。1・9　長州兵が大坂城を接収。大将軍嘉彰親王が大坂入り。1・10　新政府、慶喜以下二七名の官位を奪い、旧徳川領地を直轄領とする。1・11　慶喜、品川に帰着。岡山藩兵、神戸で外国人と衝突（神戸事件）。1・15　新政府、各国公使に王政復古を通達。天皇元服。大礼につき大赦。対外和親の詔を国内に布告。1・17　新政府、三職七科の制を定める。1・23　慶喜、抗戦論の勘定奉行小栗忠順を罷免し、恭順論の勝海舟を陸軍総裁に任ずる。2・3　天皇、親征の詔を発布。三職八局の制を定める。2・9　総裁有栖川宮熾仁親王が東征大総督に任ぜられる。2・12　慶喜、江戸城を出て上野寛永寺で謹慎。2・15　東海・東山・北陸三道の先鋒総督兼鎮撫使が軍勢を率い京都を出発。土佐藩兵、堺港上陸の仏軍艦乗員十余人を殺傷。2・30　オランダ公使ファン・ポルスブルック、フランス公使ロッシュが参内謁見する。イギリス公使パークスは参内延期。3・2　新政府、会津征討を目的として奥羽鎮撫総督九条道孝を発す。3・6　大総督府、三月一五日を江戸城総攻撃予定日とする。3・12　東海道軍、品川着。3・13〜14　旧幕府陸軍総裁勝海舟、大総督府参謀西郷隆盛と会談。3・14　天皇、文武百官を率い、紫宸殿で天神地祇に施政方針五ヵ条を誓約。3・21　天皇、大阪親政行幸に出発。3・23　大阪着。4・11　江戸開城。徳川慶喜、水戸で謹慎。榎本武揚、旧幕府艦隊七隻と共に品川を脱走。4・21　東征大総督熾仁親王が入城。閏4・1　公使パークス、大阪でヴィクトリア女王の信任状を奉呈。閏4・8　天皇、親征を完了、京都に戻る。閏4・19　新政府、大名に領知宛行状の返却を命じる。閏4・21　政体書を公布。官制を改正、太政官に議政・行政・神祇・会計など七官を置く。閏4・29　田安亀之助の徳川家督相続が認められ、駿府七〇万石が下賜される。5・3　奥羽二十五藩、仙台で同盟。ついで庄内・長岡など八藩も加盟（奥羽越列藩同盟）。5・15　新政府軍、上野の彰義隊を

		掃討（上野戦争）。7・17 江戸を東京と改称。8・4 東京行幸の布告。8・20 議政官下局の貢士を、公務人から公議人と改称。8・27 天皇、即位式を挙行。9・8 明治と改元。一世一元の制を定める。9・10 議政官下局議長秋月種樹、議員を東京に集めて議事院を開くべきことを建言。9・20 天皇、京都を出発し東京に向う。9・21 諸藩公議人を東京に召集する。9・22 会津藩降伏。10・13 天皇、東京に到着。江戸城を皇居と定め、東京城と改称。10・17 天皇、万機親裁の詔を発す。10・28 藩治職制を頒布。11月 姫路藩主、版籍奉還を上申。12・15 榎本武揚ら、蝦夷島を平定、五稜郭を本営とする。12・8 天皇、京都に帰還。12・19 対馬藩家老を朝鮮国に派遣、「王政復古」通告書を提出、朝鮮李王朝は受理せず。
一八六九	明治 二	1・20 毛利・島津・鍋島・山内の四大名家当主、連署して版籍奉還を上表。1月 兵庫県知事伊藤博文、「国是綱目」六ヵ条を政府に呈して、版籍奉還を提案。3・7 公議所を東京の旧姫路藩邸に開設。3月 諸侯ら、命に応じて東京に参集。5・13～14 議政官を廃し、輔相・議定・参与を行政官に置く。官吏公選を実施し、三等官以上の投票で輔相三条実美以下を選出。5・18 榎本武揚ら降伏、五稜郭開城（戊辰戦争終結）。5月 公議所で封建・郡県論議が行なわれ、大勢は郡県論に傾く。6・17 「版籍奉還」を聴許。大名家解散、地方制度として「藩」を設置、旧大名を各藩知事に任命。諸侯・公卿の称を廃して「華族」と総称。6・25 諸務変革を発令。藩の職制の統一を図り、人口などの調査報告を命じる。知藩事家禄の制を定め、現石一〇分の一を給し、一門以下平士以上を「士族」と称する。7・8 職員令を発する。神祇・太政の二官、民部・大蔵・兵部・刑部・宮内・外務の六省などを置く。
一八七〇	三	5・28 集議院開院、「藩制」について審議、鹿児島藩・高知藩など反発。7・10 民部・大蔵両省を分離。盛岡藩知事の辞職を聴許し、藩を廃して盛岡県を置く。7・26 鹿児島藩士族横山正太郎、時弊十条を集議院門前に掲げて政府を批判し、自刃。9・10 「藩制」を公布し、職制・海陸軍費・家禄・官禄などの大枠に即した改革を諸藩に指令。9月 鹿児島藩、皇居警衛の常備兵について、交替の部隊を送らず。12・22 勅使岩倉具視、鹿児島に至り、島津久光

西暦	和暦	事項
一八七〇	明治三	に勅書を伝達、上京を促す。
一八七一	四	1・9 勅使岩倉具視、山口に至り、毛利敬親にも勅書を伝達。2・13以降 鹿児島・山口・高知三藩の兵八千を徴集し、兵部省指揮下の親兵を編成。4・5 戸籍法制定。6・25 西郷隆盛を参議に任じる。木戸孝允、参議再任。7・9 刑部省・弾正台を廃して司法省を設置。西郷隆盛・大久保利通・木戸孝允ら、廃藩置県の手順を協議。7・14 天皇、在京五六藩知事を召集、廃藩置県の詔書を降す。知藩事は一斉免官。大隈重信・板垣退助を参議に任じる。7・29 太政官制を改め、正院・左院・右院を設置（三院制）。8・9 散髪・脱刀を許可。8・10 納言を廃止、左右大臣を設置。8・20 東京・大阪・熊本・仙台に四鎮台を設置。10・8 米欧各国に派遣のため、岩倉具視を特命全権大使、木戸孝允・大久保利通・伊藤博文・山口尚芳を副使に任命。11・12 特命全権大使岩倉具視ら、横浜出発、アメリカに向かう。留学生多数同行。11・17 天皇、東京で大嘗祭を挙行。11・22府県統廃合、三府七二県となる。 【国外】11・8 台湾住民、漂着した琉球の漁民六六名中五四名を殺害。
一八七二	五	1・29 政府、初めて全国の戸籍調査を実施。2・15 土地永代売買を解禁。2月 条約改正交渉に必要な全権委任状を得るため、大久保利通・伊藤博文らアメリカから一時帰国。七分利付け外国公債一五〇〇万円～三〇〇〇万円の募集を計画、大蔵少輔吉田清成をアメリカに派遣。4・25 江藤新平、司法卿に就任。5・28 政府、朝鮮との交渉権を対馬の宗家から外務省に移管。6・19 岩倉具視、条約改正交渉の中止を国務長官フィシュに通告。7・4 全国の土地に売買のとき地券を交付（壬申地券）。8・2 文部省、学制を頒布。8・18 外務大丞花房義質らを朝鮮に派遣。8・13 司法職務定制を定め、主要府県に府県裁判所を設置。9・14 琉球国王尚泰を琉球藩王・華族に列する。11・5 特命全権大使岩倉具視ら、ロンドンでヴィクトリア女王に謁見。11・26 岩倉具視ら、フランス大統領と謁見。11・28 徴兵の詔書・太政官告諭。12・3 太陽暦を採用、この日を明治六年（一八七三）一月一日とする。

一八七三	六	1・9 名古屋・広島に鎮台を増設、六鎮台とする。1・10 徴兵令を布告。2月 外務卿副島種臣、日清修好条規の批准書交換のため、北京に赴く。4・19 後藤象二郎・大木喬任・江藤新平、参議に昇任。5・2 太政官職制を改定、内閣を設置。5・3 島津久光、天皇に拝謁。5・7 大蔵大輔井上馨・同省三等出仕渋沢栄一、財政改革を建議。同月一四日辞任。5・26 大久保利通帰国。6月 神田孝平、田租改革建議を提出。7・23 木戸孝允帰国。7・28 地租改正条例を制定・公布。8・17 閣議、西郷隆盛の朝鮮派遣を内定。9・13 大使岩倉具視ら米欧回覧から帰国。9・21 大久保、参議就任を要請され、一〇月八日承諾、一二日就任。10・14〜15 閣議、遣韓使節問題を議論。使節派遣を決定。10・20 天皇、岩倉の内奏をいれ、遣使中止を決意。10・23 西郷隆盛・板垣退助・江藤新平・副島種臣・後藤象二郎、参議の辞表を呈す。11・10 内務省を設置。11・29 大久保利通、初代内務卿に就任。12・25 島津久光を内閣顧問に任じる。12・27 家禄奉還の制度を定めるが、八年七月に中止。 【国外】5月 朝鮮が潜商禁止令を発す。11・24 朝鮮で閔妃一派が政権奪取（癸酉政変）。
一八七四	七	1・12 板垣退助・副島種臣・後藤象二郎・江藤新平ら、愛国公党結成。1・14 右大臣岩倉具視、高知県士族武市熊吉らに襲われ負傷（赤坂喰違の変）。1・17 板垣・副島・後藤・江藤ら八名、民撰議院設立建白書を左院に提出。2・1 江藤新平ら、佐賀で騒動。2・4 熊本鎮台に出動を命じる。2・6 大久保利通・大隈重信、台湾蕃地処分要略を閣議に提出。政府、台湾征討を決定。2・10 大久保利通、博多に向け出立。3・1 佐賀の騒動平定。4・4 陸軍中将西郷従道を台湾蕃地事務都督とし、出兵を命じる。西郷従道、台湾蕃地処分要略に台湾領有化方針を盛り込む。4・10 板垣退助ら、高知で立志社結成。4・13 イギリス公使パークス、日本の台湾出兵に関してイギリス人・船の参加禁止を日本側に通告。江藤新平、臨時裁判所で極刑に処される。4・18 参議兼文部卿木戸孝允、台湾領有化方針に反対、辞表提出、五月一三日免官。4・19 政府、台湾出兵中止を決定。4・27 島津久光、左大臣に就任。5・4 大久保利通・大隈重信、長崎で西郷従道と協議、台湾出兵の実行を追認。

西暦	和暦	事項
一八七四	明治 七	5・17 西郷従道、長崎出発。5・22 台湾上陸。5・23 島津久光、守旧論の立場から建言書提出、官吏洋装化に反対などを主張。6・4 清国、日本軍の台湾撤兵を要求。7・8 閣議、清国と開戦を決意。8・1 参議兼内務卿大久保利通を全権弁理大臣とし、台湾問題交渉のため清国派遣を決定。9・14 北京交渉開始。10・25 イギリス駐清公使ウェード、台湾問題調停案を大久保・清国に提示。10・31 日清両国間互換条款に調印。11・27 大久保、帰国。
一八七五	八	1月〜2・11 大久保利通・木戸孝允・板垣退助、大阪で会談、政治改革などで意見一致、木戸・板垣は政府復帰を了承（大阪会議）。2・22 片岡健吉ら大阪で愛国社結成。2月 横浜居留地駐留の英仏軍、国内の治安回復を認めて撤退。3・8 木戸孝允を、同12 板垣退助を参議に任じる。3・24 地租改正事務局を設置。4・14 漸次立憲政体樹立の詔書発布、元老院・大審院・地方官会議設置。5・7 ロシアとの千島・樺太交換条約、ペテルブルグで調印。7月 地租改正条例細目を制定。9・7 家禄・賞典禄の形態を現金給付に改める。9・20 軍艦雲揚、江華島砲台と交戦（江華島事件）。10・27 左大臣島津久光・参議板垣退助、免官。
一八七六	九	1月 政府、全権弁理大臣に参議兼陸軍中将黒田清隆、副大臣に井上馨を宛て、六隻の軍艦に兵士を搭載、江華島に派遣。2・26 日朝修好条規に調印。3・28 木戸孝允の参議を免じ、内閣顧問に任じる。軍人・警察官・官吏制服着用などの場合を除き、帯刀を禁止（廃刀令）。6・2 天皇、奥羽巡幸を開始。8・5 金禄公債証書発行条例を公布、家禄・賞典禄の廃止、公債証書の発行を達す。10・24 熊本で敬神党の挙兵。10・27 秋月の乱起こる。10・28 萩の乱起こる。12月 三重県・愛知県などで、地租改正反対を契機に大暴動発生（伊勢暴動）。
一八七七	一〇	1・4 地租軽減の詔書出される。1・29 鹿児島私学校党、陸軍弾薬庫を襲撃。2・7 西郷隆盛、県令大山綱良らに出兵の意思を通知。2・15 西南戦争開始。4月初 田原坂、突破される。5・26 木戸孝允病没。9・24 西郷隆盛ら戦死。
一八七八	一一	5・14 参議兼内務卿大久保利通、紀尾井町で石川県士族島田一良らに暗殺される。

あとがき

一九世紀に列島領域で起きた政治・経済・社会の全般にわたる大変革、いわゆる明治維新については、不思議な〈常識〉がまとわりついている。たとえば、尊王攘夷論の長州藩は元治元年（一八六四）八月の下関戦争で攘夷の不可能を悟り、一転して開国論に変じて幕府を倒し——、といった類である。しかし、そもそも攘夷論が真に夷狄《いてき》の打ち払いを叫ぶものなら、戦争で大砲を分捕られたくらいで（陸上戦は互角である）、開国論に一転するはずもないし、もし仮に開国論に転じたのなら、幕府と政策方針が一致するのだから、これを倒す理由がないではないか。正しく言えば、下関攻撃は、天皇・将軍が合意のうえ国策と決定した横浜鎖港（通商条約の一部改定）方針に対し、外国側が条約の完全履行を要求して、警告を発したものである。長州だけを相手にしているのではない。その経過は、本書の叙述を追っていただければ、理解してもらえると思う。

ならば、先のような〈常識〉は、なぜ、いつ、どのようにして成立し、「国民」のあいだに浸透しているのか。結論だけを言えば、昭和戦前期の国家権力が、みずからの正統性を歴史的に跡付けるため、物語を創作し、流布させた結果である。

一九五〇年代以降の歴史学界は、そのことを自覚すべきだった。しかし、当時の研究環境において、それは不可能であり、戦前期に創作された物語の枠組みのなかで、その内容を具体的に論証しようとしたが、当然ながら破綻した。枠組みそのものを、根底から作り直さねばならない。それも、イデオロギー的なバイアスを排して、学問的に、である。

本書は、その課題を達成しようとして書かれた。結果として、近世史の研究蓄積と近代史のそれとを結合させることにもなった。明治二年（一八六九）六〜七月変革を、大名家の解散と地方制度「藩」の設置という形で簡潔に整理することは、このような観点に立たなければ、できないことである。

以上について私は、この三十年間にわたって考え続けてきた。その内容を、まとめる機会を与えて下さった本シリーズ企画編集委員の藤田覚・藤井譲治の両氏、ならびに原稿督促をはじめ、編集実務にあたった吉川弘文館編集部に心から謝意を表する。それと、三十年間を「団体戦」として戦っているチームメイトの登美子に、お礼申し上げる。この「団体戦」は、今年のロンドンオリンピック競泳日本チームから発した流行語である。五年も経てば注釈が必要になろう。言葉が持つ歴史的な前提とは、そのようなものである。

二〇一二年八月二九日―南京条約調印から一七〇周年の日に

青山忠正

著者略歴

一九五〇年　東京都に生まれる
一九八三年　東北大学大学院文学研究科博士課程
　　　　　単位修得、博士（文学・東北大学）
現　在　佛教大学歴史学部教授

〔主要編著書〕
『明治維新と国家形成』（吉川弘文館、二〇〇〇年）
『明治維新の言語と史料』（清文堂、二〇〇六年）
『高杉晋作と奇兵隊』（吉川弘文館、二〇〇七年）
『明治維新史という冒険』（思文閣出版、二〇〇八年）
『講座明治維新2　幕末政治と社会変動』（共編、有志舎、二〇一一年）
『明治維新を読みなおす』（清文堂、二〇一七年）

日本近世の歴史

日本近世の歴史6
明治維新

二〇一二年（平成二十四）十一月十日　第一刷発行
二〇二〇年（令和　二　）四月一日　第三刷発行

著　者　青《あお》山《やま》忠《ただ》正《まさ》
発行者　吉川道郎
発行所　株式会社　吉川弘文館
郵便番号一一三―〇〇三三
東京都文京区本郷七丁目二番八号
電話〇三―三八一三―九一五一〈代表〉
振替口座〇〇一〇〇―五―二四四
http://www.yoshikawa-k.co.jp/
印刷＝株式会社　三秀舎
製本＝誠製本株式会社
装幀＝河村　誠

ISBN978-4-642-06434-7

日本近世の歴史

刊行のことば

本シリーズは、織豊政権から始まり明治維新で終わる近世の歴史を、政治の流れを中心に最新の成果に基づいて叙述した通史である。

近世史研究は、政治史、社会史、経済史、対外関係史、思想史などの各分野ごとに深化、発展し大きな成果をあげてきた。ところが、政治史は政治史、社会史は社会史、経済史は経済史などと、あたかも独立した研究分野であるかのように没交渉であり、かつ他の分野の研究成果に無関心のまま研究を進めている。また政治史分野の研究は、いままでの通説的な理解を覆す多くの新たな成果を生みだしてきたが、近世前期と後期とが別個に行われ、近世全史を見通して研究がなされているとは思えない。その状況は、他の分野でも同様であるようにみえる。日本近世を対象とした現在の研究は、いくつもの部門史の管の寄せ集めでしかなく、しかも前期と後期では管が途中で詰まっているのが現状である。

これでは、部門史は発展してもいくつもの要素が有機的に結びついて成り立っている近世の全体像を描くことなどとてもできない。近世史研究の発展を図るためには、各部門史の研究の到達点を踏まえた総合的で通史的な書物が求められる。本シリーズは、対外関係史は当然のこととして、なるたけ社会史や経済史などの成果にも目配りしながらも、近世政治史研究の最新の到達点を平易に伝えることを目指して企画された。研究者のみならず一般読者が日本近世の全体像を豊かにするうえで、大きな寄与ができれば幸いである。

企画編集委員　藤田　覚
藤井讓治

日本近世の歴史

1 天下人の時代　藤井讓治著　2800円

2 将軍権力の確立　杣田善雄著　2800円

3 綱吉と吉宗　深井雅海著　2800円

4 田沼時代　藤田　覚著　2800円

5 開国前夜の世界　横山伊徳著　2800円

6 明治維新　青山忠正著　2800円

吉川弘文館（表示価格は税別）